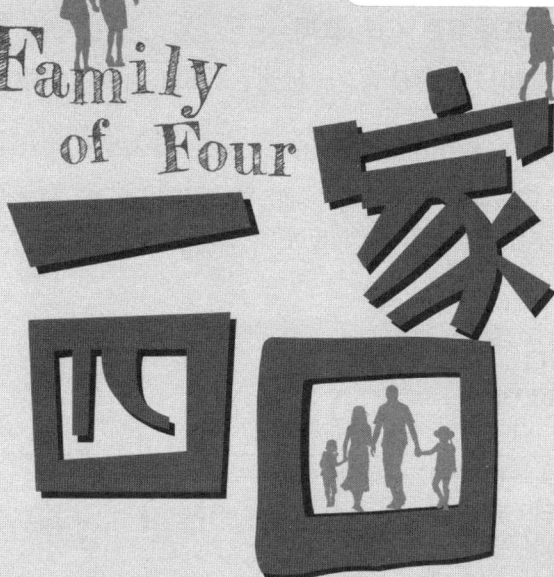

A Family of Four

一家四口

俞 慕 著

杭州 | 浙江工商大學出版社
ZHEJIANG GONGSHANG UNIVERSITY PRESS

图书在版编目(CIP)数据

　　一家四口 / 俞慕著. —杭州：浙江工商大学出版
社，2019.2
　　ISBN 978-7-5178-1782-6

　　Ⅰ. ①一… Ⅱ. ①俞… Ⅲ. ①家庭教育 Ⅳ. ①G78

中国版本图书馆 CIP 数据核字(2018)第 227726 号

一家四口
YIJIA SIKOU

俞　慕　著

出 版 人	鲍观明　汪海英
策划编辑	沈　娴　方　杏
责任编辑	蓝安妮　沈　娴
责任校对	何小玲
封面设计	王妤驰
责任印制	包建辉
出版发行	浙江工商大学出版社
	（杭州市教工路 198 号　邮政编码 310012）
	（E-mail：zjgsupress@163.com）
	（网址：http://www.zjgsupress.com）
	电话：0571-88904980，88831806（传真）
排　　版	杭州朝曦图文设计有限公司
印　　刷	杭州高腾印务有限公司
开　　本	880mm×1230mm　1/32
印　　张	8.5
字　　数	205 千
版 印 次	2019 年 2 月第 1 版　2019 年 2 月第 1 次印刷
书　　号	ISBN 978-7-5178-1782-6
定　　价	39.80 元

目 录

全面两孩政策于 2016 年 1 月 1 日起正式实施。

为贴近读者语言习惯，文中采用"二胎"表述。

第一章 『二胎』风波

1

陈朵朵刚从婚宴大厅出来,身上略带酒气,她一走出酒店大门,挥手招了一辆计程车,随即靠在车窗上一言不发。

路经望江大桥,整个城市被霓虹灯点缀得璀璨耀人,桥下涌动着黑色的潮水,仿佛将最灰暗的事物掩埋至深处,唯留江上那一派繁华气息,暗与光是相辅相成的。

今天是所里实习律师蒋沁的婚礼,她身为律师事务所的合伙人,自然是出席人士之一。时间过得真快,就连"90后"的姑娘都结婚了,想来也是,她的儿子宋甯已经4周岁了。

她20岁恋爱,25岁结婚,26岁生娃,人生紧凑得像是被一根线牵着的木偶,看似自由舞动,实则被各方面牵制。

尤其实施全面两孩政策后,婆婆跟打了鸡血似的激动:"朵朵啊,甯甯一个人多寂寞,这下正好,你可以添一个新成员。"

"新成员"三个字让陈朵朵压力巨大!

她现在正值事业上升期,一切都需拼搏努力,再生个孩子,养是问题,开销是问题,精力是问题,孕期要面对多少不适,这些婆婆怎么都没计划在内,满脑子生啊生,生什么呀!

一回家,她看见宋瑞在房间里打游戏,心中顿时冒出无名火,把包往桌子上一丢,大声说:"这都几点了,你打什么游戏!"

宋瑞听到陈朵朵的怒吼,连忙将游戏退出,笑眯眯地给陈朵朵揉肩膀,好声好气地讲:"老婆,儿子都睡了,我就玩一盘斗地主,这不算什么吧?"

陈朵朵脾气虽大,心却很软,见宋瑞低声下气,早已没了火气。

老公是自己挑的,还能怎样?他做得够好了,要换其他男人,见这阵仗,指不定已经暴跳如雷了。就如同她和闺密何茜讲的那句人生哲理,男人就分两种——顾家的和奋斗的,没有什么人是完美的。

享受了男人的温柔和周到,就不要计较他的不上进和懦弱,陈朵朵在心中自我安慰。

这大半夜的,陈朵朵已经很累了,可宋瑞就跟吃了蓝色小药丸一样,精神好得不得了,两人一个毫无动力,一个兴致勃勃。

最终,还是他得逞。

陈朵朵半梦半醒中,忽然想到一件事,猛地坐起大喊:"你是不是没戴套!"

宋瑞被她的河东狮吼惊得一抖:"老婆,这不是什么大事吧?我们都结婚了,又不是非法的。"

"我知道了,是你妈让你这么做的吧!"

"老婆,你又胡思乱想什么?"

"我就觉得奇怪了,你今天怎么精神那么好。"

"真的是你想多了。"

"你妈都已经跟我讲了。"

"她说什么了?"

"没什么。"

"没什么是什么?"

"晚上我回家的时候,你关游戏特别迅速,态度竟然这么好,按照常理推断必有所求。后来你不仅没说什么,反而对我温柔备至,这本来也没什么,但你精神这么好,一反这半年的态度,让我不得不多想,更重要的在于,我们床头的避孕套忽然间没了。这几件事情加在一起,按照我的猜测,你是不是想做点什么?"

比如说"二胎"什么的……

宋瑞被说得额头冒汗。

陈朵朵沉默了一会,这才说:"我不生。"

宋瑞纳闷:"为什么?"

陈朵朵咆哮:"宋瑞,你是真不懂还是假不懂,你以为生个孩子是下个蛋啊? 我们在给孩子生命的同时,要全权负责他未来的人生,我们都是上班族,带个甯甯就很吃力了,现在还来个小的? 谁带? 请保姆带也不现实,小孩需要引导加以身作则的教育,找个学历低、有经验的保姆不行! 找个学历高、没经验的保姆更不行! 有学历、有经验的请不起! 虽然我们赚的不算太少,但现在小孩竞争压力巨大,幼儿园开始精英化教育,还有各种培训班的费用,万一你儿子要留学,我们俩就先砸锅卖铁吧! 现在我们给甯甯用的都是进口货,一个都那么辛苦了,再加一个,简直是……钱就是孩子的起跑线,你难道想让我们的孩子平庸一辈子吗？我们还不如把全部的精力都给甯甯，培养他成才就好了。"

"我妈养我不需要很多钱，更不需要多少陪伴。"宋瑞喃喃。

陈朵朵火力十足："那是你！我们那个时代，总体经济水平跟现在不是一个档次，现在是什么年代了，小孩子的教育很关键，再用老一辈的养法肯定是跟不上时代潮流，优生富养才是主要的。我们那么忙，一个孩子就够了，再来一个多糟心。"

宋瑞低着头说："不是这样的。"

陈朵朵起床穿衣服，动作一气呵成。宋瑞忙问："你干吗？"

陈朵朵说："我去楼下买避孕药！"

她丢下这句话就跑了，独留宋瑞一个人发呆，他妈和老婆都太有主见了，他夹在中间很难做人。

2

何茜垂头丧气地把验孕棒扔到垃圾桶里，"大姨妈"推迟两天，她就迫不及待地测试了，没想到在厕所蹲到一半，鲜红的液体从身体里冒出，一种不好的预感油然而生，果不其然，她"亲戚"只是迟到罢了。

何茜忍不住给陈朵朵打了个电话，哭丧着说："朵朵，我又没怀孕。"

陈朵朵即将开庭，这是个离婚纠纷案，当事人情绪激动，于是她随便应了一声："待会儿夜曼咖啡厅见。"

何茜垂头丧气地走到阳台上，恰好婆婆开门进来，手上提着一个新款的亮皮名牌包，她心底里冒出一串数字——23000元左右。她顿时想着如果她拿着这个包，别人该有多么羡慕。

婆婆往沙发上一坐，何茜忙不迭地去厨房切了一盘水果出来，笑着说："妈,你怎么来了?"

婆婆从兜里拿出一张纸,神秘兮兮地说："把这个放在你枕头下,可以保佑你快速生儿子。"

何茜觉得是无稽之谈,却又毕恭毕敬地把东西收下。

婆婆笑着说："等你生了儿子,我就送你们一套别墅。"

何茜连忙说："那不用,我们自己赚钱买。"

婆婆冷笑着说："呵呵,你又没工作,怎么买? 还不是靠我儿子,说到底,这个家还是靠我和他爸,不过我们也不在意,你好好生,努力给我们添个孙子。"

不在意,那是客套话,实际上婆婆可在意何茜的家庭背景了。

当年婆婆激烈反对是因为何茜父母均为农民,她虽毕业于211大学,但在一家公司当公关。

这"公关"一词,可令人想入非非了,婆婆看她是哪都不顺眼。何茜最终以怀孕取胜,婆婆以为能添个孙子,没想到蹦出个孙女,万念俱灰之际,出了全面两孩政策,这才让婆婆又燃起希望。

何茜顶着无穷的压力,都说嫁有钱人好,可谁又知其中之苦,钱不在自己手上,没有一点自由权,看似拥有一切,实际被架空,房子、车子、票子、奢侈品都得看人脸色才能拥有,还不如当初月入千元有自尊。

何茜匆匆赶到夜曼咖啡厅,一进门就坐到了指定的位置,服务员恭敬上前递菜单。

这家店的老板是她老公陈斯的好友,她自然拥有贵宾待遇。

虽在家里遭受不平等待遇,可一出门就是富太太架势,她被夹在这两种状态之间无法抽身。

没过一会儿,陈朵朵一脸疲惫地到了,她立马点了一杯卡布奇诺,靠在桌子上。陈朵朵真没见过那么激动的原告，都已经跟她说明了，第一次申请离婚倘若对方坚决不离，且证据不足，一般判离的可能性比较小，她不听，非说人家出轨，可又无凭无据在那里瞎嚷嚷，在庭上大吵大闹，弄得场面很难堪。

"朵朵，你听到我的话了吗?"何茜拉高声音，这才把沉浸在自己思绪里的陈朵朵拉回来。

陈朵朵笑了笑，说:"嗯，你继续说。"

何茜继续道:"所以，不是我不想生儿子，是我老公不配合，这事我又没法和婆婆讲，没准她还说我没姿色，所以才吸引不了我老公。你说一个月就做两三次，命中率多低，都不提生男生女了，连怀孕这事都搞不定。"

陈朵朵对陈斯有所耳闻，好像对那事不感兴趣，只是当完成任务。

他俩还没结婚的时候，陈朵朵说:"男人爱你一定会想要你的，这是雄性本能，雌性本能则是不断依赖。"

当时何茜听完，瞬间冒了一句:"陈斯一次不到三秒，而且也不大爱做，那是不是不爱我啊，可他明明说很爱很爱。"

好吧……

当年的瑕疵，到了今日成了重大问题:不爱做，时间短，做了也很难怀。

陈朵朵一时语塞，她长那么大，初恋对象、结婚对象、孩子他爸都是一个人，而且他完全正常，没有一点不良情况，对于这种事，还真不好说。

"那你就要求多做几次。"

何茜垂头丧气:"他忙，要求多了还说我妨碍他。"

还真是家家有本难念的经。

陈朵朵是不想生被要求生，何茜是想怀却怀不上。

两人各自发愁，谁也找不出解决方法。

咣当一声——

隔壁那桌杯子碎了，何茜和陈朵朵立刻转头，看见一个身形彪悍的女人，迅速揪住身材娇小的女孩，恶狠狠地甩了一巴掌，两人扭打在地上。

陈朵朵发出一声叹息，这个城市如此之小，她的当事人竟然跑到这里来了，而且还在众目睽睽之下对小三大打出手，两个人整得你死我活。

出于个人想法，她一点都不想插手，但她作为一个律师，还是要上前阻止。她用尽全身力气，把她的当事人摁到一边，险些踩断高跟鞋，劝解道："你别闹了，怎么会有你这么幼稚的人，你打她，就能解决事情吗？"

她的当事人大喊："这事你管不着！"

陈朵朵还想对她谆谆教诲，没想到她迅速说："你让开，我要撕了那贱女人。"

等到她挣脱开陈朵朵，那女人早已逃得不见踪影了。

于是，她就蹲在地上嗷嗷大哭，陈朵朵见周遭人指指点点，连忙拽走了当事人和何茜。

她的当事人叫沈红，出生在山西一个农村家庭，凭着自己的能力，一路打拼，来到这个城市，在事业上，可谓顺风顺水，连续开了三家连锁服装店，在天猫商城销量领先，"双11"日销售额达到十几万元，这么一个女强人，愣是栽到一个渣男身上。

她老公吴明一，是个典型吃软饭的，一见她事业那么成功，屁颠屁颠黏上去，自己没房没车，可脸好身材好，所以两人走到了一起。沈红以为从此过上好日子，可她毕竟长得不好看，体型又过于庞大，于是趁她怀孕生子无暇旁顾,吴明一就向外找了一朵"白莲花",就是那小三。

这事无论落谁头上,都气得不行,可气又有什么用,私了不成只能走司法程序。

陈朵朵把何茜送回家,分开前嘱咐她一句:"别想太多,保持良好的心态,否则更难怀上。"

随即带着沈红回到律师事务所。陈朵朵倒了一杯茶给她,沈红坐在沙发上,双手捂头,一副悲痛万分的模样,嘴里喃喃:"要是当时我不生小孩,他会不会不出轨?"

"你想多了,男人要出轨是一种心态,而怀孕是一个契机,刚好偷偷进行,反之,你不怀孕,他更有理由说,不孝有三无后为大,堂而皇之找别的女人生。所以这种心态一旦产生,那么无论你做什么,都是徒劳的。"

沈红哽咽:"陈律师,我……"

陈朵朵伸出两个指头:"事实上,婚姻就两个方向,离婚或继续,没有第三种,你也不需要再纠结了,恨之入骨大可不必,你又不能把他咔嚓一下,再多的恨,将来都会烟消云散,而且他还是你孩子的爸爸。"

沈红沉默了。

沈红临走前问了陈朵朵一句:"陈律师,像你这么懂婚姻的人,你的生活应该很幸福吧? 如果我有你一半的幸福就好了。"

陈朵朵尴尬地笑了笑。

A市的冬天虽没北方那么冷,但湿气很重,湿冷比干冷更不舒服。

街道上一大排银杏树光秃秃的,仿佛褪下了一层华丽的锦服,寒风刮过耳畔,陈朵朵不禁打了个寒战,她从未感觉婚姻幸福,从未……

只有一股子心力交瘁的累。

宋瑞固然是个顾家好男人，性子足够忍让她，但两个人在思想上不同步。即将结婚的时候，陈朵朵曾和她妈说："宋瑞虽然好，但精神不好沟通，我们的思维方式有差异。"

她妈说了一句特经典的话："你要日常和谐、性生活和谐、精神和谐，要求太高了，过日子的男人本身不能带给你太多激情，而激情的男人不靠谱。"

这么一琢磨，也是很有道理的，所以陈朵朵就糊里糊涂嫁了，理所当然地怀孕了，算是给宋家交差。

但说到爱、幸福，其实并不多，感到更多的甚至是疲惫。

沈红对吴明一是有爱的，所以她是为爱而疯，哪怕婚姻走到今日，她仍旧爱他，否则不会大吵大闹，不会殴打小三，不会看着孩子就潸然泪下。

可陈朵朵摸着良心说，哪怕宋瑞出轨，她也会沉着冷静，她的爱很少很少，在她的婚姻里，责任心占大部分。

当宋瑞提出要生"二胎"，她不仅在那些方面反对，甚至在内心深处抵触，一个女人深爱男人，就会想为他生孩子，而她的爱不足以支撑她再为宋瑞生一个孩子。

有时候，她挺羡慕沈红的，可以这么爱一个男人，爱到撕心裂肺，而她不行，她的内心是冰冷的，早已失去了这份能力。

一到家，宋瑞在厨房里忙活，陈朵朵进去一看，锅里煮着面条，热气直往上冒，不得不说，宋瑞的厨艺可媲美五星级大厨，他也有这爱好，所以老是不断钻研其中的精髓。

当宋瑞端出一碗色香味俱全的面时，陈朵朵早已饿得饥肠辘辘，三两下就解决了，吃完就歪着头问："你怎么不吃？"

宋瑞笑了笑："我喜欢看你吃。"

"哦。"

"老婆?"

"啊?"

"甯甯这周去我妈家吧?"

陈朵朵回答:"哦,没事,去谁家都一样。"

她的宝贝儿子,是双方父母心中的宝贝,他们夫妻平时很忙,无暇照顾孩子,所以大家一致决定,一个月内,在爷爷家一周,在外公家一周,其余时间跟爸妈,这周刚好是跟他们的,可能是宋瑞父母舍不得吧。

宋瑞说:"老婆,其实再添一个也挺好的,你想想,这样我们可以每边一个,自己又不用带,挺轻松的!这事没你想的那么复杂,你就是把所有的问题都想一遍,太理想主义了,现实不是这样的,我们的父母都是很爱小孩的,而且他们也很闲,完全可以帮我们带。"

陈朵朵难得答应着:"嗯。"

"我知道你肯定想说小孩给老人带不好,老人会过于溺爱,但不是人人都在跟着你的标准答案做题目,培养孩子不是必须按照单一的标准。"

陈朵朵教育理念很逻辑化,本来甯甯是跟着双方父母的,但她强烈反对,认为老人会过度溺爱,孩子跟着老人会娇气,甚至无法无天。可自己和宋瑞又很忙,所以才会有孩子一周在爷爷家,一周在外公家,其余时间跟爸妈这样的规则。

宋瑞说得头头是道,陈朵朵听得昏昏欲睡,忙插嘴道:"哎呀,你别忘了给甯甯送些衣服过去,我还答应给他送《熊出没》的玩具,都一并给他带过去。"

"老婆,下周再给吧,反正他都要回来的。"

陈朵朵义正词严:"答应了小孩就要做到,他心底期望值很高,心心念念就是你的承诺,你一次两次做不到,怎么在孩子面前树立榜样?"

"哦……"

宋瑞虽好说话,心里却也明白,他和陈朵朵的教育方式不一样,两人的思维不在一个轨道上运行。

对于要"二胎"这件事,他不想听她的了,不知是心底的一股怨气作怪,还是男性自尊突然爆发,或是父母不断地灌输想法,反正他越发想要"二胎",也难得在这件事上,他变得如此有毅力。

宋瑞送衣服的时候,忘记拿玩具了,使得宋甯在家哇哇大哭,说要打电话告诉妈妈。陈朵朵知道这事后,内心真是汹涌澎湃,想把宋瑞一顿痛骂,开车时狂踩油门,到了宋家后,却又忍了下来。

她把宋甯抱起来,笑着说:"你看妈妈不是把玩具带来了吗?妈妈答应过你的事情不会忘的,都在家放着呢。"

宋甯委屈,泪珠滚滚而下:"爸爸没给我带玩具。"

陈朵朵说:"爸爸很忙,他忘也是正常的,甯甯也会忘记事情,如果妈妈因此骂你,你会不会哭啊,那甯甯多可怜,所以,我们要原谅别人,懂吗?"

宋甯似懂非懂地点点头,忽然想到什么,道:"妈妈,我很聪明的,不会忘的。"

婆婆端了一碗米粉出来,宋甯一看见吃的,就高高兴兴地拿着大狗熊去吃。

婆婆走到陈朵朵身边,无奈叹了一口气:"唉,这孩子都给你宠坏了,像我们那个年代,有的吃都不错了,还能这样蛮横。"

陈朵朵觉得好笑,婆婆自己就很宠孩子,却把她的宠拿来说事,于是回答道:"嗯,小孩子确实不该这样,下次我要打一顿。"

宋甯耳尖听到这句话,在那边喊着:"妈妈,你不要打我,我很乖的。"

婆婆连忙说:"你看你们年轻人就是不会管孩子,动不动就想打孩子,依我看,孩子还是我们这代人教得好,毕竟有经验,你说对不对?"

"嗯,有道理。"陈朵朵最后三字说得不冷不热。

婆婆是个聪明人,立马就听懂话里的意思,笑着去陪宋甯吃饭,顺带把电视机打开,换到宋甯喜欢的频道,上面正在播放《喜羊羊与灰太狼》,陈朵朵瞄了一眼,脸色阴晴不定,心中暗忖:这可真会带孩子。

陈朵朵在阳台上找到了宋瑞,他正在浇花,转头看见陈朵朵后,有些不好意思,陈朵朵说:"都怪我,忘记把衣服和玩具放在一起,甯甯也真是的,这么点小事就吵,下回要好好教育。"

宋瑞一听,连忙说:"你不要怪他了,都是我的错。"

陈朵朵笑了:"嗯,你下次也注意点,要以大人的态度对待孩子。"

晚饭是在婆婆家吃的,婆婆溺爱宋甯,把烤鸭夹到宋甯的碗里,讨好地说:"晚上刚烤好的,快点吃。"

宋甯把头一扭,撒娇:"我要看《熊出没》。"

陈朵朵把筷子往桌上重重一放,瞪着宋甯。

宋甯脖子一缩,迅速拿起勺子,大口大口往嘴里扒饭,都忘记了最爱的烤鸭。

婆婆忍不住说:"小孩子都被你吓着了,他还小,什么都可以慢慢教,你这样对小孩成长不好,万一他长大后变得懦弱,都是被你吓的。"

宋甯连忙说:"奶奶不要说我妈妈,我错了。"

婆婆心一软,要多心疼就有多心疼:"还是我们甯甯懂事,什么都为妈妈着想,你看你妈妈怎么对你的,动不动就凶你。"

陈朵朵这会儿倒识相,不想与婆婆争论,一是没什么好讲的,二是讲不清楚。宋瑞忍不住吞吞口水,惴惴不安地看了她一眼。

宋瑞预料的没错,在回家路上陈朵朵坐在车里一脸阴霾,嘴里开始发牢骚:"你说你妈怎么回事啊,这么宠孩子,不得出问题啊?甯甯在我们家的时候,吃饭自己吃,上厕所自己上,到了你妈家,什么都由她代劳,小孩都娇宠成什么样了,你要好好说说你妈,否则真的没法往你妈家送了。"

宋瑞装哑巴。

陈朵朵不说话了,车厢里难得安静,没过几分钟,陈朵朵眼泪哗哗掉下来,宋瑞傻眼了:"老婆,你这是怎么回事,怎么就哭了?"

陈朵朵开始哽咽,半天说不出一句完整的话,宋瑞手忙脚乱地把车子停在一旁,慌张地给她递纸巾。陈朵朵越想越委屈,她的老公真没用,不是听她的,就是听妈的,没有一点自己的主见。她觉得活得好累,一个家的压力都压在她身上,她毫无喘气的间隙。

车内小灯照在宋瑞的脸上,他那俊朗的五官此刻拧成一团,看他急成这样,陈朵朵忽然又消气了,好歹他是爱她的,比起那些抽烟、喝酒、嫖娼的男人来说,宋瑞已经算是很好了。这么一想,她又颇感安慰,不断自我提醒,老公对她还是不错的,起码在生活上无微不至。就这么一会儿,陈朵朵的心思已是绕了一大圈,而宋瑞却依旧是云里雾里,完全不知她在闹哪一出。

陈朵朵想明白了就不哭了,连忙擦了擦眼泪,道:"回去。"

宋瑞傻眼了:"啊……"

陈朵朵字字清晰:"回去啊!"

宋瑞糊里糊涂:"哦。"

3

沈红的案子最终私下调解了。

这会儿陈朵朵不明白了,起初恨得牙痒痒,现在又释怀了,这情绪变化有些大,跳跃性也太大,沈红是这么对她讲的:"人没了,要钱干吗呢!况且他答应把孩子给我了,算了,我就分他一些,没事的,我能赚钱,但他能力不行,还要照顾那女人。"

……陈朵朵不知该如何接话。

沈红又讲:"陈律师,在你的生命中,难道就没有奋不顾身想保护的一个人吗?就算他曾经伤害过你,那又怎样?"

这还……真有,宋瑞。

就他最不让人省心了。

陈朵朵被这想法惊呆了,她难道不是自认为可以对宋瑞不闻不问的吗?怎么会想到他?

"陈律师,我看出来了,你是外冷内热的人,你肯定对你老公很好吧。"沈红笑眯眯。

陈朵朵虚笑了下,昨晚又踹他下床了,这是很好的态度吗?

"对了,陈律师有几个孩子?"陈红问。

陈朵朵说:"一个。"

沈红说:"哎呀,现在不是可以生第二个吗?你可以再生一个。"

陈朵朵顿时无言,想了一会儿才说:"压力太大,再说吧。"

沈红念念叨叨:"不是我说啊,你还那么年轻,应该再要一个,现在小孩都是独生子女,被惯得厉害,再来一个弟弟妹妹,能学会分享和照顾,要不是我离婚了,我肯定也要生第二个。"

陈朵朵是越来越不理解沈红,被男人伤得那么惨,还想着生孩子,这人和人的思想差得可真大。

A市的天气变化很快,刚刚还是晴空万里,忽然暴雨将至,陈朵朵将沈红送回家里,然后回到了律师事务所。蒋沁的蜜月假期结束了,这姑娘有点潜力,做事干净利落,她想好好培养。

宋瑞把窗户关上,这雨下得真大,摊在桌子上的三份文件被淋湿了,恰巧隔壁办公室的王姐进来,他推了推眼镜。

王姐是单位里的八卦王,整栋大楼她都熟,每个办公室遍布她的足迹。她喜欢带着一堆零食串门聊私事,所以大伙对她是又爱又怕,一般一件事她要是知道了,那整个单位基本传遍。

前一阵就发生了一件事,单位一楼的小姑娘前男友,刚好是四楼另一个姑娘的现任老公,王姐不知道通过什么渠道知道了这个消息,嘀嘀咕咕四处一传,这下热闹了,连那一楼姑娘的父母都知道了这事,气得她在朋友圈发了一堆咒骂的言论,弄得沸沸扬扬。

经过上次事件,王姐传八卦的习惯好像是有所改善,但还是需要小心。

王姐一双圆溜溜的大眼睛,笑眯眯看着宋瑞:"宋主任,你老婆生不生'二胎'呀?我刚听说我们单位有三成人想生,两成待定,五成年轻人不想生。"

宋瑞作为水利局能源办副主任,平时沉默寡言惯了,面对这样的问题,只能单字回:"生。"

王姐又说:"可是你老婆不是很忙吗?女律师又忙又累的,你们真有闲心生孩子吗?压力很大的。"

宋瑞不知王姐在操心些什么,他老婆忙也是他老婆的事情,关她什么事情,养得起养不起也是他们家的问题,他忍不住说:"这不是很正常的吗?倒是王姐,你想不想生。"

王姐咧嘴一笑:"哎呀,我们那么大年纪了,就不生了。"

宋瑞被弄得不大高兴。王姐是个识相之人,也就不再多问,临走前又来一句:"宋主任,你老婆那么拼事业,会不会比较难放下这些荣耀?"

这话真有些莫名其妙,宋瑞虽是个脾气很好的人,但一听见这种话,内心燃起一阵无名火,语气硬了兴许:"女人,还是要以家庭为重,再说了,我父母也是这么要求的。"

王姐连忙解释:"你别误会啊,我一个亲戚,他老婆也是女强人,他这人就怎么都劝不动老婆,父母压力又大,非要他俩生,他老婆脾气倔得要死,两人现在处于吵闹中,我寻思着,这'二胎'会不会搞得很多家庭闹矛盾,不过,我想陈律师深明大义,跟你是弄不出这事的,看来婆对老婆很重要,我那亲戚都一个头两个大了。"

宋瑞折腾手中的事情,刚好领导又打来一个电话,他忙不迭往外走。

王姐也就走了,嘴里喃喃:"嗯,像陈律师这样的,确实识大体。"

宋瑞险些把文件弄掉了,王姐的一番话,固然是瞎操心,但也让他明白一件事,要让他老婆同意生"二胎",难比登天,还不如先做些手脚,真的怀上后,她也就没办法了,她是一个刀子嘴豆腐心的人,他就不信她真敢去打胎。

宋瑞下班就去接宋甯下课,陈朵朵永远在忙碌中,所以这些小事基本都是他来做。他将车子停在天惠幼儿园门口,刚一下车,儿子就迈着小胖腿跑过来了,一把扑在他身上喊:"爸爸。"

陈乔老师笑眯眯走过来说:"甯甯的眼睛真亮,一下子就看见你爸爸了。"

宋甯害羞地躲在宋瑞身后,宋甯在性格上是遗传了宋瑞的害羞、敏感、自尊心重,但对待家人显得有些霸道,容貌则完全继承了陈朵朵的样子,尤其是那双扑闪扑闪的大眼睛,仿佛会讲话似的。

陈乔老师说:"下周一晚上开家长会。"

宋瑞点点头，陈乔笑了笑，也没多说。

在回去的车上，宋甯骄傲地说："爸爸，我今天吃饭第一名。"

宋瑞嘴角勾起一抹笑："嗯，我儿子真棒。"

他在红灯前停下，忽然问："甯甯，你还想要个弟弟或者妹妹吗？"

宋甯低头，歪着脑袋想了好久，才说了一句："不要。"

他有些吃惊，没想到儿子竟然会是这种态度，宋甯的性格软绵绵的，除了对爷爷、奶奶、外公、外婆有些娇气，对待其他人都是顺着大人的。

宋瑞好奇地问："为什么呢？"

宋甯眨巴眨巴眼睛："我怕有了小宝宝以后，你们会对我不好……"

现在小孩想得真多，竟然还知道这点。宋瑞安抚道："放心，你是爸爸的小孩，爸爸会一直对你好。"虽然不知儿子是否听得懂，但他依旧解释道。

现在的小孩基本都是独生子女，习惯了独占一切，所以面对忽然冒出来的一个新成员，自然会心生想法。

原本长辈满满的宠爱，现在要一分为二。

本来自己所有的东西，要学会忍让他人，无论落在哪个孩子身上，都是不愿意的，人性本身就存在自私的成分。

晚饭，宋瑞做了意大利面和牛排，宋甯吃得津津有味，尤其是意大利面，番茄酱料不是市面上买的现成品，而是宋瑞到菜场买了一堆番茄回家调制出来的，全部选用最好的食材，完全做到纯天然无任何添加剂，并保证口感佳。

宋甯连盘子都舔干净了，不断地说："爸爸做得真好吃。"

宋甯的话令宋瑞在内心升起一股骄傲感，在他儿子的眼中，他就是最棒的人。

饭后,宋瑞在沙发上看电视,宋甯拿了一本童话故事书,拼命缠着他读,小脑袋靠在他的大腿上。宋瑞看着迷你版的陈朵朵和他的综合体,忍不住亲了亲他,他没按照书上读,而是编了一段:"从前,有一只丑小鸭,大家都觉得它难看,别的鸭老是欺负它,它受到了同伴的排挤,于是只能一个人玩,一个人吃饭。但有一天,鸭妈妈又生了一只丑二鸭,丑小鸭有了弟弟后,可以和弟弟一起玩,一起吃饭,一起反抗别的鸭的欺负,原本孤独的丑小鸭,变成了很开心的丑小鸭……"

宋甯傻乎乎地问:"爸爸,你怎么跟妈妈讲的不一样?"

宋瑞厚脸皮地问:"妈妈怎么讲的?"

宋甯想了半天,好像没想出来:"我……我也不知道,好像不一样。"

宋瑞接着说:"可是这本书上就是这么写的。"

宋甯问:"那爸爸,是不是有了丑二鸭,丑小鸭就会很高兴?"

宋瑞点头:"对啊,所以兄弟姐妹多才好。"

宋甯恍然大悟:"我只有自己一个人,难怪我不开心。"

宋瑞连忙说:"等你有了弟弟妹妹,就会很开心了。"

宋甯抓着宋瑞的手问:"那我什么时候有弟弟妹妹?"

宋瑞说:"嗯,很快。"

宋甯咧嘴一笑:"真的吗?"

宋瑞笑:"真的。"

宋甯琢磨了一会儿,没头没尾地说:"爸爸,可我不丑啊。"

宋瑞嘿嘿一笑就糊弄过去了,宋甯拿了一面小镜子,不断地照自己。

宋瑞在教育儿子如何面对弟弟妹妹的时候,突然明白原来儿子不是不喜欢弟弟妹妹,而是儿子压根不了解,纯粹听其他人怎么讲,他就这么胡乱猜测。小孩子是一张白纸,谁在上面涂涂画画,他就会跟着变。所以,他完全有信心让儿子接受,这不,现在已经往好的情况发展了。

陈朵朵已经忙得焦头烂额了,律师事务所位于 A 市繁华地段,这栋高档写字楼里,有一大半办公室是灯火通明的,足可见大家都是多么拼命,只为了在这个城市里争得一席之地。

她的办公室在 18 楼,办公桌上堆满了各式文件,白炽灯照在陈朵朵的脸上,映出了她疲惫的样子,显得她的黑眼圈越发浓重。"关于你这个案子,我先帮你把材料整理起来。"

"陈律师,你说胜诉的可能性大吗?"

陈朵朵看了他一眼,这个当事人叫金金王,是一家进出口贸易公司的老板,因公司资金周转不灵,资金链跟不上,想起家中已逝父亲的分房协议中,详细说明该财产是两兄弟一人一半,但当时房产证上写的是他弟弟金金强的名字,且抵押在银行,所以该财产一直没有他的名字。现在金金强要赖,不认那分房协议,说是他伪造的。

蒋沁敲门端来了两杯牛奶,陈朵朵喝了一口说:"我先把材料看了,你先别急。"

金金王气得不得了:"天地良心,当时我看他可怜才纵容,没想到他竟然干出如此龌龊的事情,亏我们是亲兄弟,他根本没把我当人看。"

陈朵朵下午刚开完庭,精神状态不佳,所以也没多少心思在听。应付走了金金王,她整理了一下办公桌,这会儿,她妈打来电话:"朵朵啊,这周六来妈家吃饭。"

陈朵朵很烦:"妈,到时候再说,我很忙。"

"女人不要搞得跟金刚一样,再说你和宋瑞不缺钱,就算你们缺钱,爸妈还有点积蓄,成天在外面拼,甯甯怎么办?"

"好了,我知道了。"

"那周六?"

"我来的。"

第二章 / 意外怀孕

1

陈朵朵和宋瑞带着宋甯回家吃饭,陈朵朵在自己家和在婆婆家完全两样。

在婆婆家处处忍让,生怕碰到老太太某根神经,以至于家庭关系不和谐。而对她妈,完全没了那些条条框框,她不会积极主动烧饭、洗碗,她爸妈会一直包容她。

倒是宋瑞要注意点,免得踩到岳母的雷池。

宋甯很喜欢外婆做的糖醋排骨,咕噜咕噜地吃了半盘,陈朵朵蹙眉说:"也要吃点青菜,不然甯甯长大后是大胖子,会变得很丑。"

她刚说完这句话,她妈就说:"小孩子爱吃是好事,多吃点。"

很多爷爷、奶奶、外公、外婆,认为孩子将食物吃进去就好了,不注重营养搭配。有些小孩非常肥胖,属于营养过剩,很显然就是饮食出现了极大问题,陈朵朵对于这点是嗤之以鼻的。

宋甯听到很丑,瞬间就想到丑小鸭了,调皮地说:"妈妈,我不怕丑,你再生个丑二鸭,我们就很开心了。"

宋瑞扑哧一声笑了出来,陈朵朵愣了一下。她妈听到这话,连忙说:"我们甯甯就是聪明,朵朵,我觉得现在家里该有两个孩子,你们也该努力点了。"

陈朵朵还没说话,宋瑞就接了话茬道:"妈,那是肯定的。"

饭后,宋甯跟外公去练书法,宋瑞狗腿地在旁边拍马屁。

陈家也算是书香门第,陈朵朵的爸爸陈一康是市纪委退休干部,退休后天天在家练书法,还兴致勃勃地加入了书法协会,经常去参加活动,而陈朵朵的妈妈姚英退休后,爱好逛淘宝买东西。

陈朵朵和她妈在淘宝上给宋甯挑衣服,她妈问:"朵朵,你是打算生孩子的吧? 我去给你买些叶酸?"

"太累,不想生。"

她妈一琢磨,点头:"这倒也是,对你是有些吃力,而且有甯甯也很好了。"

陈朵朵的手滑动屏幕,心中什么滋味都有了,这就是婆婆和妈的区别,婆婆总想着儿子和孙子,而妈才会真的考虑女儿的情况,这和人性有极大关系,每个人总是顾着自己,别人的冷暖,不会放在心上。

回去的路上,宋甯叽叽喳喳像只欢快的小鸟,手里抱着外公外婆给的喜羊羊,有些嫌弃地把灰太狼丢在一旁,脚上穿着一双有懒羊羊图案的单鞋,说:"外公外婆真好,送了我好多礼物。"

陈朵朵忍不住揉了揉儿子的脑袋:"小机灵鬼,谁送你礼物谁就好吗?"

宋瑞接话:"那爷爷奶奶好不好?"

宋甯乖乖地回答:"爷爷奶奶好,外公外婆好,爸爸妈妈也好,我们大家都好。"

宋瑞一家遇上了堵车,他缓缓将车子停下。霓虹灯将这个城市映得光彩夺目,不远处世茂中心的显示屏上播着五花八门的广告,陈朵朵不禁想到第一次和宋瑞约会的场景……

他站在这下面傻乎乎等了一个小时,她忙着折腾辩论赛的材料,过于专注而忘记时间,手机调了静音,十几个未接来电愣是不知道。

直到看完资料,才匆匆忙忙赶到,太阳晒得他脸颊通红,额头全是汗水,她忍不住问一句:"你怎么不进去?"

他不好意思地说:"我怕你找不到我。"

陈朵朵又好气又欣慰,在这个资讯如此发达的时代,他竟然就这么傻傻地等,足可见他智商不高,但身边出现一个这么温暖的人,是人生中很难得的事,现在的男人都不是傻子,脑子聪明得很,也就他……

当时的感情相处模式,就是如今的婚姻相处模式,一个愿打一个愿挨,毫无改变,只是在原有的基础上彼此更加了解罢了。

宋瑞忍不住问:"你在想什么?"

陈朵朵一笑:"想你。"

宋瑞顿时眼睛中荡漾着光彩,说:"我们回去慢慢想。"

宋甯听不懂爸爸妈妈话语中的含义,他就理解成了字面上的意思,说:"妈妈,你也要想想我。"

陈朵朵闻言立刻笑了,转过头看着宋甯,慈爱地说道:"妈妈最喜欢的就是你了。"

宋甯满足地笑了,说:"我也最喜欢妈妈,还有爸爸。"

深夜,宋瑞和陈朵朵在完成"做人大事",不过她是非要"戴帽"行事的,甚至还让宋瑞选超薄、颗粒、螺纹等,为此宋瑞还义正词严地说:

"你这么做违背人的生存法则。"

陈朵朵揶揄:"哟,平时脑子转不过弯来,现在倒是很好用嘛。"

宋瑞笑得像是一只偷腥的猫,往她身上扑去,在她耳畔撩拨:"还有更好用的。"

陈朵朵也不是软豆腐,直接就啃咬他,两个人弄了半天,在她意乱情迷的时候,他戴好"小雨帽",一举攻破"敌方阵营"。激情褪去后,陈朵朵感觉有些不对劲,宋瑞今天怎么那么老实,平时都心不甘情不愿地戴上,难道是想通了?

2

对于何茜来说,又是一个不眠之夜。

陈斯在外应酬,这周已经 4 天没回来,这在以前根本不可能,以前至少还会跟她报备,可现在给他打电话,他就直接摁掉,她心急如焚,不断地在卧室里来回走动。

"对不起,您所拨打的用户已关机。Sorry, the number you dialed is power off."

何茜气得将手机从二楼狠狠往下丢,走到冰箱前拿了一瓶威士忌,无奈地打开电脑,登上 QQ。她已经过上有钱人的日子了,可为什么一点喜悦感都没? 原本可以出去买买买、刷刷刷,为什么现在只感到生活无趣,毫无生存欲望?

QQ 上大多是黑着的头像,她一看电脑下方的时间——0:50,有夜生活的都出去玩了,没夜生活的早睡了,又不是大学生,哪还有人在网上瞎晃?

就在她准备下线的时候,忽然 QQ 头像在闪动,点开一看,是大学同学李辰。

何茜回应：在，你还没睡？

李辰：嗯，好久没见你上线，以为你都不玩 QQ 了。

何茜：偶尔手机隐身挂着。

李辰：对了，下周我们几个比较要好的大学同学一起吃饭，你也一起来吧，你可别发达了，就忘记我们这群贫苦的同学。

何茜：好的啊，我肯定来。

两人互换了联系方式，其实何茜对李辰并不熟悉，虽然是大学同班同学，可大家都有各自圈子，她是优等生代表，身边聚集着一群学习成绩绝佳的好学生，而李辰读书等于打酱油，也就交际做得不错。

可她真的太寂寞了，一个能说话的人都没有，往日的尖子生都是大忙人，比如陈朵朵一类，一门心思扑在工作上，也没时间和她玩，她甚至都没问李辰一起吃饭的人是谁，是谁都无所谓，只要能够开心就好。

宋瑞临时被领导派去盘查单位晋升人员材料，所以无法参加儿子的家长会。陈朵朵成为较少出现的家长，她除了幼儿园开学那一天送儿子过来，之后大事小事全由孩子他爸代劳，老师只见过陈朵朵一次，但对陈朵朵的印象挺深刻，所以两人热情寒暄了起来。

说到宋甯性格的时候，老师倒是满意，笑眯眯地说："宋甯这孩子不吵不闹，喜欢一个人安安静静看书，比其他闹心的孩子好太多，就是有点胆小，不善于透露自己的想法，有一次，他想问我'明天是不是一定要带水枪'，想了很久以后，竟然让我们班的小圆圆过来跟我讲。"

老师只是念念叨叨说看法，却让陈朵朵忧虑许多，这种人格将来在职场上，会带来很大的问题，试问领导会喜欢一个能说会道的人，还是一个畏畏缩缩的人？答案肯定是前者，如果他去追求自己喜欢的事情，比如创业，更需要胆大心细，甯甯生活在她和宋瑞的宠爱下，爷爷奶奶外公外婆更是什么都为他承担,是否因为如此,所以导致甯甯失去了一些本质的勇敢?

陈朵朵陷入沉思中,老师在台上讲学校的安全知识,坐在她旁边的是一个大腹便便的美女,她瞄了美女一眼,心中大致有数,这女人她清楚,在开学的时候,两个人还闹过一场误会。她老公是一家连锁服装店的老总,据说家里很有钱,想来肯定是要再生个娃。她的第一个孩子是个漂亮的小女孩,也就是帮她儿子说话的小圆圆。

家长会开到一半,陈朵朵的手机响了,她看一眼名字,是金金王。

她赶紧跑到门口接,那头金金王讲他们俩打起来了,双方均有负伤,但不严重,因信号不大好,她听得不清楚,只能简单地说:"你明早来所里。"

"不行啊,我刚从医院出来就要去南宁见客户了,起码要一个月,到时候我过来找你。"

"行,等你。"

这日子过得仿佛是在开战斗机,每天都有持续不断的事情,紧张到一点乐趣没有。回到座位上,小圆圆妈妈主动打招呼,轻声细语地说:"陈律师,我是小圆圆的妈妈。"

"我知道。"

小圆圆妈妈想继续说,陈朵朵胃里一阵翻江倒海,冲到厕所干呕。当她有气无力地走出来时,小圆圆妈妈站在门口,给了她一包纸巾,她伸手拿过道谢。

两个人随意聊了起来,小圆圆妈妈的司机有事先走了,陈朵朵就顺便送她回家。路上,陈朵朵问:"几个月了?"

小圆圆妈妈讲:"四个月了。"

陈朵朵大吃一惊,说:"你孩子长得挺快的,我怀甯甯的时候,五个月才显怀。"

"小圆圆也是这么快的。"

陈朵朵笑了笑。

小圆圆妈妈说："有件事,我想咨询一下陈律师,金金王的案子是你在办吗?"

"你……怎么?"陈朵朵想起刚刚小圆圆妈妈瞄了一眼手机屏幕,神色不好看,顿时明白了。

"看来,你老公也是金金王的债主?"

小圆圆妈妈点头道："我想知道他得到房子的概率大吗?"

陈朵朵在红灯前缓缓停下车子,不疾不徐地说："他欠你们多少?"

小圆圆妈妈说："50万,把那房子卖了就行了。"

"就算房子是两人共有,如果一方不同意,这事也是麻烦的,我看金金王的新公司运营良好,之前的债务该抵押的已抵押了,该变卖的也卖了,你们要不急着要钱的话,可以让他分期付。"

"这……"

陈朵朵将车子停在东苑小区楼下,笑着说："我随便说说,你考虑一下,你们的事情,我不管,我只处理手头上的事情。"

金金王在一个月后来到律师事务所,陈朵朵倒了一杯蜂蜜水给他。端详金金王一番——眼睛黑了,手上有伤,一直在骂金金强不是人。陈朵朵听得有些混乱,直接问道："你拿回房子,是为了卖掉吗?"

"不是,"金金王说得义正词严,"我是怕强子又欠债,房子被他拿去抵押,好不容易已经还清债务了,是时候分房子了。"

陈朵朵点点头,说："也有可能是金金强还清了债务,你欠了债,现在你提出要卖掉房子还钱,可金金强不同意,所以你要分房了,他开始抹黑你说'你的分房协议是伪造的',这种情况,你觉得是不是有可能呢?"

金金王脸色一沉，说："陈律师，你不要整天瞎想，你的责任就是帮我打官司。"

"那天，我去参加我儿子的家长会，遇见一个女人，可能是你的债主。"陈朵朵说到这里顿了顿，"其实我们律师的目的应该就是赚钱，就像你说的，我帮你打官司，我拿钱，事情就那么简单。可凭良心讲，父母留下的东西，拿去卖掉还钱真的很可惜，你可以分期付款，不是吗？为什么非要这样？你们是亲兄弟，为了一套房搞成这样，何苦呢？我也是个有小孩子的妈妈，如果我将来有两个孩子，看着他们俩打成这样，我得有多伤心？"

金金王不讲话了。

陈朵朵轻松一笑，说："好了，没事，我也就随便说说。"

"你不懂。"

陈朵朵傻眼了。

金金王叹气，说："既然陈律师跟我讲真心话，我也跟你讲真心话。我和强子虽然是亲兄弟，可我们从小因为各种原因，被放到了不同家庭寄养，就像是现在爷爷奶奶养一个，外公外婆养一个，可他们是经常见面的，而我们直到十七岁后才开始相处，那时候的隔阂已经存在了，现在面对房子分割的问题，我们完全谈不拢，所以才想到打官司的。"

在不同家庭寄养，大概是因为当年计划生育政策下超生了。

很多人多生了一个，为了逃避计划生育，只能把孩子送到农村去，等到他们各自长大且经济基础稳定后，再带回孩子，但他们心中已有沟壑。

陈朵朵听着听着脑子越来越眩晕，猛地喝了一口水，没想到不仅没帮助，反倒眼前一黑，整个人倒在地上，金金王吓得连忙把她送到医院去。

陈朵朵在医院醒来，宋瑞忧心忡忡地坐在旁边，她坐了起来，迷迷糊糊地问："我怎么突然就昏了？"

宋瑞连忙将陈朵朵的枕头调整到舒适状态，欲言又止，惴惴不安地看了她一眼。陈朵朵顿时有所警觉，大惊失色地说："我不会是得癌症了吧？"

"那不是……那不是……"

陈朵朵焦急地说："你磨磨叽叽什么，赶紧给我说。"

正当宋瑞犹豫之际，金金王推门而入，高兴地说："陈律师，你是怀孕了，恭喜恭喜，医生说你太累了，再加上营养跟不上，才会导致晕倒的。"

怀孕了？

难道就是宋瑞"伪装"戴套这些日子怀上的？

一瞬间，她明白了，这个消息就像晴天霹雳似的，把她给劈傻了。

陈朵朵瞪了一眼宋瑞，他默默将头低下。

金金王看不懂他们两人的小动作，笑着说："这是好事，我就不打扰你们了，你们聊。"

金金王走了五分钟后，这两人一句话都没讲，半晌，陈朵朵冷冷地说："你搞的鬼？"

宋瑞抬头一笑，说："我刚打电话给甯甯了，他可高兴了，说是要来看看小宝宝。"

"你倒聪明，知道拿儿子来劝我。"

没想到这种赶鸭子上架的情况竟然会发生在她身上，而这件事的始作俑者正是毫无杀伤力的宋瑞。

陈朵朵刚想说什么，宋甯蹦蹦跳跳推门而入，小胖腿灵活地往床上一蹦，黏黏腻腻地喊着："妈妈，我是不是有小弟弟了？"

陈朵朵是对宋瑞心有不满，可一见到宋甯，顿时心情好多了，语气也放柔了几分,笑眯眯地说:"也有可能是小妹妹。"

小妹妹……

宋甯眼睛笑弯弯地说:"我就要有小妹妹了。妈妈,还是小妹妹好,我不要小弟弟了。"

"为什么?"

"因为小弟弟会打我,小妹妹不会啊。"

陈朵朵被逗笑了。

在这个时候,婆婆推门而入,脸上别提有多开心了,手上提着一大堆的水果,对陈朵朵殷勤备至。

忽然间陈朵朵内心有一种严重的厌恶感,敢情她被这一家人蒙在鼓里,一切的事情全都在他们的计划当中。

宋瑞开车带他们回家,在车上小心叮嘱陈朵朵不可以这个,不可以那个,要好好注意身体,婆婆还在一旁接话:"对啊对啊,你看我儿子多关心你。"

陈朵朵都不想理婆婆。

婆婆就像是夏天里的火辣辣,而她则是冬天里的凉飕飕。

婆婆倒也不恼,对她更加热心。

宋甯天真地说:"等小妹妹出生了,就有人陪我一起玩了。"

婆婆一把抱住了宋甯,亲了他一口,说:"还是我孙子懂事,有时候小孩子可比大人更明白事理。"

陈朵朵如坐针毡,脸色阴了下来。

晚上,陈朵朵在厕所里淋浴,手指划过小腹,想起当时生宋甯的场景,别的感觉都没,就是一个字——痛,她很要强,非要自己生,折腾一天一夜才把孩子生出来,宋甯落地的那一刻,她就昏死过去。

醒来后,她庆幸国家的计划生育政策,再来一个,可真受不了。没想到，现在肚子里又来一个，好烦。

虽然如此，她还是老实地将梳妆台上含有果酸、香精类的东西收好，美白产品也扔到了杂物柜里，不怕一万就怕万一，她虽然不大想生，可也不想伤到宝宝一分一毫。

母爱，有时候是一种很复杂的感情。

她顿时想起都没做孕前检查，心中懊恼万分，这孩子来得毫无预警，违背了她万事都要考虑周全的习惯。

宋瑞坐在床上等陈朵朵质问。

没想到她一出来就自个儿去书房找育婴材料了，完全没理他，这让他心里跌宕起伏，她究竟是生气还是不生气？

过了半小时，陈朵朵搬了一堆书到床头柜，宋瑞不解地问："你不是都看过了吗？"

陈朵朵瞪了他一眼，说："以前就看了一半，时间都过去那么久了，早忘了，重新看看。"

生甯甯的时候，她什么都不懂，各种忐忑不安，生怕把甯甯伤到了，"二胎"倒是没那想法，就纯粹想多学习下知识。

宋瑞稍稍安心，帮她把书整理好，轻声细语地说："以后我送你去上班，你别开车了，前些天我听说一个怀孕20周的孕妇开车，急刹车的一刹那，肚子被方向盘顶了一下，当时孕妇以为没事，后来出现了腹痛出血的情况。"

陈朵朵斜眼，语气淡淡："宋瑞，你是关心小孩呢，还是关心我啊？"

普通人面对丈夫的关心，肯定是欣喜万分，可到了她头上，一切都是不自愿的，哪有什么好心情，不骂他就不错了。

"当然是关心你。"宋瑞说得诚恳。

这一刻，他特别像放大版的宋甯。

"哦，那我不想生。"

宋瑞有些火了，说："生有什么不好的，你干吗这态度？"

陈朵朵自顾自躺下，用后脑勺对着他，说："又不是你生，你当然觉得简单，我们家谁赚钱多，我们家谁干活多，还不得靠我吗？你让我再去生个孩子，实在没精力。生孩子这段时间，万一当事人情绪躁动对我大吼大叫，动了胎气怎么办？万一当事人骂我威胁我，动了胎气怎么办？万一遇上什么紧要情况，孩子保不住怎么办？"

生娃是没有什么不好，可她还背负着家里的压力、社会的压力、生存的压力。生娃这事，她应该有选择权，可谁给她选择权了？只是一味地让她生，她可委屈了。

这种委屈陈朵朵都没法发泄，人家会用一句"女人本来就该生孩子"草草打发她。

宋瑞一时也回答不上来，关灯睡觉。

陈朵朵知道宋瑞性格就那样，说不过就不说，骂不过就不骂，事情做不了就不做，她生气他就忍着，反正一切都会过去的。

呵呵，当男人可真轻松。

只要找个厉害的老婆，他就什么都不用操心。

3

何茜去婆婆家看女儿。

婆婆虽不满她生个女儿，可对于孩子的抚养权，婆婆完全要一手掌握，宁可让她在家闲着，也没想过让她带，一句"年轻人带小孩没经验"就把她和孩子分开了。陈斯在婆媳关系上是个摆设，毫无发言权。

更深层的道理何茜也明白，婆婆太有钱，习惯了事事全权掌控，全家人都被她给架空了。

何茜的公公是当年的"官二代"，据说爸爸是某县委书记。何茜的婆婆出身贫穷,在农村长大,他俩的结合遭到了家里人反对,但婆婆是个强悍的女人,非要嫁入他们家。

原本公公在本地事业单位干得相当不错,婆婆硬拽着他出国经商,在国外的日子实在太苦了,公公忍受不了那种日子,所以就回国无所事事……

婆婆依旧在国外打拼,后来公公在本地有个小情人,两个人感情破裂,婆婆气得回来创业,两个人的关系如履薄冰,仅剩一张薄薄的结婚证。

现在公公和婆婆虽然分居,但公公没收入,还需要仰仗婆婆的经济来源,所以婆婆自然气焰高涨,婚姻的不幸给她带来脾气上的怪异,对儿子控制欲更是强到可怕。

何茜到的时候,她女儿小肉圆正在睡觉,陈妈在一旁昏昏欲睡,婆婆出门办事去了。

她忍不住心酸,小肉圆出生没多久就被带走,婆婆频频盼咐她生"二胎",到现在半个子都没生出来,夫妻关系那么紧张,女儿又不在身边,人生如此悲哀,真的无法言喻。

婆婆回来看见她正在帮忙做饭,就顾自去小肉圆床边逗弄着。

何茜有些怕婆婆,那种女强人的气场总是盛气凌人,她恭恭敬敬将饭菜端上桌子,陈妈给孩子喂奶,桌上就只有何茜和婆婆两人。

婆婆夹了一口凉拌豆腐,倒是做得可口,于是多吃了几口,问:"你备孕备得怎么样了?"

"嗯,我还在坚持吃补品。"何茜低头。

婆婆叹了一口气,不禁说:"你们年轻人怀孕怎么那么难,像我年轻的时候,那是经常怀孕,不得已才流掉的,身体可好着!"

何茜在一旁赔笑。

婆婆有些不高兴地说:"所以,婚前就要注意身体了,乱七八糟的事情少干。"

何茜真想掀了桌子，她这话是什么意思，难不成她婚前跟男人乱来吗？她可是清清白白进他们家门的，怎么会被这么误会？明明是她老公的问题，什么屎盆子都往她身上扣，这种女人活该老公跟别人跑了，实在是难以沟通。

"陈斯太忙了。"何茜声音轻轻的。

婆婆嗯了一声，听不出情绪，话锋一转："男人忙不是必然的吗？难道你想找个老公天天闲在家里吗？要求别太高，很多事情，还是咱们女人自己要努力，怪不得别人。"

何茜吃完饭在厕所里待了很久，忍不住对着镜子偷偷流眼泪，反正千错万错都是她的错，她在这个家一点地位都没有，连陈妈的待遇都比她好，她还不如一个花钱请来的用人。

何茜和婆婆积怨已深，她就不想多留，想着待会儿回家又是一个人，心中更是难过，脑海中浮现出上次李辰的邀请，第二天就被她拒绝了。她一个要备孕的人，就不要四处瞎跑了，免得让人家知道她的情况，笑话她。

现在她真的很需要一个人倾诉，所以一出婆婆家门，她就给李辰打了个电话。

本来约好是去咖啡馆见面的，可过了一会儿，李辰又说要转战夜潮，她犹豫了会儿，就答应了。

夜潮位于南风街中心，那边是有名的酒吧一条街，而这一家是比较出名的，因为来玩的人多，花样也多，节目好看，等等，俊男美女全都往这跑。

何茜从出租车下来，一路往前走去，看见附近男男女女打扮得光鲜亮丽，全都是出来寻找乐子的，这个城市太寂寞了，所以人都在不断骚动着,需要给自己找点幸福感。

夜潮里灯红酒绿,音乐声震耳欲聋,男男女女不断地扭动着身体,在渴求最原始的感受。

何茜在服务生的带领下,走到李辰所在的卡座上。

李辰身边坐的人,没有一个是她熟悉的,她尴尬地坐到他的身边,旁边一个油头满面的男人笑嘻嘻地盯着她看,她胆怯不安地往李辰那儿挪了挪,李辰一把搂住了她的肩膀,似乎在宣誓所有权似的,那男人讪讪而笑。

这种地方不就是如此么……

男的女的进来,谁又能弄清楚自己是谁,还不是高兴一阵就一阵,明早起来忘乎所以。想到这里,她的内心似乎没有那么紧绷了,开始和身边的三个男人划酒拳,一杯接着一杯往肚子里灌酒。

李辰夺过酒杯,不想让她继续喝。

可这会儿她已进入状态,哪还停得下来。

想起大学的时候,她经常和同学们出去玩,那种时光似乎又回来了,很高兴,很开心,很爽快,她的意识越来越模糊,灯光映在她的脸上、李辰的脸上、一群男女的脸上,淡化、重影,直到一片黑。

……

意识朦胧之际,身体里一股燥热,仿佛被下了某种魔咒,久违的亲热感在四肢漫游,身体里一股欲望呼啸而出,迸发到顶端,舒服得浑身痉挛,这是高潮的滋味,她真想永远沉浸在这种梦境中。

第二天,何茜浑身赤裸地躺在宾馆床上,头痛得快要裂掉,现在酒吧里的劣质酒真差,喝了就不舒服。

突然,她像是想到了什么似的,连忙跑到厕所里,看见身体处处是欢爱过的痕迹,简直吓坏了。

昨晚竟不是梦境,她确实和人发生了关系?

那是谁?

天!她怎么可以做这种事!

慌乱之际,她连忙穿好衣服,偷偷摸摸地到前台退房付钱,却发现已有人付了。

她像是一只逃窜的老鼠,快速上了出租车,连忙赶回家。

她在自家浴室里不断冲洗身体,直到皮肤变得通红,开始号啕大哭,把所有委屈都倾泻出来,整整折腾了半个多小时,这才走出来,她决定当一切都没发生过,再也不会有下一次了。

4

陈朵朵一大早醒来,婆婆跑来献殷勤,准备了棒楂南瓜粥配全麦面包,仔细叮嘱她一定要吃完,以及记得要吃叶酸,她随意应了几句,因怀"二胎"这事就是婆婆起的头,所以她心里不是很高兴,嘴里讲不出什么奉承的话语。

宋瑞坚持送陈朵朵上班,她也就随他,婆婆又叮嘱道:"朵朵,你下午回来吃饭,我给你准备营养餐。"

陈朵朵疏冷一笑,说:"不用了,我下午在办公室吃,还有案子要看。"

婆婆瞬间紧张了,说:"那可不行,你现在肚子里还有个孩子,怎么可以那么劳累?我看有些案子能推就推,或者介绍给别人做,我也认识一些律师,看起来很靠谱,都给他们做。"

开玩笑,到手的工作给别人做,那她还要不要赚钱了?她压根不想搭话,婆婆还在一旁碎碎念,宋瑞连忙说:"上班时间快赶不上了,我送你过去。"

婆婆本来还想说点什么,却又欲言又止。

车上，宋瑞怕陈朵朵不高兴，连忙解释："我妈也是担心你。"

陈朵朵靠在车窗，问："担心我还是担心孩子？"

宋瑞有些不高兴，说："朵朵，你怎么可以这么说，我妈都是为了我们。"

"嗯。"

婆婆这人倒不是坏人，就有些讨厌。

陈朵朵的亲妈对婆婆是有很大成见的，因为婆婆说自己教育方式好，非说陈朵朵家什么都不懂。如果真的教育方式好也就算了，可婆婆自认为很懂，什么事都要做主，一副专家的模样，实际上并没有效果。

好在宋瑞没遗传到他妈的自以为是，否则两个人就要成天干仗了。

陈朵朵没头没尾问了一句："你说甯甯已经是儿子了，你妈干吗还要我生，浪费教育资源，本来甯甯可以拥有很多爱，现在分成了两半。"

"也不是那么讲，独生子女特别孤独，你没这种感觉吗？要是多一个兄弟姐妹，可以商量家里事，互相帮忙，等等，否则国家干吗要实施两孩政策？"宋瑞说得一本正经。

陈朵朵到了办公室，看着凌乱的桌子，思绪也跟着乱七八糟，为什么宋瑞总是一副软趴趴的模样，面上什么都顺着她，可实际什么都没让她决定，她不想生却被迫赶鸭子上架。

早上还接了她妈的电话，让她调整一下心情，不要太糟糕，已经怀上了，就要做好为孩子负责的准备，听着好累。

她一抬头就看见何茜站在门口，真是稀客，何茜从来不主动来她办公室的，蒋沁连忙去倒了两杯热水，何茜心事重重地坐到沙发上。

今天陈朵朵也是脑子一锅粥，两个人都坐着不讲话。过了一会儿,何茜才说了一句:"朵朵啊,你有没有想过要离婚。"

陈朵朵吃惊地说:"我干吗要离婚,我们夫妻感情还好,现在都怀了"二胎",完全没了那种可能。"

何茜愣了,问:"你怀上了?"

陈朵朵叹气道:"对啊,谁知道宋瑞给我使诈,弄得我现在怀了个孩子,压力好大,他又一副不是很稳重的样子,家里还是要靠我的,想想都苦。"

何茜说不出心中是什么滋味,有些嫉妒地看着陈朵朵的肚子,她心心念念想生个娃,却一直都没有,而陈朵朵的孩子却来得那么轻巧,真是身在福中不知福。

"你问我这个干吗? 你想离婚?"

陈朵朵看了何茜一眼,陈斯家境没话说,在他家就是富太太,出了那个门可就是离异女子了,这两者相差太大。

何茜摇头道:"我是怕再生不出来,陈斯会跟我离婚,我怎么敢……和他离婚……"

"按照我的逻辑来说,你的担心是多余的,你都生了个女儿了,而且也不是你的问题,他想离婚是不大可能,除非他妈脑子一抽,弄出什么新花样。"

第三章 / 职场窘境

1

"要是他妈脑子真一抽怎么办?"何茜心中甚是不安。

"我这么跟你说,按照你对你老公的某生活不热情描述,我认为他在短期内不大可能去找别的女人,最坏打算是找了别的女人,未必能生下娃。你婆婆不是脑子不清楚的人,她肯定是知道这些事的,你说她能这么傻傻让你离婚?你可是小肉圆的亲妈,不要疑神疑鬼了,这都是没谱的事。再说了,如果我跟你说的这些不现实的东西都成真,到时候你再准备措施,他妈哪能脑子抽成这样?"

陈朵朵并不明白何茜的忧心忡忡来自哪里,这富太太的思考模式确实不一样,换作她有何茜老公家那么殷实的条件,肯定每天去美容和购物了,哪能坐在这里杞人忧天?

何茜呵呵一笑。

陈朵朵看了一眼手表，咦？奇怪，约好的一个当事人怎么没来？

这人是她老公的亲戚，好像说是要离婚什么的，两家闹得不可开交，女的恨不得拿菜刀剁了男的，上回电话里说得火急火燎，这会儿竟然不来了？

陈朵朵打电话过去问，没想到对方的回复是"听说你怀孕了，新找了别的律师"。

怀孕不影响智商，那人怎么想的？

仔细一想，肯定是她婆婆搞的鬼。

她婆婆成天吃饱了没事干专门找茬，陈朵朵气得不行，听到何茜说一句："朵朵，其实我还挺羡慕你的，有自己的事业。"

陈朵朵忍不住开骂了："人家追求事业是事业和梦想捆在一块，我追求事业是事业和生计捆在一块，为了几块钱拼死拼活，都不知道上辈子欠他们家什么了，这辈子为他们家当牛做马，就宋瑞那点银子能做什么？都不知道他们家怎么想的，还要生'二胎'，你都不知道我有多憋屈。"

"我却想怀还怀不上，家家有本难念的经，这老公也是你自己挑的，我记得你当时跟我讲过，在最好的年龄做最适合的事情，你在读书时代成绩名列前茅，还没毕业就知道自己想做什么，你在适婚的年龄时，说要找个温暖的人，这不都找到了吗？其实你老公对你够好了，哪个男人能言听计从、事事顺你心意？就我们班的吴倩倩你还记得吧？她不也找了一个都听她话的男人吗？没想到那男的内心一点不服气，背着她找小三，而且那小三还是一个发廊女，吴倩倩觉得毫无面子，两个人大打出手。所以不是所有软弱的男人都会顺着你的，还有一大部分气焰嚣张，一方面自己能力不行，一方面又处处彰显大男子主义。"

陈朵朵烦躁地站起来踱步，态度有所缓和，说："你说得好像也有道理。"

"还有这'二胎',身边一大批人都在生,撇去你这种 30 多岁的,我看很多卡在 40 岁的女人也在生,人家家庭条件没你好,你说自己穷,其实你已算高薪了,你老公虽然赚的没你多,但你老公的单位稳定,社会地位相对不错,不是所有家庭都是两个人在工作的,很多家庭是一个人工作。你心理压力太大了,他们也是为了你好。"

道理谁都懂,只是这火气有些难消,陈朵朵自然是知道宋瑞人好,只是他能不能再有骨气一点,不要事事都听别人的。

何茜说是要去医院检查身体,留着陈朵朵在办公室发呆。

蒋沁把材料复印完毕放在桌上,陈朵朵问:"你说像我老公这样的人,嫁了是好还是不好?"

其实蒋沁对陈朵朵的家庭情况十分了解,陈朵朵倒也没什么好隐瞒的,蒋沁想了一下,说:"陈姐,你还记得你微信的个性签名是什么吗?"

"不忘初心,方得始终?"

"嗯,对的,我一直认为'不忘初心,方得始终'也同样适用于感情。我们最初选择对象的时候,肯定不是乱选的,都是看中了对方的闪光点。可在被生活不断的磨炼中,会让对方原有的光辉变得黯淡,从而使彼此对爱人要求过高,造成心理不平衡。我认为感情应该要铭记最初的心,持之以恒,才能得到想要的生活,因为每个人都不是完美的,所以要保证自己的初心不变。"

自己的初心不变?

陈朵朵在回家的路上思考着这句话。

其实,最初陈朵朵没有想过会跟宋瑞这样的人走到一起,她憧憬强强联合的拍档,一直幻想着对象是个高傲冷漠的尖子生,类似日漫里的流川枫,没想到最后遇见一个温和听话的尖子生。

都是尖子生,只是这脾气就差得有些大了。

回到家后,她就看见婆婆在厨房里烧菜,陈朵朵有些头疼,怀孕就算了,还招来一个没事找事的婆婆,你让她别插手吧,她说你年轻人不懂事,你让她插手吧,很多事尽胡来。

婆婆做了三菜一汤,都是适合孕妇吃的,不油不腻符合她的口味,也算有心了。

晚上宋瑞带着宋甯去逛商场了,没回来吃饭,估摸着是前几天宋甯看上自行车没给买,这会儿发了奖金赶紧给儿子"贡献"去了。

陈朵朵和婆婆话不多,本来都是围绕着宋甯讲的,这会儿父子都不在,她俩就无话可说了。

可气氛也不能僵着,陈朵朵随意地说:"晚饭做得很好吃,妈你平时也很忙,可以不要那么费神,让你赶过来给我做饭,实在是不好意思。"

婆婆眉开眼笑地说:"哪的话,你现在怀着身孕万事要注意。"

这话听着是很暖心,要是没白天的事情,陈朵朵自然是感动不已,可现在听着就像是全为肚子里的孩子。也是,要是没肚子里的孩子撑着,婆婆哪里有这个闲心为她做饭,更别提帮她剔除不适合的工作了。

婆媳俩各怀心事,但谁也没多讲一句不该讲的。

有时候人生就是如此,越是亲近的人,越是不断地权衡该讲什么不该讲什么,关于这点,两个人的想法倒是惊人一致。

晚上,宋甯蹦蹦跳跳地开门而入,一看见陈朵朵就扑上去,笑眯眯地亲了她一口。

婆婆在一旁笑着问:"甯甯跟爸爸出去好玩吗?"

宋甯点头如捣蒜,说:"好玩,爸爸还给我买了自行车。"

婆婆满意地点点头,看家里打理妥当,她也就走了,还不忘嘱咐陈朵朵要保持高兴的情绪,这样对小孩才好,陈朵朵应付了几句。

婆婆刚一关上门,陈朵朵就让宋甯去房间里看电视,搜着宋瑞往房间里走。宋瑞摸不清情况，忍不住叹了一口气说："敢情我妈让你受气了？"

"你妈可真会办事，今天就把我案子给搅黄了，我一回家又当起好人，恨不得把我当佛一样供着，这冷热效应，我实在受不了，回头热胀冷缩影响情绪怎么办？"

"其实我妈也没做错，她就一个农村老太太，你用得着计较那么多吗？"

宋瑞的妈年轻时是在农村务农，18岁就跑到城里开始学习理发，而后自己开了多家理发店，在生意最好的时候，又转手卖了店，开始经营起服装店，生意火爆，就这么一直倒腾到现在，手上积蓄颇多，前两年经济低迷，索性就卖了手头上的生意，现今吃喝有余。这样一个有经济头脑的女人，被她儿子讲成是农村老太太，这比喻真是在偏袒自己家人。

"宋瑞，我已经努力去理解你妈了，可为什么我们无法互相体谅呢？我这心里憋着一口气，实在难消。"陈朵朵说到这里，话锋一转，"你对你妈搅黄我案子这事一点不吃惊，你早就知道了？"

"你听我说，人活在世上，每个人都有每个人的难处，你没错，我妈也没错，就连你们的目的都是一样的，可问题就是出在这恼人的细节上。朵朵，我知道你心里憋屈，可很多事情只要不去想，就会简单许多。就像是上一次，你有个当事人一直骂你，还差点误伤你进医院，最后虽然只是破皮，你面对那么不公平的事情，也就一笑而过，忍了忍罢了，这事就这么过去了，而现在丁点大的事情，你却弄得兴师动众。"

陈朵朵声音提高许多："丁点大的事情？"

宋瑞见她生气了，只能低头沉默，陈朵朵笑了，说："我跟你没法沟通了，你赶紧去洗洗睡吧。"

宋瑞今天这态度，已让陈朵朵明白一件事，母亲和儿子永远是利益共同体,老婆不过就是锦上添花。在这种是非黑白不是很明确的情况下,她实在没期望能让他站在自己这边。

夜深,夫妻俩各自盖着一条被子,显然是要冷战的节奏。宋瑞翻来覆去睡不着,不能为了这么点事就开始闹,他忍不住开始叹气。

2

何茜近来感到身体不适,倒也没什么大毛病,就是嗜睡、多愁善感,加上大姨妈迟迟未到,人不免有些躁动,婆媳关系淡如水,婆婆没事就来指责她"办事不力",她的心中自然是越发抑郁。

她趁着婆婆外出逛街,偷偷回去看小肉圆。

小肉圆刚睡醒,一双圆溜溜的大眼睛四处张望着,何茜高兴地抱起孩子哄着,小肉圆欢快地挥动小手,何茜也就在这个时候才感受到为人母亲的喜悦。

陈妈推门而入,笑盈盈地说:"孩子给我喂奶吧。"

何茜想接手:"没事,我来喂。"

陈妈有些犹豫,说:"你都不经常喂,会不会生疏了?"

何茜一愣,想起小肉圆从出生开始就由陈妈喂国外的奶粉,当时何茜反对,她认为母乳才是最健康的,可婆婆完全不当一回事,自有一套养娃理念,非要喝国外的某牌奶粉。小肉圆给婆婆养了之后,确实没怎么生病,而且还长得很壮实,所以婆婆对自个儿的育儿经验十分得意。

她在喂奶这事上吃了败战,肯定对喂娃意兴阑珊,现在有些懊悔,自己的孩子怎么可以这样对待,于是接过陈妈的奶瓶。小肉圆是个很乖的孩子,吃饱了就开始昏昏欲睡。

陈妈在厨房整理,何茜走进去帮忙,顺便聊小肉圆的事情,婆婆对小肉圆是非常好的,无论穿的、用的、玩的,均是名牌,就连小肉圆去游泳的内裤也是世界名牌产品,可见宠溺。

何茜虽有感激,但更多是埋怨,本来一个完整的家庭,如今看来像是分割领地。

陈妈在何茜临走前问:"这么久了,你肚子还没消息?"

何茜脑子里闪过一道光,整个人有些僵住了,大姨妈是推迟了,不会真中奖了吧?

不应该啊,她和陈斯都很久没同房了,这哪来的娃? 猛地,她面色惨白,全身手脚冰凉。

在一旁的陈妈担忧地问:"你不舒服吗?"

许久,何茜回神道:"没有,我先回去了。"

一路上,何茜靠在出租车的车窗上,头都抬不起来了,难道老天爷真不想让这事就这样过去吗? 她浑浑噩噩地去买了验孕棒,回到家就马上去了厕所,果不其然看见两条线。

她不知道那一晚是谁,也不知道究竟发生了什么事。

更因为发生了这样的事情,她完全不敢和李辰联系。

她该怎么办?

忽然,大门被打开了,何茜犹如惊弓之鸟看着进门的陈斯。

陈斯有些莫名其妙,自顾自地脱鞋,然后脱下外套,准备过来搂一搂自家的老婆,没想到何茜竟有一丝抗拒,衣服底下的肌肤冒出了鸡皮疙瘩。

他以为是太久没回家,何茜在埋怨他。于是他笑眯眯地拉着她到门口,从公文包里拿出一颗闪闪发光的裸钻,约有一克拉。

"这是我托朋友在博洛尼亚钻石展销会上买来的,怎么样? 很喜欢吧?"

何茜并未露出喜悦之情,陈斯有些纳闷,说:"我知道这阵子很忙忽略了你，你看我不是买礼物给你了吗？"

"嗯。"何茜点头微笑，亲了一口陈斯的脸颊。

看起来一切都会相安无事。

是夜，何茜一个人待在卫生间，盯着手中的裸钻看了好久，顺道搜了下百度，这钻石起码价值40多万元，她知道自己虚荣，可人活在这世上，要连这份东西都没了，那还有什么劲？

她摸了摸肚子，里面又在孕育一个新的生命，心中升起一个邪恶的念头。

何茜在卫生间里磨磨蹭蹭良久才出来，她穿着一身若隐若现的薄纱，胸前的丰满隐约可见，甚是诱人，红唇艳丽得让人想咬一口。

陈斯正在床上看新闻周刊，一抬头就被吸引住了，眼神直勾勾地盯着何茜看，何茜立刻扑倒在陈斯的身上。

灯一关，本来是浓情蜜意时刻，却没想到这回还是没坚持三秒。

陈斯不断亲吻着何茜，像是在道歉，她心中一片冰凉，却又缠绵回应着。

"宝贝，下回我们继续。"

一听到这话，何茜暗忖，似乎每一次都拿下回当幌子，想来是知道下回是个无法验证的事情，所以拼命以此来告知。

这一下子，何茜对原本心中的恶念竟少了些愧疚感。

男人原本就是骗子，女人为什么一定要傻傻被骗？

人世间的真真假假、是是非非又岂是对错可以判定的？真亦假时假亦真。

第二天，陈斯要去上海谈生意，一早就去了机场。何茜醒来面对空荡荡的房间，忍不住流下了眼泪，好不容易把爱情修成正果，好不容易嫁给了想要的人，好不容易成了人家眼中的富太太，可现实生活竟是如此悲凉。

何茜不知道陈斯是在逃避，还是有其他缘由，为什么夫妻感情会如此之淡。

窗外春光明媚，气候宜人，细碎的阳光洒在木地板上，像是镀上一层金，而她的心中则阴郁不已。

在前往上海的飞机上，陈斯坐在机舱内看报告，一旁的男助理打了个哈欠："陈总，你有必要那么勤快吗？你和太太才见了一晚上，这会儿又要走了，其实也可以延迟几天的。"

陈斯不动声色地摇了摇头，说："我们提早到达，提早做准备，提早办事，如果运气好的话，还可以提早回来，岂不是更好？"

"还是陈总想得周到。"男助理在一旁夸。

陈斯自知可以不用那么拼命，他妈本身就是一座金矿，只是身体上的问题令他自尊大伤，只能通过工作来进行自我麻痹，否则还真不知道怎样去面对何茜，说好了要给她幸福，现如今……

只能是物质上不断地去补偿她的需要，再加上她虚荣心旺盛，肯定会被这些浮华的事物所吸引住的。

3

陈朵朵和宋瑞的冷战坚持不到一天就休战了。鉴于宋瑞态度良好，肯低头认错，陈朵朵也就算了。

后来仔细一琢磨，他压根也没说什么，就是一直念叨着自己有错，什么都是自己的错，她全是对的，补上几句无关痛痒的重誓，这事就被带过去了。

　　她也知道和宋瑞很难吵架，两个人属于互补性格：她急，他慢；她脾气暴躁，他脾气忍耐；她说话带刺，他说话平和。多年以来和睦相处，肯定是有性格磁场定理这么个逻辑了。

　　近来婆婆来少了，想来是有思想觉悟性，这样倒也好，眼不见心不烦，宋瑞待她是越发地好，她晚上在家看电视，宋瑞就切好水果喂她吃，她靠在他身上看一部家庭剧，说教育孩子的问题，好多人都削尖脑袋把孩子送往国外读书。看到剧情高潮处，她都忍不住想哭了，养娃真是艰难，剧中人物为了孩子的学费都急成什么样了。

　　"你看看，人家一个孩子都折腾成这样，我以后两个娃，还不知道会怎样，想想好心累。"陈朵朵愁眉苦脸。

　　宋瑞说："那是人家，我们家的小孩未必是这样的。"

　　陈朵朵歪着脑袋说："你这话不对，敢情你说我们的小孩比电视上的还笨？我觉得我们儿子虽然人际不大行，但智商非常高，你看他平时学得多快，他将来留学是有很大可能的。你再看看我们俩的收入，还不如电视剧上的那么高，想想都好心累，怎么社会压力会这么大？"

　　"杞人忧天。"宋瑞的思维模式是从 1 到 2 循序渐进，而陈朵朵的思维模式是从 1 直接蹦到 10 的，他有时候觉得自己老婆想太多了，哪有那么多的事情，都是自己乱想出来的。

　　"宋瑞，你跟我说说，你想生'二胎'这事是你想生，还是你妈鼓动的。我一直没搞明白，甯甯是儿子，按照你那套说法，你说你妈是农村老太太，得了一个孙子肯定很满足了，干吗还要个'二胎'？再说了，这'二胎'性别都不明，有什么好生的呢？"

　　"你都怀上了，能不想这些有的没的吗？这孩子出生后是我的孩子，也是我妈的孙子孙女，哪有什么区别，我们都会好好疼的。"

　　陈朵朵点头，道："我又没怀疑你们的动机，谁家生了孩子都会好好养的，哪能随便糊弄，我只是想知道这个头是谁起的，听你这话的意思,估计是你妈想要个孙子。我和你妈都是女的,怎么就这么难互相理解? 在这个主张精英教育的情况下,她依然坚持老一套多生的理念,隔代如隔山,你少让甯甯学你妈那一套,完全不是这个时代的主流价值,还一副特别懂的样子。"

"你这话在我面前说说就算了,千万不要再让我妈听到,否则她是会被气炸的,她也是一心一意为了甯甯好。"

两个人又因为这事争论不休,宋瑞索性就靠在沙发上装聋子,陈朵朵嘴里噼里啪啦一通讲,自知没趣,也就不再多言。

晚上,陈朵朵翻来覆去睡不着觉,没头没脑地丢了句:"宋瑞,难道我们就不能把话题展开讲清楚吗? 每次你都以这种方式结束。"

此刻的宋瑞昏昏欲睡,听到这话,原本混沌的思绪瞬间清醒,无奈叹气:"大事化小小事化无,夫妻之间,哪有那么多对的错的。我让你,不代表我是错的,你赢了,也不代表你是对的,反之也是一样道理。"

"你这话什么意思?"

"唉,睡觉睡觉。"

第二天,陈朵朵在律师事务所里待了会儿,想着早上也没什么事,该处理的都处理好了,于是拿起包包去了附近的美容院。

美容院老板娘是个漂亮的少妇,也就 29 岁左右,老公是投资公司的股东,收益相当不错,她本可以不这么辛苦,可美容是她的爱好,所以也就一直坚持下来了。

陈朵朵的皮肤有些干,老板娘推了一款具有疗效的面膜,陈朵朵却说:"我怀孕了,这些东西不知道有没有副作用。"

老板娘眉开眼笑:"这是好事,今天我就用鸡蛋清配合水膜给你敷脸,这个肯定纯天然。"

陈朵朵躺在美容床上,老板娘在她脸上按摩着,老板娘说:"好巧,我也准备生个'二胎'，正在备孕。"

"你也生？"陈朵朵有些诧异。

老板娘呵呵一笑，说："是的，我就一个女儿，多生个将来可以互相照应，而且现在独生子女毛病多，我老公就是独生子女，他平时挺蛮横的，事事以自我为中心。"

陈朵朵扑哧一笑，说："你不是？你是'80后'吧？"

"我是农村户口，又是姐姐，所以……"

是这样的，农村户口第一个孩子若是女儿，可以按照相应的规定去申请生第二个孩子。

"你说得挺有道理的，独生子女难免会以自我为中心，像我就是独生子女，我发现我们这一代人在和别人的沟通上略有欠缺，曾以为是电子产品的出现导致的，但这可能只是一部分，我想跟家庭教育也有关系，没有了兄弟姐妹的竞争，这群人在成长中难免孤独，于是我们这一代人在适应社会的时候，相对就显得比较慢热。当然每个时代的人都会有每个时代的综合征，这是历史往前推动必然留下的，我们这段经历叫中国式独生子女，而我们孩子的经历叫中国式全面二孩，这肯定会对整个社会架构造成影响，而我也相信这是良性循环。"

"良性循环？"老板娘的手明显一顿，"当年计划生育闹得多凶。"

"基于个人来说是有些残酷，但对于国家整体而言是对的，当时人口迅速增长，不进行控制，很容易引起社会问题。国乃根本，如果一个国家不繁荣昌盛，人民也很难存活的，这点我在西班牙游学的时候体会深刻，我在中国的时候，从来没认为中国多好，总觉得毛病多多，一旦出了国就不一样了，人家对你的印象永远都是中国人，而不是独立的个体，你也不会允许人家讲中国一句坏话。当北京2008年成功举办奥运会，我朋友给我打电话来说'中国那么牛'的时候，我的内心是骄傲的，人与人的荣誉，国与国的荣辱，它们必然是息息相关的，一个人会自我指责本国的缺点，但没有一个人会容忍他国的人指责。"

"虽然我没听懂，但觉得好对。"

陈朵朵在回去的路上仔细想了一下，她能够说出这番言论，表示对生"二胎"这事并无抵触之心，难道一切都是庸人自扰？

她摸了摸肚子里的孩子，心中不免有些期待。

晚上，婆婆特意过来做晚饭。陈朵朵回到家不动声色地放下包包，宋甯高高兴兴地扑到她身上，说："妈妈，我今天早点回来了。"

陈朵朵亲了亲宋甯的脸蛋，说："真乖。"

"妈妈，我小妹妹怎么样了？"

"你小妹妹很乖。"

宋甯小心翼翼地摸了摸她肚子，轻声说："我是哥哥哦，我是你哥哥。"

陈朵朵被宋甯这动作逗笑了。

宋甯激动地喊着："妈妈，小妹妹动了。"

"傻孩子，我刚刚在笑，肚子自然会动。"

宋甯眨巴了下眼睛。

因为宋瑞去参加高中同学聚会，所以今天就三个人吃饭。

陈朵朵对于和婆婆相处这事本来就心有忌惮，再加上跟婆婆憋了一些闷气，情绪就越发不快，忍不住回房间给宋瑞发了一条微信："晚上就我和你妈。"

宋瑞那头收到微信，叹了一口气，回了句："你忍忍，其实我妈也很好相处。"

好相处？呵呵。

婆婆都在跟宋甯讲话，陈朵朵在一旁也就懒得插嘴。

"律师事务所的事情忙吗？"

陈朵朵心不在焉地吃饭，忽然被发问了，措手不及地说："还好。"

"这段时间身子重要,工作能推就推了。"

这话让陈朵朵想起被搅黄的事,气就不打一处来。如果说家里不缺她这个劳务工作者,这也就算了,可偏偏不是这样,婆婆虽然有钱,但没有给他们,就连这房子,婆婆都没给首付的钱,还说:"我自己的钱自己养老,你们还年轻,可以慢慢奋斗。"

当时她是火大,可子女确实没资格要求父母必须帮忙付钱,所以就一直憋着。现在想来,婆婆就是这也要,那也要,这也不付出,那也不付出,比谁都精明。

陈朵朵不说话了,婆婆顿时尴尬了,说:"你这是什么态度?"

"没什么。"

婆婆脸色难看至极。

宋瑞回家的时候,陈朵朵已经躺在床上休息了。刚刚他妈打了一个电话过来,在那头哭诉陈朵朵态度不好,肯定是瞧不上她老人家,说当儿媳妇的人怎么能这么做事说话,实在不会做人。

他想着这两人肯定会有摩擦,可没想到他妈竟然会寻求"援助",估摸是放在心上了。

4

宋瑞去卫生间洗了个澡,轻轻地摸上床,陈朵朵毫无声息地转过身子来,灯光若隐若现,他被吓了一跳,说:"你别这么吓人。"

陈朵朵冷冷地说:"宋瑞,以后别让你妈来我们家了,我也不是不讲道理的人,反正宋甯准时往她那儿送,她就别往我这边添堵了,免得影响我心情。"

"这事没有回旋的余地了?"宋瑞抱了抱陈朵朵,看得出来她已被气得毫无逻辑了,他们这一家的战争都是没有硝烟的战争,双方家庭都是以和为贵,真发火就是冷战,绝对不会开骂。

"你妈真的太过分了,对我的事情指手画脚大加评论,她怎么这么闲。"

"老婆……"

"叫祖宗都没用。"

陈朵朵态度明确,宋瑞憋得难受:"你不觉得你很无理吗? 再说了,我妈也没说你什么,都是为了你好,何必搞得那么难看? 我们都是一家人,低头不见抬头见,为什么一定要把矛盾如此恶劣化? 说到底还是你想太多了,你要是不想那么多,哪有什么事?"

"嗯?"陈朵朵语气一重。

宋瑞一软:"老婆我错了,这事我们就不要计较了,好不好?"

陈朵朵坐了起来,宋瑞急了:"你这是干吗?"

"晚上我跟儿子睡,你想想怎么让你妈别来我们家吧,什么时候你妈不见人影了,什么时候我再回房间睡。"陈朵朵想了下,又说,"说到底我肚子里还有你的孩子呢,你不为我想想,也要为孩子想想,你妈要是不时出现,我动了胎气怎么办? 你妈肯定跟你讲了我不少坏话吧? 顶住! 我还要为你生孩子呢!"

"儿子的床太小,再说了,甯甯睡觉习惯也不好。"

"你儿子你怕什么,好了,你自己琢磨琢磨,我就那么点要求,难道你都做不到吗?"

陈朵朵完全没给宋瑞回旋的余地,拿起枕头就走了。

两头都态度强硬,宋瑞一个头两个大。

一早,陈朵朵连话都不跟宋瑞说一句就去上班了,摆明了是在无形施压,宋瑞不大好受。

陈朵朵到了办公室后,开始反思个人行为是不是偏激,夫妻之间没必要这样,道理虽是这么一个道理,但在实施上确实有位置上的偏差。

这时，金金王又来到她这里，跟她问好："陈律师，好久不见。"

陈朵朵站起来笑脸迎接，心中却犯嘀咕，这人不是选择撤诉和金金强私下协商去了吗？这回是协商不成功了吗？这事可真是反反复复。

"我今天是想来咨询下，我要重新打官司的事情的。"

"你和金金强协商失败了？"

"你别提了，我那个没良心的弟弟。"

陈朵朵忍不住说："你们是亲兄弟，怎么就这么难沟通？"

"我们亲兄弟是血缘上的，都没怎么相处过。陈律师，这一起长大的和不一起长大的区别很大，感情完全不一样，他完全没有站在我的位置考虑事情，考虑的都是他的私欲。"

陈朵朵深感赞同，两个孩子是需要在一起长大，否则除了法定上的血缘关系，所谓亲人之间的亲昵便不复存在了。

下午，宋瑞亲自送饭给陈朵朵吃。

陈朵朵早上就反思自己的行为有问题，所以对宋瑞的态度倒也不错，顺带把金金王这事跟他说了下，随即谈到自己的看法："还没怀第二个孩子之前，我都没有感受到原来两个小孩在一起成长有多重要，现在你看看，要是不在一起生活，那会造成很大的问题。"

"嗯，是。"宋瑞点头，"不过，你不是说两个孩子一起带压力很大吗？可以一个分给我家带，一个分给你家带。如果你家不愿意带，我们可以自己带一个，这样压力也会小很多。"

"我是这么说没错，但是你看看人家的小孩不就出问题了吗？现在甯甯对肚子里的小宝宝充满希望，我们得持续他这种热情，万一以后给你妈带了，两个孩子关系不亲热了怎么办？"

宋瑞忍不住笑了："金金王和金金强那是分别寄养在不同人家里，跟我们的情况不一样，我们的两个孩子还是可以经常见面的，不会有那么大的问题。"

陈朵朵却说："不不不，以前我和我堂姐住得近，每周都会一起玩，但是这种感情不像是天天在一起的感情，偶尔见面和长期在一起存在本质差异，就好像我们夫妻俩，那一周见一次和天天见面是一个道理吗？"

"行行行，你说得都有道理，那我们就自己养。"

"可是自己养，能有那么多时间吗？"

宋瑞夹了一口青菜给陈朵朵："时间就像是海绵里面的水，挤一挤就有了，事在人为，慢慢来吧，许多事情就是到了那个时候，才会有办法，现在想想都是杞人忧天。"

陈朵朵沉默了下，转移话题："我昨天跟你说了那么多过分的话，你不生气？"

"不生气。"

"真的？"

"假的。"

"那你还给我送饭。"

"你说得也对，那我端走了。"

"喂……"

宋瑞笑着摸了摸她的脑袋，说："其实，你没有错，我妈也没错，可能就是看法不一样，我们不应该在这种事上浪费太多时间。我知道你这些年很不容易，我妈也是看在眼里的，你为我们家付出那么多，只是老人家很多脾气都是为了面子，她只是想要你给她一个面子。"

"我知道你妈想要什么，她更想要占便宜，你和你妈妈的性格完全不一样，我觉得愧疚是对你，而不是对你妈，我和你妈的矛盾也不是一两天了，很多事情没法解决。我也知道你的难处，如果为了老婆让妈不来自己家，肯定是为难你了，当时我正在气头上，后来我想了下是我不对，本来想晚上回去就跟你说的，但只是针对这事。"

婆媳相处向来是家庭相处上的难题。

陈朵朵在结婚前就知道婆婆不好搞定，当时因为爱情忍了下来，现在是凭着对婚姻的维护之心忍了下来，将来呢？或许人生要妥协的事情太多了，而所谓的自我越发变少，想要活成所谓的个性实在太难。

陈朵朵心知伤到了婆婆，趁着周末回家的时候，从她妈那里拿了一盒燕窝送婆婆。原本是想让宋瑞顺便带回去的，可又想着婆婆会误以为她不诚心，所以就亲自去婆婆家。

婆婆家离他们家不远，中间隔了一个菜市场就到了。当时他们选这个房子是有原因的，那就是可以跟婆婆家互相有个照应。陈朵朵对此颇有意见，可她亲妈却说，既然嫁出去了就应该这么做，按照婆家的心思办。

陈朵朵到了婆婆家，婆婆倒也还算热情，连忙就给倒水，公公出去钓鱼了，陈朵朵心领神会地点点头。

公婆关系一直不佳，婆婆强势惯了，喜欢在家事事做主，而公公是想争夺一家之主的权力，只不过没斗过婆婆的欺压，败下阵来后，就选择整日钓鱼消磨时间，也可理解为眼不见为净。

反正公公万事不出头，所谓的言论权几乎不存在，有时候陈朵朵觉得公公这个人的存在感十分弱。

"妈，前些日子辛苦你了，我带了一盒燕窝给你补补身子。"

婆婆笑盈盈地拒绝："不用了，你自己补补就行了，你现在有孕在身。"

"我家挺多的，这是特意送给你的。"

"真不用。"

婆婆推辞了几下，也就收下燕窝了。

中午，婆婆非要陈朵朵留下吃饭，她做了一大桌子菜，公公也回来了，看见陈朵朵也就微微一笑，两个人打了声招呼。公公这人不爱讲话，尤其年龄越长越不爱说话，三个人在饭桌上没几句话可讲，婆婆问："你肚子里的孩子怎么样了？"

"去医院检查，医生说状况不错。"

虽然怀这个孩子不是心甘情愿，但这孩子显然比甯甯稳定，也有可能是生甯甯时过于小心翼翼了。

"那就好，你现在身体最重要，工作什么的，都可以放在一边。"

陈朵朵在一旁赔笑，面色有些僵硬，婆婆这算什么意思？明知道之前产生的矛盾都是因为工作，现又旧事重提，显然是想树立自己的威严。

公公开始圆场："她是担心你的身体，没有别的意思，你喜欢工作是好事，大家都在夸我们家娶了一个能干的好儿媳。"

陈朵朵嗯了一声，从公公的身上似乎看见了宋瑞的缩影。

这性格的遗传基因可真强大。

婆婆倒也不是不知趣的人，听到公公那么讲了，讲起了场面话："是的，我也是这么认为的，这儿媳娶得好，我们一家都跟着受益。"

陈朵朵笑了笑，没吭声。

听着是挺温馨的话语，但陈朵朵知道婆婆这人不好说话，表面上的和气总归要做到，心底的不满又岂是一下子能消除的？她本可以不这么做，得过且过也是一种办法，婆婆再怎么不满意，也会忌惮她家和她本身的实力，但作为人家儿媳妇，讲了那么多不该说的话，肯定要有所表示。

在回去的路上，陈朵朵给宋瑞发了一条微信：燕窝送了，接下来靠你讲话了。

宋瑞在那头发了一个 OK 动图表情。

自打陈朵朵送了燕窝，再加上宋瑞的言语讨好，婆婆和她的关系有所缓和，可能是宋瑞讲了一些什么，婆婆倒也少来他们家了，偶尔会来送个鸡鸭鱼肉或者蔬果。陈朵朵是乐得清净，宋甯却好奇地问："妈妈，奶奶怎么都不来我们家了？"

陈朵朵说："奶奶很忙的，甯甯可以多去看奶奶。"

小孩子本来就很好糊弄，两三下也就给骗过去了。

这周所里挺忙的，大家都处于加班状态，陈朵朵自然要陪着大家一起加班。但宋瑞担心她的身体状况，在他的各种催促之下，陈朵朵就没那么勤快，满脑子都在想孩子的健康，很多事就让其他同事去做了。

宋瑞怕陈朵朵忙昏头，打电话提醒了她本周三是同学会。陈朵朵这才想起这事，连忙让宋瑞带她去附近商场买衣服。

陈朵朵虽然怀着身孕，但逛街的功夫一点不弱，连续逛了快一个小时。她在一家品牌店里已试了许多衣服，依然没有找到合心意的，现在她的小腹微微凸起，想找既好看又舒适的衣服实在有些难度。

宋瑞看她穿了一身黑色带钻长裙出现，连忙说："这件好，就这件。"

陈朵朵在镜子前照了会儿，摇了摇头，说："不行，侧面一看，有小肚子。"

宋瑞叹气："你怀孕了，有小肚子很正常。"

陈朵朵走到宋瑞的面前，说："我可是当年法学院的女神，哪怕怀孕也要做最漂亮的孕妇吧，我可不能输给她们。"

宋瑞扑哧一笑，说："你当年怎么就变成法学院的女神了？"

"本来就是，你不要否认了。"

"陈朵朵同志，既然你是法学院的女神，你应该穿什么都好看，那些庸脂俗粉哪能比得上你，就这件白的吧。"

"呃，你刚刚不是说那件黑的好看吗?"

"你在我眼里穿什么都好看。"

陈朵朵最终还是买了那件黑色带钻的连衣裙，刷的是宋瑞的卡，按她的说法，这叫老婆漂亮是长老公的脸，自然是老公买单。

回去的路上，宋瑞就在感叹:"你说你们这些女人比什么美，大家不都差不多吗?"

"你们男的不还比谁的工作好，谁的房子多，谁的票子多，一个性质的，大家就别五十步笑百步，同学会固然是联络同学情，也是激励人生发展的重要聚会，不都拼着命在装腔作势吗?"

"这话我喜欢。"宋瑞被逗笑了。

宋瑞发现陈朵朵讲得一点没错，这同学聚会的秀、晒、炫早在进门的那一刻就开始了，从服装打扮到开什么车，侃侃而谈的全都是高品质人生，反正就是把现有的生活水平抬高百分之三十到五十之间说。

陈朵朵在角落里找到了何茜，何茜最近看上去郁郁寡欢，陈朵朵倒了两杯果汁，递了一杯给她，问:"你和你家那个最近怎么样?"

"就那样，他一直都在忙，虽然我也不知道他在忙什么。你呢，你怎么样?"

"我也在忙，还得关照到肚子里的孩子。"

何茜看了陈朵朵的肚子一眼，神秘兮兮地把她拉到墙角，偷偷地说:"我问你一个事。"

"什么事啊? 你看你搞得这么诡异。"

何茜支支吾吾地说:"我……我……怀孕了。"

陈朵朵喜出望外:"真的?"

何茜做出一个嘘的动作，说:"你轻点喊。"

"这有什么，你怀孕了是好事，这下你总算心想事成了。"

何茜一愣，说："也是，这是好事。"

"那你担心什么？看起来压力那么大。"

何茜讲不出话来了。

陈朵朵脑子一转，说："我知道了！"

何茜脸色惨白，问："你知道什么了？"

陈朵朵说："我知道了，肯定是你又怕生个女儿，那你婆婆会烦死你的，你是在担心这个吧？"

何茜尴尬一笑："嗯，是的。"

"如果你这个孩子还是女儿，这也没什么吧？多了一个孩子就等于多了一个筹码，我就不相信你婆婆会那么狠心，知道第二个是女儿就不要了。哪怕她有那个心，也没那个魄力，这得多毒辣的人才做得出来。你就安心生吧，虽然是百分之五十的几率，但好好生下孩子，才是对孩子最好的交代，你说对吧？"

何茜点头，说："嗯，其实我这事还没跟婆婆说，我也不知道怎么开口，所以我刚刚是想问你这事，我要不要跟婆婆开口，我怕这个孩子又是女儿，这该怎么办？"

"你肯定要开口，至于孩子是男是女，这真不是你来定的，这还是你老公来定的。读过几本书的人都知道，这生男生女都是男人的事情，他种下什么种子，就能开出什么样的花，而你这块土地怎么知道。你还是赶紧说吧，免得你那婆婆又想出什么花招来对付你。"

"也是。"

何茜对于怀孕这事心中忐忑不已，一是怕事情败露不好处理，二是怕又生下个女儿该如何收场，想来想去就没声张这事，生怕一个不小心就满盘皆输，辛辛苦苦得来的一切都白费。

陈朵朵这会儿不明白何茜的犹豫，却又感觉合情合理，正在她沉思之际，听到有人在喊她的名字，她扭头一看，是昔日班花郑雅琴。

郑雅琴毕业后就去美国某大学留学,学成归来便嫁人,老公是一家外企高管,收入不菲,她也就没了工作的心思,专心生孩子、带孩子。后来请了保姆,就整日在家打游戏,最大的爱好就是购物,看起来风光无限,不过听闻她老公有包养大学生的事情。

两个人礼貌寒暄,郑雅琴拉着她聊起了离婚的事情。提及老公出轨以及离婚的财产分割,陈朵朵先是一愣,倒也耐心解答:"依照你的情况,也只是怀疑你老公阶段,你还要拿到证据,但这些也只是替你多争取损害赔偿数额,你想把他们怎么样,显然是不可能的。"

郑雅琴怒了,说:"难道这些狗男女就可以如此逍遥法外?"

"这是你的看法,不能成为大众的说法。"

郑雅琴又讲起她在生"二胎"时,有多辛苦和艰难,但她老公依然没有知恩图报,还去找别的女人,令她精神上承受很大的折磨,这事一码归一码,非要扯上打官司,就是冷血无情的一张判决书罢了。

何茜在一旁听了一会儿,就问陈朵朵:"大家都是法律系毕业的,她不可能不知道,看来她是真急得脑子不清楚了,才会这么问你。"

"嗯,也许。"陈朵朵若有所思。

因为宋瑞喝了点酒,陈朵朵怀着身孕,所以两个人找了一个代驾司机,回家的路上,陈朵朵把郑雅琴的事提了提,有些感叹:"郑雅琴当年多幸福,如今也不过如此,人生真的不好把控,婚姻好坏跟生不生'二胎'没什么关系,唉,变动太大了。"

宋瑞笑了,说:"他们当年本身没多少感情基础,物质关系太赤裸裸了,能有这样的事情也不稀奇。"

"你怎么就断定他们俩没感情基础了?我看是男人变心快。"

"好,你说什么就是什么。"

宋瑞不会在这些鸡毛蒜皮的事情上跟陈朵朵争论不休。

本来郑雅琴说好要让陈朵朵帮她打官司的,一来两人是同学关系,二来沟通方便,可也不知道怎么回事,她婆婆听到这事情,就是不想让陈朵朵接这个案子,说是会影响孕妇的心情,打电话给郑雅琴把这事给折腾没了。最后郑雅琴打电话给陈朵朵,话里的意思就是找了新的律师,不想给她添麻烦。

麻烦?

哪里麻烦?

陈朵朵完全不明白婆婆的逻辑,怎么就认为郑雅琴影响她了?

就因为人家生了"二胎"婚姻不幸吗?

还是别的原因?

婆婆的消息怎会如此灵通?想来是所里有人偷偷报信。

陈朵朵思前想后,也就新来的实习生有这可能,好像是婆婆家的什么亲戚,敢情只要跟她沾亲带故的,就能成为眼线吗?

但她心有顾忌,上次就跟婆婆闹翻过一次,这次再生事端会不会不好?她直接让实习生来办公室谈话。

那小姑娘年纪很轻,23岁左右,剪了一个齐刘海,圆圆的脸蛋蛮可爱的,起初有些紧张,讲话支支吾吾的,后来就索性摊牌了:"你婆婆也是关心你,所以才会让我看着你的一举一动,真的没有什么恶意,对不起。"

"我的事情,什么时候轮到你们来做主决定了?"

小姑娘被吓得不轻,不知如何作答。

陈朵朵本想多说几句,但看小姑娘状态,也就算了,主要还是婆婆在背后掌控大局,一而再再而三地触碰她的底线,是要跟婆婆谈谈这事了。

陈朵朵到婆婆家门口时,婆婆正在超市买东西,她在门口等了十几分钟,脑子里一直在想如何开口,可能想得过于投入,以至于婆婆站在她背后她都没察觉,她一转头就看见婆婆,被惊了一下。

"别怕，是我。"婆婆笑盈盈。

陈朵朵手上顿时冒出了鸡皮疙瘩。

陈朵朵坐下后，就直接开门见山讲了所里的事情："我尊重你，也希望你能够尊重我的工作，不要时不时来那么一茬。"

婆婆听完后，久久没有表态，忽然抬头说："听说你把我那个亲戚辞了？"

"谁说我把她给辞了，是她自己要走的。"陈朵朵感到冤枉。

婆婆生气了，说："你都把这事摊开来说了，人家还有什么脸做下去。"

"那你说这事我该怎么办？难道你这么做，我就不闻不问吗？你是不是把我想得太好欺负了，随便谁都可以爬到我头上撒尿。"

婆婆满脸怒气，直接进卧室不理她了。

这都什么人啊！

宋瑞晚上把宋甯送到陈朵朵爸妈家，顺带给儿子买了一个新枕头，宋甯可喜欢了，一个劲地喊着亲亲爸爸。宋甯刚亲完，随即就接到了陈朵朵的电话，陈朵朵在那头哭哭啼啼的，主要是控诉他妈无理的事情，他安抚好她的情绪，就赶着回家了。

陈朵朵叫了外卖，看见宋瑞回来了，眼泪就止不住地往下流："你妈可真厉害，找人看着我，只要看见个不顺心的案子就替我回绝了，我这是倒了什么霉，怎么能遇上这样的人？"

宋瑞听了半天，可算把这事给听明白了，陈朵朵控诉他妈把郑雅琴的案子给弄没了，他妈说陈朵朵把亲戚给辞了，双方争执不下，总而言之双方没有说到一个核心点上。

"老婆。"宋瑞摸了摸陈朵朵的头。

陈朵朵呜呜大哭："你别碰我，这事你要不给我一个交代，你就是跟你妈一条战线的，那以后……那以后我们就分居，不准你再进入我的生活。"

宋瑞被逗得哭笑不得："老婆，你看你又偏激了，多大点事情，不过就是你有你的理由，我妈有我妈的想法，何必说得那么严重。"

"你就是向着你妈，这事你妈毫无理由，我真没辞那女孩，是她自己要走的，你妈非要把屎盆子往我头上扣，她找不到理由说我，所以就开始胡编乱造。"

宋瑞心知他妈在这块确实不占理，但也事出有因，他拿纸巾擦干陈朵朵的眼泪，说："这样吧，我跟我妈讲讲，这事可能有什么误会，你先别激动。"

陈朵朵的声音瞬间提高了："我激动？反正这事不管怎么样，人家也不会委托我做案子了，你妈还要这么对待我，我里外不是人。在这样的情况下，你如果还不站在我这边，偏心帮你那个妈说话，你就跟你妈走算了，我不要你了。"

宋瑞顺着陈朵朵说："是是是，我知道了，这事我妈确实有问题，我去跟她沟通，你现在怀着身孕，心情起伏不要太大，你乖，一切都交给我来办。"

陈朵朵被宋瑞算哄了下来，主要是想婆婆给个交代，否则她无法平息心中的愤怒。

而在宋瑞妈那一头，宋瑞显然沟通无力。宋瑞知道陈朵朵受委屈了，但这话跟他妈也不好开口，他就旁敲侧击询问当时的情况，他妈直接说："你可真是娶了媳妇忘了娘，我这么含辛茹苦养大你，现在你就听你老婆一面之词就开始怀疑我了。我跟你说，这事就是你老婆没理，她无缘无故辞了人，让我在亲戚面前没了面子，这事她必须给我一个交代。"

宋瑞无力地说："妈，那朵朵的案子是你搅黄的吧？你总要跟她商量一下，她也不容易。"

"这有什么,我也是帮她分担压力,你看她平时那么辛苦,我有错吗?"

宋瑞长长地叹息一声:"你没错,朵朵也没错,你们就不能和平相处吗?你看她现在怀着身孕,要是再赌气,对孩子也不好,你能看在孩子的面子上,就不要跟她生气了吗?"

宋瑞这通电话是在卫生间里打的,他知道他妈脾气很硬,如果让陈朵朵在旁边听见,肯定又会再生枝节。

陈朵朵已躺在床上做黄瓜面膜,看他打完电话,瞄了他一眼说:"你妈怎么说啊?"

"我妈没接电话,是我爸接的,我爸说我妈心情不大好,嘴里一直念着对不起你。"

陈朵朵听得黄瓜片都差点滑掉了,说:"你妈真这么说?这不像是你妈的风格啊?她不是向来认死理,认为一切都是她最对,其他人全是错的吗?怎么今天换脾气了?"

宋瑞呵呵一笑,连忙爬上床。

陈朵朵想了想说:"不对,你妈不可能这么说,肯定是你爸忽悠你,公公那人看起来挺和善的,有可能会为了表面的和谐而胡诌。你妈脾气要是能这么好,我俩早没什么事情了。"

宋瑞压根不想接这话,可陈朵朵不依不饶的,他只能说:"我明天去找我妈谈谈,这事确实是你受委屈了,我都知道的,但我妈那脾气你也知道,所以非要让她低头是不可能的,你看,要是她有软化的迹象,是不是可以通融下,这事就这么过去了?"

陈朵朵听宋瑞说得也有道理,点点头说:"你妈那脾气是比较硬,让她跟我说句道歉的话很难,我也不是不讲理的人,如果你妈能清楚地认识到自己的错误,主动拉下脸找我说话,这事我可以当作过去了。我也不是不讲理的人,为了这婆媳关系牺牲多大,我以前可真干不了这事,不信你去问我妈,从小到大我就是一个爱恨分明的人,绝对不会忍让那么多。"

主动让他妈拉下脸说话,显然是非常难,宋瑞从小到大就没见过他妈妥协,再加上他爸生活没主见,以至于他妈的脾气愈演愈烈,完全一副"我说什么就是什么"的态度。

隔天下班,宋瑞抱着试试看的心态去沟通,结果他妈直接说:"你这不是帮着你老婆对付我吗? 谁跟你才是一家人? 谁养你长大的? 现在你就这么对我?"

宋瑞被憋得说不出一句话,心中百味杂陈。

第四章 ／婆媳纷争

1

　　连着四五天宋瑞都跟闷葫芦似的不说话，陈朵朵心中就有底了，总而言之就是沟通失败，婆婆用激烈的言辞把儿子喝住了。她虽在气头上，却也颇为担心，婆媳关系一旦恶化，其后果只会让夫妻关系变得恶劣，但是这事婆婆太过分，要是她回回忍让，岂不是让婆婆欺负到她头上来了？

　　趁着吃早饭的时候，陈朵朵就问了宋瑞关于婆婆的态度，宋瑞连连叹气，说："这事不好说，我妈那脾气很倔，讲不通。"

　　"嗯。"陈朵朵应了一声。

　　宋瑞不解："你不生气了？"

　　陈朵朵冷哼："生气。"

　　"那你现在是什么意思？"

"没什么,要是处理不了就这样冷着吧,冷着冷着没准就和解了,你妈事怎么这么多? 你看看我妈,她天天安分守己做自己的事情,一点没干扰我们的生活,这是不是就是父亲强势跟母亲强势的区别?"

陈朵朵的家庭和宋瑞的家庭完全不一样:陈朵朵家里属于爸爸能力很强,妈妈作为贤内助扶持;宋瑞家里则是由妈当顶梁柱,他爸完全没一点话语权,他妈现在全部的精力都在孙子和他们身上,自然会过度紧张。

宋瑞想了想说:"那陈朵朵同志,你是不是该改下性格? 按照你那么强势的性格,我们儿子的脾气也是岌岌可危,以及整个家庭的和谐度会降低。"

"我这是说你妈,你怎么提到我了? 不过我脾气确实很难改,要不这样吧,你换个老婆比较快,大家好聚好散。"陈朵朵不咸不淡地说。

宋瑞瞬间头皮发麻,说:"我只是开个玩笑,你何必当真。"

"我也是开玩笑的,你没必要当真。婆婆这么对我,让我的心情变得不好,不知道会不会影响胎儿,我生这个孩子显然不如生甯甯时候精力好,工作又很忙,她这么胡搅蛮缠,我实在好累。"

陈朵朵从始至终都希望宋瑞去解决问题,她曾在一本书上看到过这么一段话:婆媳关系不融洽,除了婆媳性格不合之外,更大的原因在于老公不会当中间的润滑剂。倘若老公能够起到一个很好的引导作用,婆媳的关系会很融洽。可宋瑞这样的谈话方式,她已感到毫无希望,连她都没办法说服,如何跟他妈去沟通?

最终,陈朵朵给宋瑞三天时间去处理这个问题,她说的是"问题"而不是"事情",证明是必须解决的,否则就依她的方法冷处理,但这个方式宋瑞不同意,认为对他妈过于残酷。

婆媳矛盾令陈朵朵一天都心不在焉,蒋沁跟她重复了好几次关于一个离婚纠纷的案子,她完全没有听进去。

待她反应回来时，蒋沁已去打印文件了，她忍不住叹气，看着偌大的办公室发呆。落地窗对面就是忙忙碌碌的 A 办公大楼，从这儿到那儿的距离不远，租金却差了好几倍，除去地理因素外，那边每一层都是精英，全心全意为了工作而奋斗，为名誉而战。而她的志向是要在那边立足，但如今看来，很多事不是想怎样就能怎样，她连家庭都顾不上，又谈何事业心，她摸着肚子，头一回有了放弃的念头。

但这念头只持续了三秒，然后就消失了。

她不能有那么罪恶的想法，既然怀上了，那就好好生，虽然百般不情愿，但是不能伤害一条生命。

另一边，宋瑞跟他妈的沟通依然有问题，他妈根本不想理这事了，说是要去寺庙里住上几天。宋瑞毫无办法，只能赶了过去。

A 市的观音寺位于高山上，开车约莫 1 个小时，宋瑞特意请了假，开车开到一半的时候，俯视环形公路上的美景，心里尽是阴霾。

早上，他跟陈朵朵提了这事，她的态度冷冷淡淡，想了一下才说："那是你妈，如果你连你妈都解决不了，你还想解决什么事？"

他不是不想解决，只是俗话说得好，"清官难断家务事"。

他到的时候，正巧赶上他妈用斋饭，他坐下来一起吃饭，旁边还有一位同他妈年龄相仿的妇人叫吴姨，他妈介绍说吴姨以前和她是同一个村的，后来出去闯荡做生意，刚巧最近回来。

吴姨是个直爽的人，因文化程度不大高，开口直接说："你看看你老婆把你妈气得住到山上来了，你现在是过来道歉吗？"

这一句话就让宋瑞下不来台，他只能一笑掩饰尴尬。

就在这一刻，他忽然明白陈朵朵平日的埋怨来自哪里了。他妈虽然凭借自己努力在 A 市里创业成功，但说到底跟吴姨的本质差不多，他妈属于在外人面前场面话说得漂亮，在家里人面前也很耿直，这让陈朵朵难以忍受。她出生在一个双职工家庭,父母均是讲好话夸人的人,哪怕心里有再大的气,面上都是笑眯眯的。而他妈可不是这样的,他妈会摆脸色,会直讲。

这些年,他妈跟陈朵朵相处上收敛了许多,好多话都憋着,已不再像当初说得那么过分了。

饭后,宋瑞跟他妈讲了陈朵朵的事,其中主要指出,既然"二胎"是他们家要陈朵朵生的,那么是不是这次可以忍让她。因为她也没做错什么,只是想多接几个案子,多赚点钱,她的本意是好的。

"我的威严呢?"

他妈这句话,让宋瑞措手不及:"妈,婆媳相处是需要忍让的。"

宋瑞见他妈松动了些,连忙说:"你和朵朵置气,要是朵朵伤了身子,最终影响的是你的孙子孙女,也是我的孩子,你哪怕气朵朵,也不要气孩子。"

"对,我气得都忘了。"

在他妈的心里,陈朵朵怎么样都没关系,万一把她未出世的孙子孙女气坏了可就不好了。

2

宋瑞当晚在庙里住下,宋甯去外婆家了,陈朵朵一个人在家翻来覆去睡不着,打了个电话给何茜,她还在看电视,陈斯也不在家,于是陈朵朵连夜打车去了何茜家。

何茜刚好在家炖了汤,陈朵朵闻到香味被勾起馋虫,足足喝了两大碗,然后心满意足地抱着枕头靠在沙发上。何茜忍不住笑了,说:"今天怎么想起到我这来了?"

陈朵朵连连叹气,讲起家里的烦心事,尤其是婆婆针对她的那点事："这老太婆戏还挺多的,居然住到山上寺庙里去了。这事要从面上看,还真是我的错了,把婆婆都气到山上去了,实际呢?是她自己'作'到山上去的。这件事实在是太离谱了,我真是一个头两个大。现在宋瑞去山上找她了,也不知道谈得怎么样,我心里没底,都不敢跟我爸妈说这事,免得他们一惊一乍以为我怎么了。"

"家家有本难念的经,你婆婆还真不是省油的灯,但比起我婆婆,那简直是小巫见大巫了。"何茜就随意举例,"她不让我养女儿,非要我怀孕生孩子,简直无语了。"

"我就奇了怪了,是不是女人到了那个年龄都这样,我儿子要是找老婆,我肯定不会干涉太多。孩子的家庭不是大人可以做主的,他们都是有自己思想的人,如果担心他们犯错,事事都给予辅助,那么他们就会一辈子成长不起来。"陈朵朵讲得头头是道,随即又补了句,"理想很丰满,现实很骨感,也不知道能不能贯彻始终。"

何茜点头道："道理都懂,做起来却很难。"

陈朵朵话锋一转,问："对了,你肚子里孩子的事,你婆婆怎么说?"

"啊……"何茜一愣,支吾地说了句,"我还没说。"

陈朵朵不解："你为什么不说?"

何茜自是有她的考量。首先这孩子不是陈斯的,本身就背负巨大的罪恶感,其次,这孩子的爸爸究竟是谁,她已经查了当天相关的酒店记录,等等,一无所获。因是用她身份证开的房,完全不知道对方是谁,她不敢去问李辰,生怕他会弄得沸沸扬扬,这世上本就没有不漏风的墙。

如果这个孩子是儿子,那么是好事也是坏事;如果这个孩子是女儿,那就是坏事。在她还无法断定孩子的性别时,实在不敢贸然做出决定,何茜说："不知是男是女,还是先不说吧。"

陈朵朵一听觉得很有道理："也是,你那婆婆非要你生个儿子,万一这个孩子是女儿,我看她不知如何是好,其实男女都一样,孩子孝顺健康就好。"

何茜苦笑:"不是她不知如何是好,是我不知如何是好。"

陈朵朵在何茜房间睡觉的时候,笑眯眯地说:"现在感觉好像回到大学时代,我们都是懵懂的学生。"

何茜也跟着躺下,笑着说:"实际上,我们已经是两个孕妇了。"

"青春好短暂,感觉很多事就像发生在昨天一样,我刚认识你,刚认识宋瑞,刚认识好多人,却已到了现在这个尴尬的年纪。"

"你说出好多人的共鸣,所以,陈孕妇,我们要珍惜大好时光,睡觉,明天又是新的开始。"

这一晚,陈朵朵睡得很深,而何茜却一夜未眠。

何茜一大早去医院做孕检,妇产科里人满为患,排了一个小时的队才轮到她,由此可见,生"二胎"的孕妇是个庞大的群体。

廖医生是陈朵朵介绍的,是个中年女人,戴着一副眼镜,看上去挺专业的。因是熟人,肯定比较好说话。何茜主要想问孩子是男是女,可廖医生不敢贸然透露,只是没头没尾地说:"这个我们不方便透露,你好好安胎就是了。"

何茜说:"是男是女真的很重要,你偷偷告诉我。"

廖医生摇头说:"你好好安胎就是。"

何茜打了个电话给陈朵朵,想让陈朵朵再去问一次,陈朵朵说:"你这孩子八成是儿子。"

"为什么?"

陈朵朵说:"我生甯甯的时候,也问了这个问题,结果她说让我好好养胎。如果是女儿,她可能会说看不清,或者说小朋友跟你长得很像之类的话,还是存在区别的。现在这块规定得很严格,她肯定不会告诉你的，只能由我们自己来推断了。"

"那……"

"有些事真说不准，我有个朋友找了各种关系花了很多钱知道了肚子里孩子的性别，结果生出来不是男孩，她大失所望，所有的钱都白花了，命里有时终须有，命里无时莫强求。"

其实陈朵朵说得也没错。何茜暗忖，既然如此，她就可以跟婆婆讲孩子的事了。不过令她更为担忧的是，孩子的爸爸究竟是谁？

但那人到现在都没出现，估计是不记得她了，一夜情这种事情，何必去记得呢？再说了，人家又怎么知道她怀孕了？

只要她咬定孩子是陈斯的，那么就是陈斯的，至于其他的事情，只能是走一步算一步，人生有太多不定数了。

何茜先是跟陈斯讲了孩子的事，他在那边特别开心，连忙说："好，我订晚上的机票回来。"紧接着告知婆婆，婆婆虽然态度依然高傲，却掩盖不了高兴的情绪，让她好好养胎，待会儿就过来看她。

何茜摸了摸肚子里的孩子，觉得疲惫不堪。

婆婆没过半个小时就来了，带了上好的补品，以及一些大牌的孕妇装，每一样都价值不菲，看得何茜很是心动。婆婆一改往日的脾气，换上了一副慈眉善目的态度："你好好生，争取生一个大胖小子，我们全家现在都靠你了。"

何茜倒也乖乖点头："可我很想小肉圆。"

婆婆殷勤地说："我明天就把小肉圆送来给你看，反正陈妈跟着，你就别动了，都让她做就行了。"

这态度，已达标中国好婆婆了吧，但这种嘴脸真让她恶心。

婆婆走的时候千叮咛万嘱咐要她好好照顾身体，如果有需要的话，可以请一个保姆照顾，何茜婉拒了。令她稍稍安心的是，婆婆没有怀疑她怀孕的事情，这就好。

一想到明天就可以见到女儿了，何茜忍不住一阵喜悦。

3

最近，宋甯吵着嚷着要去学旱冰，非缠着陈朵朵买鞋，陈朵朵认为买鞋是小事，万一摔倒才是大事，所以一直压着这事。原本以为宋甯会忘记这事，没想到她越不给他买，他越是闹腾。

宋甯一回家就缠着陈朵朵："妈妈，你就给我买吧，我以后会乖乖听话的，以后你说什么就是什么。"

陈朵朵想着儿子平时那么软弱的一个人，竟然想起学旱冰，便问："你怎么想到要学旱冰的？"

宋甯笑眯眯地说："别的小朋友都在玩，我也要玩。"

正在陈朵朵犹豫之际，宋瑞从房间里出来，把宋甯抱了起来，亲了他一口，说："爸爸给你买，明天我们就去商场买。"

宋甯激动地挥着小手，说："爸爸真好。"

宋瑞摸了摸儿子的小脑袋。

宋甯高高兴兴地去看电视了，嘴里还不忘说："爸爸真好，妈妈也好。"

陈朵朵拉了拉宋瑞的袖子，说："你现在算几个意思？你妈的事情没完，儿子的事情又要自作主张了？"

那天宋瑞和婆婆从山上下来，婆婆对她态度是有软化，特意给她买了一些补品，到她家没说几句话，全都是宋瑞在一旁接口，主要是想化解她们的矛盾。陈朵朵从头到尾冷着一张脸，婆婆脸上是笑着的，心底却各种不屑。

后来，婆婆说："我也是从你那个年龄过来的，当年我婆婆对我差得不得了，你现在都算幸福的了。"

"你说得是,我是要珍惜当下拥有的。"陈朵朵应了一声,婆婆的意思无非是她已经做得很好了。

两个人看似恢复关系,实则各自有小心思。

宋瑞把陈朵朵搂到床上,轻声细语地说:"老婆,我妈都已经主动放低姿态了,你就这么算了,你上次也说了,让我妈那种人服软是很难的,她态度在这就行了。"

"好了好了,你别跟我提你妈了,这事就这样吧。"陈朵朵无力地说,"宋瑞同志,你从小是怎么长大的,面对一个那么强势的妈妈,你得多累啊。"

宋瑞笑了,说:"就跟甯甯情况差不多。"

陈朵朵三秒钟后才反应过来,踹了宋瑞一脚,说:"好啊,敢情你是在说我强势,让甯甯活在水深火热中。"

"我哪敢,有时候要让孩子自己发展,你看甯甯想学滑旱冰是好事,你就不要担心太多了,万一真的受伤了,才会受到教训,原来这么做会受伤,总是要让他有个自我领会的度。"

"哟,这事我听你的,你说得挺好的。"陈朵朵拍了拍宋瑞的脸颊,"这次你和你妈的沟通也算人生一个大跨越了,我亲一个。"

陈朵朵在宋瑞的脑门上亲了一口,宋瑞呵呵一笑,说:"你啊,是故意逼我的吧?"

"你发现了?"

"我们都结婚那么久,我又不傻。"

"嘿嘿,加油。"

陈朵朵以为和婆婆的关系就此会走向一个好的方向,毕竟宋瑞跟她妈说过,顾忌她肚子里的孩子,尽量不能让她发火,要生气也要等生完孩子再说,却没想到……

宋甯自打买了滑冰鞋后，每天晚饭后都去广场上滑冰，虽然磕磕碰碰也不少，但都没什么大事，按照宋瑞的说法，甯甯是个很小心的人，不会让自己受重伤的。

可婆婆对于这事就不赞同了，宋甯在去婆婆家吃完饭后，要求去广场上滑冰，婆婆听到这事急得不得了，连忙说："你怎么能干那么危险的事，万一摔倒怎么办？还是在家看《喜羊羊与灰太狼》吧？"

宋甯开始闹："不要不要我不要，我就是要滑冰。"

"不行，你不能玩。"

宋甯开始哇哇大哭："我要玩我要玩。"

婆婆一点办法都没有，只能妥协让他去滑冰。

过了一个小时就出事了，宋甯滑到一半的时候，被一个冲上来的小胖子撞倒了，在地上哇哇大哭，婆婆不知所措，手忙脚乱地把孩子送到医院去了。

陈朵朵和宋瑞在家门口散步，宋瑞接到他妈的电话，一听说宋甯受伤了，连忙和陈朵朵赶往医院。陈朵朵在路上眼眶都红了，眼泪说下来就下来："不知道甯甯伤得严重不严重，都是我不好，早知道就不让他去滑冰了。"

宋瑞在一旁安慰着。

宋甯伤得不重，小腿缝了几针就没事了，陈朵朵心疼得哭了出来，儿子养那么大，没受过什么伤。

婆婆担忧地看着孙子，唠叨了陈朵朵一句："你好端端给孩子玩什么滑冰鞋，这东西多危险你知道吗？他在我家完全不听，非要玩这鞋子，你这当妈的也要注意点，什么该给孩子玩，什么不该给孩子玩。"

陈朵朵简直气炸了，这是她要给孩子玩的吗？明明是宋瑞要给孩子买的，但现在宋瑞去楼下交费了，人在关键时刻不在，她真的是背了一口黑锅。她脑门一热，开始反驳："甯甯在家的时候玩得好好的，怎么到你家就出事了？还有，既然你觉得危险可以不给他玩，你怎么就同意了？这明显就是你的问题！"

婆婆没想到媳妇会埋怨，耳根瞬间红了，嗓门放大："是这孩子完全不管不顾，非要闹着玩，脾气可大着呢，是我压制得住的吗？说到底还是这滑冰鞋闹的，以后就别玩了，完全是没事找事。"

陈朵朵瞪了婆婆一眼，说："甯甯在家不知道多乖，可到了你家，什么都要依着他的性格来，他脾气自然就大了，现在教孩子不是老一套了。"

婆婆动怒了，反问道："你现在是指责我的不是吗？"

陈朵朵冷冷地说："我可不敢，你是我婆婆，我应该尊敬你。不过在孩子的问题上，我是就事论事，现在年轻人的教育方式跟老一辈的教育方式本来就有差异，我没指出婆婆'您'的错，你倒先来说我的不是了，我们还能和平共处吗？"

她特意用"您"的尊称，足可见内心的不平。

在教育宋甯的事情上，陈朵朵可谓是一忍再忍，她和婆婆分别采取两种教育方式，一种叫管教式，一种叫溺爱式，当然还有宋瑞时不时的放养式，一家人那么多教育理念，要融合在一起得多难。先前大家是睁一只眼闭一只眼，现在讲出来，三天三夜都争论不完。

这时，护士推门进来，连忙说："你们都吵什么！孩子需要休息。"

陈朵朵和婆婆互相哼了一声，这才休战，婆婆在病房里实在待不下去，就借口去卫生间。

宋甯瘪着嘴说："妈妈，你不要跟奶奶吵，是我不好，是我非要去滑冰的，你们不要吵了好不好？"

陈朵朵立马红了眼眶，眼泪哗哗就下来了，宋甯从小到大都很懂事，是不是一家人的意见很多，所以才导致他变成这样的，这会儿陈朵朵心底尽是愧疚。

宋瑞一进来就看见母子俩抱着哭，而他妈不见踪迹，这又是发生什么事了？

陈朵朵一抬头就看见宋瑞，顿时跟火山爆发似的，将刚刚的事情说了出来，末了还加一句："你妈是神人啊，她自己的错误非要怪在我头上，这要真是我的错也就算了，可这是我的错吗？明明是你给甯甯买的鞋，跟我一点关系都没有，合着你们一家就这么欺负我，有错都是儿媳妇的错，对都是亲儿子的对，当你们家儿媳妇太累了。"

"这……要不待会儿我跟我妈解释去？"宋瑞讨好。

陈朵朵跟婆婆的矛盾已不是一两天了，她完全不敢苟同宋瑞的说法，解释能有什么用，什么事情到了婆婆头上，解释就是掩饰，掩饰就是事实，事实就是铁证，她又开始怀疑起宋瑞的沟通能力了。

宋瑞知道说不过陈朵朵，只能作罢，让她自己冷静思考，没准会转过弯来。他出去给宋甯买苹果的时候，看见他妈站在门口，瞬间变得尴尬，那刚刚的对话他妈都听见了？

他妈脸色不大好看，瞅了他一眼说："我看在这我也帮不上什么忙，就先回去了。"

宋瑞连忙说："妈，朵朵不是成心的。"

他妈不想讲话，扭头就走。

他看着老人落寞的背影，又何尝好受。他妈固然有错，但要让她没了面子，这心里得多憋屈。

而且他妈又是一个那么要强的人。

唉，难解决。

4

陈朵朵这次是铁了心不跟婆婆和好，虽然两人没有大争执，但人生中能遇见多少大争执？真正让她死心的是一件件小事的积累，而且婆婆还不见好就收，依然想压她一头，和好能怎样，家庭和谐能怎样，不是照样受气吗？她受够了。

宋瑞怎么哄都不见效，他也无计可施。

晚上两个人躺在床上，宋瑞抱着她，摸了摸她的肚子，说："小宝宝好像长大一点了。"

陈朵朵冷不丁地说："长大能怎样？长大有多好？你看甯甯这么懂事，我看不是好事，太懂事的孩子都是压抑型人格，肯定是我们大人吵吵闹闹影响孩子的情绪了，这二宝要是继续如此，那我们生'二胎'的意义在哪？你别摸了，你也没起到做爸爸的责任，你妈瞎起哄的时候，也没见你保护我，我看以后我只能跟甯甯相依为命了。"

其实，陈朵朵的性子挺偏激的，她的思想是从一个极端蹦到另外一个极端：如果孩子不能够幸福成长，那么生出来干吗？

可宋瑞不那么想，人生中很多事都不是直接因果关系的。比如说，小时候考试满分的人，长大能是社会上赚钱最多的人吗？不一定。小孩子从小在父母严格管教之下长大，是否真的能成为社会上的佼佼者？不一定。人生中的不定数实在太多，何必管结果如何，倒不如欣赏沿途风景，脚踏实地一步一步往前走。

"朵朵，其实我妈知道她错了，你看她都没说话了。"

宋瑞还想多说几句，陈朵朵压根不想多听一句，打断他说："好了，我困了。"

陈朵朵直接把灯关了，可她翻来覆去睡不着，黑暗中，她说："我们生第二个孩子真的是对的吗？"

这句话把宋瑞的睡意给惊没了，连忙问："老婆，你这话是什么意思？"

陈朵朵若有所思地说："首先我们家里乱成一锅粥，我们俩带甯甯都没什么时间，更何况是再来一个小的。如果按照你所说的，甯甯和小的各自在你妈和我妈家长大，那我们生两个孩子的意义在哪？两个孩子的思想和价值观是不一样的，这两个孩子将来能够相互扶持吗？父母应当尽自己最大的努力给予孩子最多的温暖，如果因为自身的实力不够，那么为什么要把孩子生下来？爷爷奶奶外公外婆给孩子的爱，是我们的爱吗？我不希望孩子在人格上有缺陷，那样活着很痛苦，所以我们有甯甯就足够了，可以给他很多的温暖。"

宋瑞大吃一惊，急忙说："陈朵朵，你有没有搞错，你现在怀着孩子，嘴里又说不要小孩，你父母都在，你的人格难道就没缺陷吗？其实你说的这些都不算人格问题，是脾气的问题，一个人的脾气如果没有丝毫缺陷，那样的人才不是正常人，所谓人无完人。你长那么大，看见哪个人没一点缺陷，圆滑的人心理敏感，只是不表露，尖锐的人内心平和，也在不少数，人和人之间的相处，并不是大众眼中的好就是好，自我认知的好也是好，每个人追求的幸福不一样，你不能去剥夺一个孩子对世界的期待，以你的眼光去给他设定全世界。"

"好了，我睡觉了。"

陈朵朵被宋瑞戳中了心事。

她就属于人格有缺陷的人。念初中的时候非常肥，以她160厘米的身高，竟有140斤体重。她越来越自卑，不敢发言，不敢看人，不敢面对嘲笑，且当时她的父母关系有些紧张，无法给予她正确的引导，以至于她一连好几年都处在悲观、多疑、焦虑的情绪当中。当她鼓起勇气减肥成功时，她又进入了另外一个极端，自傲、自满、不甘心，她时常会自我怀疑，进而否决很多事。

陈朵朵知道家里很多事是根本无法处理的，关于"二胎"问题的解决也是停滞不前。但宋瑞说得也不无道理，何必给孩子加固定值，孩子应该是流动值。

这天，原本是宋瑞把孩子送到婆婆家，可宋瑞临时开会去了，只能让陈朵朵送，宋甯坐在她旁边可高兴了，亲亲热热地说："妈妈，奶奶对我很好，经常会给我买东西。"

陈朵朵一笑，说："是的，奶奶很好，甯甯也要对奶奶好。"

宋甯点头说："我对奶奶可好了，经常会给奶奶捶背。"

陈朵朵被逗笑了，说："就你那力气，可别太大力了。"

陈朵朵带着宋甯走到楼道口，就看见婆婆提着三袋东西在前面走，原本想上前打招呼，没想到她在拐角处跟陈大妈聊上了。这时，陈朵朵收到一条微信，也就停下脚步，是蒋沁发来的，说是明天要请假，她同意了。

微信发完，就听见婆婆在讲："还是你儿媳妇孝顺，我那儿媳妇，自以为自己有点本事，对一家人大呼小叫，对我儿子更是呼来喝去，现在怀上'二胎'了，以为地位有多高，上次就把我骂了一顿，这日子真难过。"

宋甯想喊奶奶，一下子被陈朵朵捂住了嘴，她气得直接带着宋甯扭头就走，今天算是体会到什么叫"欲加之罪，何患无辞"，婆婆把她说得那么一无是处，这婆媳感情真的一点都没有。

"妈妈，我们不去找奶奶了吗?"宋甯不明白。

陈朵朵哼了一声，说："不去了，以后都不去了。"

宋甯有些不高兴了，说："可我想见奶奶。"

陈朵朵立刻生气了，说："那你就去见啊，你以后不要回妈妈家了，都在奶奶家过日子，你去你去。"她说完就一个劲推宋甯。

宋甯一下子就哭了，他不明白妈妈为什么生气了，眼泪流了下来，哭着说："我不去了，我不去了。"

"那我们回家。"

宋瑞开会回来，看见宋甯一个人靠在沙发上看电视，手里正在玩新买的积木。

宋甯一见到爸爸回来了，连忙扑上去说："爸爸，你回来了。"

宋瑞奇怪地问："甯甯，你今天怎么没去奶奶家？"

宋甯四处望了望，发现妈妈在房间里，就小声地朝着宋瑞的耳朵说："妈妈不让我去了，还说……还说……以后都不去了。"

因宋甯还小，描述不清楚当时的情况，宋瑞只知陈朵朵确实带着他过去了，但不知道因为什么事又给带回来了。向来都是他送宋甯去奶奶家的，这次让陈朵朵送，婆媳俩又产生矛盾了，宋瑞深感家庭不和谐，心情很沉重。

宋甯年纪虽不大，但隐约能感觉到大人间的矛盾，不安地问："爸爸，我以后都不能去奶奶家了吗？"

宋瑞安慰儿子说："明天爸爸送，你乖，现在去睡觉了，刚刚看了电视，爸爸带你去洗脸。"

宋甯乖乖地点头。

宋瑞回到房间后，见陈朵朵脸上阴晴不定，他先是去卫生间洗漱，出来的时候，陈朵朵已把灯给关了，她躺到了被窝里，显然是不想跟他沟通。宋瑞悄悄摸上床，轻轻抱着陈朵朵。

陈朵朵反手就把他扯开。

宋瑞岂能放手，又抱上了。

陈朵朵扯不开，急了，说："你小心孩子。"

宋瑞一听，这才作罢。

宋瑞摸了摸陈朵朵的脸，说："又跟我妈闹矛盾了？今天甯甯都不送了，要不要跟我说说？"

陈朵朵沉默了下，说："宋瑞，这孩子我们不要了吧？"

宋瑞顿时心凉了，不可置信地问："你这是开玩笑的吧？"

陈朵朵坐起身子来，一字一句地说："我实在受不了了。今天你妈

说我自以为再怀了个孩子就地位很高，我的地位是有多高？你说我的
地位能有多高？我一想到现在生孩子都那么艰难，将来养孩子更是一
件苦差事，宋瑞，我们不要生了好不好，有甯甯一个就够好了，再来一
个我都要承受不住了。"

她说完就哭了起来，那声音别提有多凄凉了。

宋瑞在一旁想着近期发生的事，本来已有的怒气，被她这么一哭
就给哭没了。陈朵朵一开始生"二胎"的信念就不强，全是他们家一头
热，现在遇到挫折了，肯定会萌生退意。别说她了，就是很多一开始信
誓旦旦想生的，在面对人生压力之时，也会想要放弃，不能因为她不想
生就认为她不对。

陈朵朵哽咽地说："我的工作、生活，现在弄得一团乱，你以为我现
在上班有什么心思吗？跟你妈都吵成那样了，我的心情差到极点，可
我不能让自己心情变得不好，会影响宝宝发育的，你看我多矛盾、多压
抑，我都怀疑这孩子没生出来前，我就开始产前忧郁了。"

宋瑞轻轻抱住她，安慰道："这不是有我吗？你要是不高兴，可以
不上班；你要对我妈不满意，我去跟她说。一切都会有解决的办
法的。"

陈朵朵摇头说："不行，我们还有房贷，我要不上班，生活品质哪里
来，还有甯甯高质量的未来哪里来？至于你妈，不是第一次吵架了，根
本无法解决。宋瑞，我们不要生了好不好？"

第
五
章

／冰
释
前
嫌

1

宋瑞从未想到过，陈朵朵和他妈会在怀上"二胎"的时候吵得不可开交。原本以为陈朵朵怀了孩子，能够让婆媳关系有所缓和。

他妈是爱孩子的，从而体谅孕妇的心情，陈朵朵会看在肚子里有个孩子的分上，收敛自己的脾气。

现在完全背道而驰，这两人势同水火，不仅如此，再闹下去，连陈朵朵肚子里的孩子都不保。

事情发展到这一步，越想解开矛盾越难。

宋瑞趁着把宋甯送到他妈家里时，传达了陈朵朵的不满，还将她的心态说了出来。

他妈听到之后，无奈地笑了笑，说："做人难，做人太难。"

宋瑞一愣，说："妈，你也不该在外人面前说朵朵的不是，她那么要

强的性格,听见了能好受吗? 如果搁平时也就算了,现在她肚子里有
个孩子,再加上她工作确实累,我们都让一让她吧。"

他妈让宋甯去房间里玩小火车,随即关上门说:"我就是跟邻居随
便抱怨了几句,怎么知道她会听见这话。其实我没觉得她那么不好,
但在外人面前,总要有些威严,不然她都爬到我头上去了,我的面子往
哪搁?"

"你的面子? 难道你要为你的面子,让朵朵就不要孩子吗?"

宋瑞感到头疼,他妈和陈朵朵的性格挺相近的,两个人极其要面
子,能为了面子干出许多不理智的事情,可究竟是面子重要还是过日
子重要?

他妈眸色一暗,说:"行了,我知道了。"

宋瑞有些紧张他妈的情绪,忙解释道:"妈,我不是这个意思。"

这时,他爸从房间里走出来,看了他们母子俩一眼,忍不住说:"一
家人,何必吵成这样? 你要放不下脸解释,我去。"

他妈冷笑:"你有什么好解释的,你永远都不会顾这个家。"

他爸沉默了。

原本是婆媳两人的矛盾,看阵仗会激发夫妻俩的矛盾,宋瑞连忙
找了个借口从家里出来,免得又引起别的问题。

陈朵朵从律所里出来,去了附近一家咖啡店。

她感到很奇怪,在家一向没交集的公公怎么会打电话约她见面。

陈朵朵对公公最深的印象是他在婚宴上发表的祝贺词,当时站在
台上,他是拿着纸读的,却依然结结巴巴,一段话讲了好久,陈朵朵跟
宋瑞嘀咕:"太为难你爸了。"

宋瑞深有同感地点头,没想到在游戏环节,司仪又要拉公公上台,
幸好婆婆在一旁主动要求上去,否则不知道窘成什么样。

从那之后,没见过公公说过什么话,撑死就见面打个招呼。

陈朵朵等了三分钟,公公不急不慢地从门口走进来,两个人坐下点了两杯橙汁。

公公是个不会讲客套话的人,一开口就直奔主题,主要是关于婆婆和她之间的误会。

陈朵朵笑了笑,不知婆婆葫芦里卖什么药,怎么让公公出马了。

公公说得坦诚:"我知道你心里有怨气,但你能不能听我讲几句。"

陈朵朵尊重地点头,公公就自顾自说:"我和你婆婆都是农村户口,所以我们除了宋瑞外,还有一个孩子叫宋茜。"

陈朵朵傻了,都没听他们家讲起过,宋瑞也没说过这事,连忙问:"那宋茜现在在哪呢?"

"宋茜在三个月的时候,我们照顾不周,导致孩子高烧不退却没及时治疗而身亡,老太婆对这事耿耿于怀,所以对宋瑞极为溺爱。同时,也抱有遗憾,如果兄妹两个人都在,可以在将来的生活上相互扶持,她将对宋茜的心思放到你身上,希望你能够体谅。或许她在很多事上做错了很多,但是心意是为了整个家庭好。"

因为曾失去了孩子,所以把执念放在儿媳妇身上,陈朵朵忽然明白一直以来的疑问——为什么甯甯是男孩,却要生第二个孩子。公公讲得轻描淡写,但一个母亲失去孩子的痛是深刻的,才会因此有了偏执。

陈朵朵借着去卫生间的空隙,打了电话给宋瑞询问具体情况,她从宋瑞那里了解到,公公讲的只是其中一部分,宋茜的死对婆婆打击很大,以至于全家人都不敢提起宋茜,公公想要再生一个,却没想到婆婆怎么都无法受孕,万念俱灰后把怒火都撒到公公身上,认为是公公没有及时带孩子就诊,夫妻关系恶化,再也没有和好过。

仔细想来,婆婆这一路真不容易。

　　陈朵朵动了恻隐之心,何必再去搅乱一切,人生充满了变数,倒不如顺其自然过好现在,能原谅就原谅,能生就生,精心计划好的事情,未必会按照计划发展,还不如活在当下。

　　这周六,宋瑞组织一家人去游乐场,一来是给陈朵朵和他妈找个台阶下,二来宋甯念叨着要去玩。当宋瑞提出这想法时,陈朵朵没反驳也没赞同,估摸着还记挂着脸皮。如果他们俩要出去玩,必然是陈朵朵先妥协了,所以她总要摆高姿态,让这事变得理所应当却又跟她毫无关系。

　　宋甯不懂大人们的心思,完全沉浸在小孩的欢乐中,高兴得手舞足蹈。

　　A市地处偏南,天气暖洋洋的,阵阵微风袭来,像是春日里的明媚,令人沉醉其中。

　　宋瑞开车途经宁海大桥,湖面上波光粼粼,仿佛一颗颗细碎的钻石。

　　宋甯的小脑袋望向窗外,指着不远处正在施工的基地问:"妈妈,那里是要做什么的?"

　　陈朵朵看了一眼,说:"那边是在盖桥。"

　　宋甯大失所望,说:"啊,桥为什么是盖起来的?"

　　陈朵朵扑哧一笑,说:"那你说桥是怎么来的?"

　　宋甯笑眯眯地说:"桥是女娲娘娘做的。"

　　女娲娘娘?宋瑞在前面乐开花,陈朵朵琢磨着估计是他又给儿子看了一些神话故事。"以后还是给甯甯看《十万个为什么》或者关于科学知识的书,这样更有利于孩子对世界的认识。"

　　"陈朵朵同志,小孩想象力丰富不是一件好事吗?太早了解世界的方方圆圆,其实没多少乐趣,就像我小时候一直以为小孩是从垃圾堆捡回来的。"

宋瑞他妈一直不想说关于这方面的话题,信口胡诌的,没想到却被宋瑞记得牢牢的。

陈朵朵笑了出来,说:"我妈还说男女睡一觉就有孩子了,现在想想挺荒谬的,当时全信了。"

"所以,很多答案是靠自己摸索的,一开始都告诉你了,人生就没那种趣味性了,那老了回忆起来多没意思。"

宋甯听得云里雾里,却抓住了重点,好奇地问:"那我是哪里来的?"

夫妻俩全愣了,没想到儿子会问这个问题,陈朵朵直接说:"你是妈妈充话费送的。"

宋甯瘪嘴,说:"妈妈胡说。"

"哦?那你说你是怎么来的?"陈朵朵没想到儿子会出言反驳。

宋甯说得理直气壮:"我是爸爸妈妈生的小孩。"

陈朵朵好奇心来了,小孩子懂生是什么意思吗?"那是怎么生的?"

宋瑞在前头诧异地往后看了一眼,陈朵朵瞪了他一眼,让他好好开车。宋甯歪着脑袋想了半天,低头看见陈朵朵的肚子,连忙说:"就是妈妈怀孕生的嘛,你这都不懂。"

"对对对,还是甯甯最聪明,妈妈是不懂。"

他们俩先去接公婆,婆婆一看见宋甯笑逐颜开。陈朵朵在后视镜里看他们祖孙俩相处,还真是血脉的传承,所以对孩子特别宠溺。公公坐在一旁不苟言笑,陈朵朵的脑海里跳出宋瑞说的关于公婆关系疏远的原因,如果夫妻俩选择不沟通过一辈子,那这一生就会度日如年。可依然有那么多人选择这么做,所以人和人之间的相处是一门学问,很难把握尺度,一不小心就容易走入死胡同。

宋甯到了游乐场玩疯了，连着玩了三四个项目，从旋转木马下来后满头大汗，嚷着要吃冰激凌，婆婆听了立马就去买冰激凌，陈朵朵想阻止，可宋瑞拦住了她，轻声说："你要相信我妈，不要那么容易急。"

陈朵朵想着种种过往，连连叹气，算了。

婆婆带了五瓶矿泉水和一个冰激凌回来，她先让宋甯喝了水，过一阵才给吃冰激凌，陈朵朵稍稍心安，宋瑞说："我妈把我养大，总归是有点经验的。"

陈朵朵不想在这事上再生问题了，也就点点头。他们在附近一家小餐厅吃午饭，陈朵朵殷勤地给婆婆夹了菜，适时添水。婆婆不是不识相的人，见儿媳妇都做到这地步了，也回夹了菜，并给她盛汤。

谁都没有提一句道歉话，谁也没有提过去的事，但两个人却很有默契地和解了。

回去的时候，宋瑞说："其实，你跟我妈性格很像，都是死要面子活受罪，所以你们俩的心灵默契度是极高的。"

"乱讲。"陈朵朵笑了笑，"那你是怎么知道我原谅婆婆了？我可没跟你提过一句，你是怎么想到今天给我们下个台阶的？"

宋瑞想了想说："你不是那天问过我妈的事，之后就没给我脸色看了嘛，我想像你这么宽宏大量的人，肯定会体谅我妈的。"

"就你会说话。"

2

自打何茜怀孕后，她在家的地位大幅度提升，从原本的"冷宫"里拉出来，恢复成往日怀小肉圆之时的待遇。这虽然是好事，却也让她忐忑不安，肚子里的孩子"来路不明"，是一枚定时炸弹，万一要生出个女儿，她是不是直接就变成弃妇了。

世纪广场内，陈斯带着何茜四处逛，不仅给她买了许多的衣服、鞋子、包包，顺带连家具都更换一批。何茜挺享受这种待遇的，当年嫁给陈斯，很大一部分是被他刷卡的阔气所吸引，在她的眼里，男人刷信用卡的姿势是最帅的。

他们无意间逛进母婴用品店，何茜在看孕妇装，陈斯已被售货员说得蠢蠢欲动，想购置婴儿床和小被子，何茜连忙说："别啊，小肉圆用过的可以给小的用，用不着这么浪费。"

陈斯立马反驳："这怎么可以，我的小孩要用新的。"

原本这话让何茜很是高兴，可瞄到陈斯选的颜色，一下子就变了脸色。是蓝色的，旁边搁着一个粉色的小床不要，非要选个蓝色的，肯定是想生个儿子！

何茜赌气地说："我要旁边那个。"

售货员自然是高兴的，旁边的价格更高，连忙又推荐，只见陈斯眉头一皱，说："这个好看，那个很一般，我们今天也买了不少东西，要懂得节约。"

什么叫男人的谎言，就是在声东击西、混淆视听。

何茜说："那不买了。"

陈斯直接把卡递给售货员，对着何茜说："别啊，我看这个床挺好看的，就买下吧。"

何茜眼睁睁看着陈斯买下小床，这就是财政大权在谁手上，谁就有权力行使。她闷闷不乐地走出店里，陈斯让售货员将小床运回家，急急忙忙追上何茜。

陈斯越是对小孩有所期待，何茜越是心虚，她生怕这些好将不复存在，她现在的幸福完全建立在谎言之上，这口气憋得她抑郁极了。

陈斯不明白何茜的想法，以为买床的事惹她生气了，摸了摸她的脑袋说："乖，你想买什么都你决定，但我们的孩子还是要让我决定的。"

我们的孩子？

何茜听到这敏感的字眼，内心波涛汹涌。

是我们的，还是我的？

婆婆让他们逛完街回大宅吃饭，何茜本不想过去，可陈斯说："这是妈的一份心意，你可不能拒绝，妈现在想跟你打好关系，你就给她一个机会。"

还能怎么办？那就过去。

何茜每次踏入大宅，总有种冷冰冰的感觉，不知是婆婆本身的气场太强大，还是跟心境有关系。婆婆热情地招呼她坐下，让陈妈端上今晚的菜色，全都是一堆适合孕妇吃的菜，比如小烧什锦、香菇鸡汤、海米炒冬瓜、清炒山药、虾皮拌豆腐等等，时令水果一堆。

婆婆耐心询问她肚子里孩子的情况，何茜回答得战战兢兢，头一回干这种事，自然是各种怕，好在陈斯在身边帮着回答，否则她态度有异，很容易让婆婆生疑的。

吃完饭后，婆婆就把何茜喊到房间里，偷偷给何茜一个金黄色袋装的符，笑着说："这是我去庙里求的，说是可以招儿子，你一定要记得带在身上。"

婆婆的迷信不是一两天了，她对这事特别热衷，何茜虽然嘴里不说，心里却在冷笑。

回去的路上，陈斯紧张地问何茜："我妈没跟你说什么话吧？"

何茜看了他一眼，说："你妈给我求了一个符，让我好好生儿子。"

"哦，那就好。"陈斯满意地点头，"我妈现在看在你怀孕的分上，绝对把你捧上天。"

何茜听着难受，说："陈斯，为什么我生儿子对你们家那么重要，我生了女儿就像是犯了大错似的？之前你们一家人都疏远我，现在又那么捧着，这对我公平吗？我们是夫妻，为什么自己的家事要让你妈操控，我实在无法理解，我这回要是再生个女儿，是不是要抱着刚出生的孩子去跳江？"

陈斯忙不迭地说："你可别乱说，我妈的意思很简单，既然你嫁到我们家了，那就要做一些贡献。你看你那些同学，不都挣扎在生活水准线上吗？整日为了钱而奋斗，你不需要奋斗，只是生个儿子罢了。你看你那同学陈朵朵，天天拼死拼活，一个女人像男人那样活着，有意思吗？我看没意思，还是你最好，什么都不需要操心，只管生孩子，我妈还帮你带了，哪个人有你那么好命，你就别身在福中不知福了。换句话说，就是那些人，很多家庭也是需要生儿子的，你说呢？"

确实如此，很多家庭并不富裕，却依然要求生儿子，这并不只是他们家这么要求，何茜被堵得一句话说不出来。陈斯认为陈朵朵过得不好，可她却觉得陈朵朵过得很好，什么能比夫妻关系和谐更重要，虽然陈朵朵老说宋瑞的不是，但明眼人都看得出来，陈朵朵和宋瑞是十分相爱的，且性格互补，这样的一家人是幸福的。

从何茜怀孕以来，婆婆对何茜好得不得了，她给何茜制订了三餐计划，让陈妈准点送饭，只要何茜皱一下眉头，婆婆立马去解决，只有何茜想不到的，没有婆婆做不到的。陈斯也给何茜换了一张卡，让她随意刷，更幻想着等孩子出生，一家人换一套房子住。

这样的待遇，完全令人羡慕。

西餐厅里，陈朵朵知道何茜的待遇后，简直是各种眼馋，最后想想自家那倒霉事情，只能感叹嫁错人。

何茜和陈斯的感情是她看着过来的，虽然陈斯这人身体情况不行，但对何茜是相当好，完全是公主式养法，反观她，全是当牛做马的套路，真累人。

陈朵朵说:"什么叫贫苦人的生活方式,就是我的生活方式,婆媳不合,夫妻两人穷,只要不工作,我俩就等着完蛋。"

"你不是和你婆婆和解了吗?"何茜说。

陈朵朵唉了一声,说:"你也跟你婆婆和解了,不都一样,肚子里有个小孩,婆婆不看僧面看佛面,总会平静下来的。"

"朵朵,你知道我最怕什么吗?"何茜不安地戳着碗里的东西。

陈朵朵点头,说:"你不就怕你生个女儿吗? 别担心了,现在一切都不知道情况,何必去想这些事情,还不如过好每一天,你看我就特别坦然,我之前还在怕孩子生出来后,我该怎么办。我和宋瑞很忙,怎么带小孩,小孩将来该怎么办? 现在我已经不去想这些了,走一步算一步,把自己弄得那么累干吗。不过在孩子性别的问题上,我跟你是相反的,我希望生个女儿,儿子是'建设银行',女儿是'招商银行',我可不想再建设下去,我和宋瑞就那么点财产,现在养孩子的资本太大了,将来娶个老婆的资本更大,一切的一切都是毛爷爷。"

"也许吧。"

很多时候,我们都是在仰望别人的生活方式,认为人家拥有的是好的,其实不过是知足常乐。

陈朵朵说:"我们两个孕妇要多沟通,免得还没生就先得抑郁症了。"

何茜应了一声:"是的,我们都是可怜的人,一家人吵得不可开交,你说有没有一家人都很和谐,没有一点纷争的?"

有这样的一家人吗?

如果真的有,怎么会有"家家都有本难念的经"这句话出现,不过是以不同形式的烦恼出现,有些人知道如何去划分、避免,烦恼都是存在的,不过是看个人如何去看待。陈朵朵虽然知道其中的道理,但真的实行起来有困难,毕竟人不是道理,哪能活得那么规矩。

陈朵朵回家的时候，发现家里没人，打电话给宋瑞一问，才知道他带宋甯去楼下滑旱冰了。

广场上，一堆小孩都凑在一起滑冰、打闹，一溜烟就没影了，LED屏上播放着当日新闻。宋瑞在看一个小朋友画画，还时不时指点他。陈朵朵是急急忙忙赶下来的，看见宋瑞的身影连忙问："你怎么还给他玩滑冰，上次婆婆的事已经折腾够久了，你是想干吗？宋瑞，我发现你现在完全不听我的话了，什么危险给孩子玩什么。"

宋瑞安抚陈朵朵的情绪，指了指远处的宋甯，说："你看他玩得多高兴，虽然上次受伤了，但他知道如何避免受伤，这不是一件好事吗？"

宋甯玩得可开心了，原本内向腼腆的儿子，变得格外活泼，陈朵朵沉默了。

在教育问题上，他们两个人的理念显然是不同的，但没有对错，宋瑞做的也是对的，在对儿子的性格塑造上，他也在循循善诱，希望能够找到一个更好的办法进行培养。

"你怎么了?"宋瑞不解。

陈朵朵摇头说："没事，我先上去。"

宋瑞赞成宋甯滑旱冰这事，虽然造成诸多误会，但自有他的道理，尤其对孩子的性格是有帮助。

这时候，她不应该把罪怪在宋瑞的身上。

或许，让一切回归到它想去的方向就行了，如同一片摇摇欲坠的落叶，随风飘落即安，人亦如是，顺着性格的本能发展便可。

3

对于陈斯的新好男人形象，何茜显然有些不知所措，之前怀小肉圆的时候,他都没表现得那么好,估摸是因婆婆说她去庙里算过了,何茜肚子里怀的是儿子,这回肯定错不了。

何茜认为这是无理取闹,完全没有科学依据的事,怎么婆婆却如此热衷。陈斯自是知道他妈行为偏颇,但作为一个男人来说,心中是愿意相信的,毕竟都喜欢信好不信坏。

在他们俩的家里,现在充斥着各种婴儿用品,这孩子还没生,就一堆蓝蓝的东西出现在眼前,实在碍眼极了。她逛完街回到家,直接就把一个未拆封的蓝色奶瓶踩碎了。

陈斯听到客厅里的声音,急急忙忙出来,看见这一幕,连忙说:"你伤到没有,肚子里的孩子怎么样?"

何茜往沙发上一坐,说:"好着呢。"

陈斯在一旁赔笑说:"你没事就好,奶瓶可以重买。"

何茜摸了摸肚子,托了这孩子的福,现在才可以在家作威作福,但她心中却不安。虽然经过多方有心检查,肚子里的孩子可能是男孩,但这个概率哪说得准,万一要生出个女孩,如何是好?

"你说,我要生个女孩该怎么办?"

陈斯一愣,随即立马回答:"男孩女孩我都喜欢,没差的。"

满屋子的蓝色、满屋子的男孩用品,再配上他的义正词严,真是讽刺。

晚上她和陈斯一块去婆婆家吃饭,说是陈妈学了几道拿手好菜,一定要他们过来尝尝,另还邀请了常年不见的公公,以及从国外回来的舅舅舅妈。

何茜一进门就看见公公坐在沙发上看报纸,身上有股特殊的书卷气息,而婆婆在准备菜色,明显就是市侩之人,这两人当年是怎么走到一起的? 这么比对毫无共通性。

她对公公的印象停留在小肉圆出生之时,当时公公象征性地抱了下，随即给了一个大红包，不咸不淡地说几句祝福话语，再也没其他。

何茜坐下来后，在她左边的舅舅殷勤地给她夹菜，虽个头不高，就164厘米左右，但一张嘴伶牙俐齿，以及胆子颇大，在做生意这块风生水起。

舅舅和舅妈是有故事的一对。舅妈念到小学五年级就移民国外，后再也没回过国。舅舅在高中毕业后急于出国，经家人介绍进而认识舅妈，那个年代，两个人还用书信沟通，但舅舅并不满意舅妈的颜值，遂而想放弃，但陈斯的外公却不肯，认为这是人生的转机，于是帮忙写书信，以及让舅妈回国领证，以家庭团聚的形式带舅舅出国。两人结婚至今，谈不上感情浓烈，但也不至于彼此冷漠，婆婆那句话倒是精辟，无非是过日子罢了。

如果当时舅舅没出国，那么婆婆也就不会出国了，这是有连带作用的，一家人的命运会因为某一个人生存模式的改变而改变。

舅妈笑盈盈地说："肚子里的孩子还乖吧？是上一个辛苦还是这一个辛苦？"

舅妈是出了名的贤惠，除了办事能干，当家一把好手之外，她为人宽容、大度且有见识，若说缺点，也就是身材略丰满，以她160厘米的身高，体重足足有160多斤。

何茜笑了，说："还好，这一个孩子挺乖的。"

婆婆忙不迭插嘴："我的乖孙子在肚子里，能不乖吗？"

这话一出，何茜脸色不大好看，陈斯倒是频频点头，舅妈四两拨千斤地说："也是，不过现在这时代，男孩女孩都一样，小肉圆可有福了。"

舅舅没头没脑地说："女儿也好，现在养儿子太费钱。"

婆婆可不乐意了，直接拉下脸说："那我们家还没穷到那种地步。"

一顿饭吃得氛围有些奇怪。

饭后，舅舅舅妈送了一些进口的食品和衣服，婆婆大方地送了何茜一个金手镯。何茜家境本身不富裕，见到这些东西，难免会被吸引，心中早已乐开花。

其实仔细想来婆婆的要求不高，就是要个孙子罢了。

公公并不爱凑这份热闹，却也给了个红包，这会儿何茜收入颇丰，回去的路上难以抑制地笑了出来，陈斯又不是傻子，当然知道他老婆的心思，眉开眼笑地问："开心了？"

何茜宝贝地摸了摸金手镯，问："这个很贵吧？"

陈斯摇摇头说："再贵也没你贵。"

"这话我喜欢。"

睡觉前，何茜小心翼翼地将东西锁在保险箱里，随即对着躺在床上的陈斯说："我们明天去看我爸妈吧？好久没见他们了。"

陈斯想了想说："好，我就不加班了，陪你。"

第二天，两个人前往 A 市下面的呈安县蚌山村。

在何茜读初中之前，她都在农村长大，父母均在家务农，她每天在农田里玩耍，无忧无虑，不知天高地厚。后去县里读初中，差距便油然而生了，很多小孩家里条件都很好，吃的穿的都是好东西，而她整日穿着破衣服，吃的也是便宜的，印象最深的一次，县里开了第一家开心汤姆，里面专卖汉堡薯片，这成为孩子们眼中的香饽饽，谁吃了一次，谁就牛气许多，那天天吃的，就跩得跟什么似的，唯有她没吃过，经常被同学笑作土包子。

她不想当土包子，硬是要求父母给钱去吃，可父母囊中羞涩，她哭闹了半个月终于吃上了，却没想到，她这一顿让父母偷偷流泪，他们舍不得开销那么大，总归会心疼。

那一刻，她发誓，她不要这么过一辈子，她不想穷，穷好可怕。

当何茜回到村子里的时候，有种莫名想哭的冲动，这几年农村建设越来越好,何茜让陈斯出钱,给父母盖了房,他们家是村子里盖得最好的房子,无人不夸。

父母见到何茜回家自是高兴的,煮了许多拿手菜。陈斯不喜欢吃农家菜,虽心有嫌弃,但表现不错。何茜的父母都是实在人,塞了很多白菜和土豆到他们车里,若不是陈斯拒绝,他们可能还想杀了鸡鸭往车上送。

何茜让他们别忙活,偷偷拉着她妈进了房间,递了一叠厚厚的钞票,何茜的妈连忙说:"这么多,不用了,我们俩现在都挺好的,你不用给我们这么多钱。"

"妈,你就拿着吧,多去买一些好衣服。"

何茜看不惯她妈穿便宜的衣服,总希望能挑贵的,可她妈节约成习惯,总是犹豫价格问题,见到太贵的压根不看。

她妈问:"你在城里过得好吗?"

何茜点头:"我挺好的,现在肚子里又有个孩子了。"

她妈可高兴了:"那就好那就好,我还怕你受委屈,我们家虽然穷,但可见不得闺女吃一点苦。"

何茜眼眶红了,说:"我知道。"

她爸和陈斯在院子里抽烟,看见何茜过来,两人连忙将烟头掐灭。

何茜原本想在家里过一晚,可陈斯不愿意,觉得在农村睡不着觉。她遂了陈斯的意,可何茜心里到底有些不高兴,难道农村人和城里人区别很大吗? 连睡觉都要挑。

何茜临走前,特意嘱咐她妈:"妈,你不要省,钱我会带给你的。"

陈斯也在一旁帮腔:"是的,有什么事就跟我们说。"

她爸呵呵一笑,连忙拒绝。

陈斯虽然嘴上那么讲,但在回去的路上,忍不住叨唠:"你们家还真当我们家是 ATM 取款机,取之不尽用之不竭。"

何茜知道陈斯不高兴，说："这也是你孩子的外公外婆，你何必呢？"

陈斯看了一眼她肚子里的孩子，忍了，如果这个孩子是儿子，还有什么不能忍呢？"那倒也不是，我们可以让你爸妈做个生意什么的，你觉得怎么样？"

何茜拒绝道："不用，我爸妈不喜欢做生意，也不会做生意，他们就是种田的人。"

"你说得对，我是怕你爸妈无聊。"

陈斯并不是冤大头，不可能无缘无故让何茜予取予求，总是有原因的。最初是因为自己身体不行，想给她补偿点什么，后来见她跟他妈关系不好，希望给她一些物质补偿，现在是念在她肚子里儿子的分上，让她挥霍一切，但说到底，他心中是不快的，谁愿意找一个散财童子回家。

两人对彼此心思知道得清楚，都在默默耍手段。

何茜觉得婚姻如此悲哀，她无力去扭转。

陈斯知道婚姻并不和谐，他无法去调解。

有时候，并不是什么大事让两个人如此难堪，可能只是因为不起眼的小事让两个人这般无奈。

4

陈朵朵在怀孕七个月的时候，选择回家待产，律师事务所的事情全部交由其他股东管理。一方面基于婆婆的催促，而另外一方面则是自己的意愿，有时候在办公室都感觉无限压抑，还不如趁早回家待着好了。

可在家确实无聊，她又是一个闲不下来的人，隔三岔五就回她妈家，她妈在照顾上肯定周到，回到从小到大的家里，心中自然是舒坦。

晚上，宋瑞回来后，躺在床上支支吾吾地说："老婆，你最近经常去你妈家会不会不方便？"

陈朵朵没听懂，直接问："挺方便的，哪来的不方便？"

宋瑞还没继续说，陈朵朵就说："你妈又闹什么毛病了？我现在怀着你的孩子，连自由的权利都没了？你看我……"陈朵朵挺了挺滚圆的肚子："我要有个心情不爽，你的孩子也不好过。"

宋瑞摸了摸陈朵朵，安抚道："我不是这个意思，只是我妈那个人你也是知道的，她就事多，可能是认为你经常回自己家，对我们家名声不好，她毕竟是你婆婆，虽然无理，但你看在孩子的分上，就不要计较了。"

陈朵朵摇头说："孩子的分上，呵呵。"

婆媳俩虽在前一段时间冰释前嫌，但到底是性格差异很大，总归在生活上有些摩擦。婆婆的心思很诡异，综合了农村妇女和新时代女性的脑，各占一半，难以沟通。

"老婆……"宋瑞讨好地扯了扯陈朵朵的睡衣。

陈朵朵叹气说："好了，我知道了。"

既然当了人家的儿媳妇，还是要做到位的，陈朵朵虽然心中不满，但依然在两天后去了婆婆家，顺带拿了一些贵重的补品，婆婆收到后，不免推拒一番："你人来就好了，还带什么东西。"

陈朵朵殷勤地说："你平时带甯甯很辛苦，这是应该的。"

实际上她压根不想理婆婆，就这老太婆事最多了，原以为经过上次的事情，两个人各退一步，互相收敛，没想到婆婆最近又跟宋瑞碎碎念一些有的没的，实在令人无语。

婆婆炖了燕窝粥给她吃，原本陈朵朵想待一下就走，可想着婆婆这么难搞的人，万一又想出什么新花样，还不如待着看看她又在玩什么套路。

陈朵朵一边吃一边夸婆婆的厨艺好,婆婆满意地笑了笑,随即说:"等你肚子里的孩子出生,你就可以天天在这里尝我的厨艺了。"

天天?

这什么意思?

陈朵朵有些愣,说:"那太麻烦你了。"

婆婆连忙说:"怎么会呢,以后还要带着小的,我最喜欢带孩子了。"

啊……

敢情婆婆是想带着肚子里的孩子?

陈朵朵面色一僵,说:"这不好吧,甯甯就经常麻烦你了,这小的,会不会让你更辛苦?"

"不会,你公公都不在家,我吃喝有余,最希望跟孩子一起玩了。"

陈朵朵就知道婆婆有诈,没想到是关于带孩子的问题。

她从婆婆家出来后就直接赶到宋瑞的单位,在拐角处遇见老资历的吴主任,两个人笑眯眯打了声招呼,吴主任瞅了一眼她肚子说:"肚子都这么大了,我们单位的小王也怀孕了,看起来还是你的肚子大些。"

"嗯,孩子可能长得快。"陈朵朵回应,"宋瑞怎么不在办公室?"

吴主任连忙说:"他在会议室开会,待会儿出来,你先在办公室等一下。"

陈朵朵在宋瑞的办公室坐立难安,想起婆婆的行为,这心中的火就不打一处来,憋得心里难受。

宋瑞从会议室出来,听说陈朵朵来这里了,急急忙忙地赶到办公室,她坐在椅子上,脸色却十分难看,这又是闹哪一出?

陈朵朵迅速站起来,指着宋瑞的胸口问:"你是不是都跟你妈串通好了来算计我？你妈说了，这个孩子生出来就给她带，你妈算得可真好，摆明就是给我下套，你呢？你呢？你就跟着你妈来戏弄我？宋瑞，我可算看清楚你们家人了，敢情你就是这么对付我的？"

宋瑞听得一头雾水，抓着陈朵朵的手问："我妈跟你说，这孩子是给她带？"

"哟哟哟，你装什么装啊，还装得挺像。"陈朵朵没好气地说。

宋瑞无力地说："我真不知道，她只是唠叨你不去她家。"

"你妈戏可真多，一套一套来，她就不怕我接不住吗？"陈朵朵气得咬牙切齿。

陈朵朵虽生气这事，但若宋瑞确实不知情能怎样，知情又能怎样。

很多争吵也只是口头上的，实则毫无意义，宋瑞没几句也就沉默了，所以两人休战了。

晚饭是在食堂吃的，因宋甯被接到她妈家了，回去煮饭显得有些鸡肋。陈朵朵心不在焉所以食之无味，隔壁桌是小王，同样怀着"二胎"。小王见到陈朵朵热情寒暄，小王曾为一些私人的事咨询过陈朵朵，所以还算熟悉。

陈朵朵让小王坐过来一起，三个人凑到一张桌上，小王笑眯眯说："没想到陈姐也怀孕了。"

陈朵朵点头，看了一眼小王的肚子。

如果她没记错，小王她老公出轨一事闹得沸沸扬扬，当时声色俱厉说要离婚，怎么这会儿怀上"二胎"了，这画风未免转变得太快了，难道多一个孩子还能留住男人的心？渣男会变为绝世好男？

趁着吃完饭后，宋瑞去办公室拿衣服的间隙，陈朵朵八卦地问小王："你怎么想的？你老公？"

小王摇头说："没办法，两家人的期望。至于我老公的情况，你肯定是很清楚，有时候能怎么办？日子就这么过去，顺其自然吧，做一天和尚撞一天钟。"

陈朵朵不解:"这样不是对小孩很不负责吗?"

"陈姐,你可能想得比较多,所以对孩子的一切都面面俱到,我不是这样的,我老公也不是这样的,我们更认为孩子有自己的人生,无论好的坏的都是他的人生,所以没必要为孩子考虑太多,他争气是他自己的事情,他不争气也是他自己的事情,我们已经给他一条生命了,这就是最大的恩赐。"

"也对。"

陈朵朵虽嘴巴上那么说,却没那么想,这明显是不负责任的言论。

她又问:"那你第二个孩子给谁带?"

小王说:"先生出来再说吧,到时候看谁有空谁带,孩子小的时候也没事,反正他又不记得什么事。"

要是陈朵朵有小王的心态,那他们家里的和谐度应该很高,完全不把孩子当成一回事,怎么舒服怎么来,教育理念算个什么,孩子自我发展更重要,她想起老一辈的教育理念,多生,生个十来个,大的带小的,总归会长大的。

回去的路上,陈朵朵和宋瑞讨论小王的事。宋瑞一听,颇有几分赞同之意:"虽然听着是不负责任,但没准对孩子发展更好,你想啊,现在的小孩娇生惯养,都是父母宠着爱着,要按小王那种养法,没准孩子的独立性更高。"

陈朵朵忍不住打了下宋瑞:"你孩子是跟你有多大仇,你要这么虐待他,没听说过网上流传着这么一句话吗,如果一个人够幸福,那一辈子都不需要去成熟。成熟与否,幸福与否,不一定成正比。宋瑞同志,你难道希望孩子成为一个工作的机器,每天郁郁寡欢吗?"

"我们在讲两个逻辑。"

"殊途同归。"

"不，意义不一样。"

"哪里不一样？"

"你说的是心态，我说的是人生。"

"懒得跟你说。"

陈朵朵认为宋瑞完全是胡搅蛮缠，宋瑞迅速说："你说一个事业不成功的人，他的心态会好到哪里去？虽然事业成功不一定等于心态好，但事业不成功代表他的心态会差。不是吗？"

"按照你的说法，我们的孩子都不用管了，随便发挥，那孩子不成野孩子了吗？你狠得下这个心，我可狠不下，孩子还是要在温暖的环境里长大的。"

宋瑞笑着抱了抱陈朵朵说："我们不是在探讨教育理念吗？要不要测试一下？"

陈朵朵问："你什么意思？"

宋瑞说："你让甯甯独立一周，看看他怎么样？"

陈朵朵犹豫。

宋瑞又说："这也是证实你的教育理念正确的机会，否则两个孩子的教法统一不起来。"

陈朵朵松口："这倒是，以后有个小宝宝，对甯甯肯定要分心，让他独立一点倒也没什么，就按你说的做。"

陈朵朵和宋瑞实行的是自理，让宋甯对自己的生活有个很明确的理解，那就是爸爸妈妈这一周不会管了，你要自己乖乖。

不过，在沟通上，宋瑞是这么跟孩子说的："甯甯乖，以后小宝宝出生，你就要当哥哥了，所以甯甯要学着独立。"

宋甯还小，听不懂独立是什么意思，但看妈妈的眼神，隐约感觉到要被抛弃了，忍不住瘪嘴说："那我不想当哥哥。"

陈朵朵连忙说："你不是喜欢当哥哥吗？"

宋甯支支吾吾地说:"那爸爸妈妈都不要我了,我就不要当哥哥了。"

陈朵朵把宋甯抱在怀里,安慰道:"爸爸妈妈怎么可能不要你呢?"

宋甯一愣,问:"爸爸妈妈没有不要我?"

陈朵朵摸摸他,说:"你那么乖,爸爸妈妈不可能不要你,只是希望甯甯以后自己的事情自己做,才可以给以后的小宝宝做榜样。"

宋甯听得一知半解,好像是没想抛弃他,但怎么又要他照顾小宝宝?晚上,陈朵朵让宋甯自己去洗脸、刷牙,他小心翼翼地把脚也洗了,随即钻到被窝里,宋瑞进来看他一眼,他连忙拉住爸爸的手说:"爸爸,妈妈说,妈妈说,要我……立。"他一时没记起独立。

宋瑞听懂了,说:"妈妈是让甯甯独立,就是自己的事情自己做,以后爸爸妈妈都会让甯甯自己决定事情。"

宋甯眨巴了下眼睛,问:"为什么呢?"

为什么?宋瑞被这三个字难住了,呵呵一笑:"因为以后小宝宝要出生了,甯甯就要学会独立。"

对于这事,成人世界和儿童世界的认知有着必然的差异,让宋甯的心里落下阴影了,原来小宝宝的出生,就意味着他要不被照顾了,以前都是妈妈帮他洗脸,爸爸帮他整理玩具,等等,现在都要他自己做了。

忽然间,他委屈得不行,可又不敢说。

宋瑞从宋甯房间出来,陈朵朵坐在客厅里看电视,过来连忙拉着他说:"甯甯他怎么说?"

宋瑞说:"甯甯好像不想独立,看他不大高兴的样子。"

"我没说错吧,哪个孩子愿意无缘无故独立的? 你以为独立是很开心的事情吗? 每个独立的孩子都有迫不得已的原因,我们家的条件没那么差,为什么非要让甯甯那么独立呢? 回头甯甯不高兴了,我看这事怎么收场。"

宋瑞叹气说："这不是一个试验吗？如果真的不行，我们可以换方法，总归是要尝试下，否则都不知道该如何教育甯甯。"

陈朵朵想了想说："其实我们家的儿子很乖了，有时候我都觉得他太乖了，没有男孩子的一点调皮，这才是我担心的。至于他的独立性，我是不怎么看重的，毕竟孩子还小，长大了之后，自然就什么都会了，何必去在意这些有的没的。"

她忍不住摸了摸肚子里的孩子，希望第二个就不要那么乖了。乖的孩子普遍挺压抑的，也不知道这种人格究竟是好还是坏，反正每种性格都是双刃剑，既有好处，亦有坏处。

原以为教育宋甯这事会循序渐进，没想到却惨遭婆婆的教训。

当天，宋甯被接到婆婆家后，无意间说了这事，但因是小孩子，讲得也没那么准确，婆婆误以为是父母不管甯甯了，心疼得赶紧给陈朵朵打了电话，让她过去。

陈朵朵在去婆婆家的路上，她就想到了肯定是甯甯说了什么，结果一看见婆婆，还没开始解释，婆婆就劈头盖脸一通指责："你说你们现在做父母的是怎么回事，肚子里有了小的，就不想管大的了，我就说嘛，以后要么小的直接给我带，减轻你们压力，大的毕竟跟你们还是有感情的，你说对吧？"

这话说的，直接掉入婆婆的套路里了。

"这事不是你想的那样，是我和宋瑞认为，小孩子需要锻炼独立性，所以才会让甯甯独立的。"

虽然这主意都是宋瑞出的，但她还没傻到一切责任都推干净。

"独立？甯甯那么小需要什么独立？"

陈朵朵忍不住翻了一个白眼，说的也是，分明就是给宋瑞带沟里了。

回去的路上，陈朵朵给宋瑞发了个微信，把事情讲了一遍，婆婆也真是搞笑，遇见这种事就不问宋瑞了，直接对付她，敢情是逼得她开口把二宝往婆婆那送。

陈朵朵在深思，这孩子需要独立吗？

真的有了二宝后，甯甯就必须独立吗？

之前，她一味追求精养式教育，现在忽然变成放养式，孩子的内心肯定接受不了，她后悔了，实在不应该和宋瑞搞什么测试，每一家人都有每一家人的相处模式，小王追求的教育，不一定是他们家追求的，何必把自己的孩子往坑里推。

下午，她妈给陈朵朵炖了燕窝送来，陈朵朵固然有一堆委屈，倒也没说，只是提了提宋甯的教育模式，她妈笑眯眯地说："你就是想太多，才把自己搞得那么压抑，我看啊，怎么样都好，哪种方式都是为了甯甯好，又何必去计较究竟什么是对什么是错。"

"妈，你不觉得教错了，就对孩子一生影响很大吗？"陈朵朵不解。

她妈说："可是你也不能确定你每一项决定都是对的，父母跟子女的关系需要进行不断的尝试、改进，但无论你做什么，只要你是善意的，孩子都会理解的。人和人之间的情感维系很重要，我给你举个例子，你二婶婶家的女儿一直不听话，依我看，不是别的原因，是因为你二婶婶一直把孩子给保姆带，从来没过问一句，以至于孩子都在一个极其封闭的环境下长大，缺少父母的爱，才会走向错的方向。你跟你二婶婶不是一个方向，你是时时关注、时时在意，孩子怎么可能会不明白你的心思？只要你的行为是爱孩子的，方法怎么样不重要，倘若你一点不关心孩子，那么怎么样都是错的，这才是正确的区别。"

陈朵朵恍然大悟，说："妈，你说得太有道理了，所以我不管怎么走，只要我每一步都是为孩子好，那么这就是对的，更换不同的方式方法不过只是一种形式罢了。可孩子不理解怎么办？甯甯以为我是逼着他独立。"

　　"你别太死板，必须要他做什么，他要真不愿意，你可以用引导的方式慢慢来，不能给孩子布置过于直面的任务。"

第六章 / 天翻地覆

1

何茜近期的生活可谓顺风顺水,婆婆视她如珍如宝,陈斯虽忙于工作,但比起之前可谓天壤之别,只要她的肚子争气,将来的日子不愁金银珠宝、锦衣玉食、呵护备至。

之前,陈朵朵问过何茜,你大学毕业后,哪怕工资 4000 多元,也够过日子,为什么对金钱有如此之大的执念。

当时何茜也讲不出个所以然,后来她才慢慢明白,是因为"穷"怕心理。

穷是一种现状,可以依靠不断提高生活水平填满,但若是心理,又岂是物质可以填满的? 那种精神世界的匮乏感,会不断地对社会提出要求,得到回报,周而复始。

她懂,但从未想要改变。

　　舅舅舅妈下周就要出国了，舅妈特意找何茜去逛商场，买了一堆锅碗瓢盆，以及生活用品，何茜有些不解："国外这些东西不是很多吗？"

　　舅妈让他们打包好直接送到家里，对何茜说："多是多，但不是中国风的，我们家还是比较喜欢中国式的东西。"

　　何茜瞄了一眼舅妈的行头，点点头。舅妈虽在国外多年，但一直保持中国人的传统，思维方式也是中规中矩的。

　　舅妈去收银台付钱，何茜无聊地靠在一边，扭头就看见一个不想见到的人。

　　李辰？

　　虽是一个背影，但何茜又岂能认不出，她害怕地连忙转过身子，心中忐忑不安，急匆匆跟舅妈说出去打电话，就赶紧出去了。

　　她已不止一次怀疑肚子里的孩子是李辰的，因为那天的其他人身边均有伴侣，唯有李辰只有她，但她又不想相信是李辰干的这事，毕竟他们同学多年了，占这种便宜简直是太不要脸了。

　　何茜曾私下查过李辰毕业后的事，知情的同学是这么形容的：也就在一家房地产公司当销售，一个月没多少钱，家里条件不大好，没结婚没女朋友，父母均在务农，偶尔会跟熟人借钱，借了很久不还，热衷于逛夜店和酒吧，估计在借酒消愁。

　　一个这么无能的男人，也配当她孩子的爸爸？

　　何茜气得不行，压根不想听这事，或许也有可能不是他，只是他的概率偏大，老死不相往来就好，谁猜得出来她的孩子是谁的。

　　这事不过是她生命中的点缀，又何必去想太多，反正现在水到渠成，她想达到的目的，谁都不要去阻拦太多。

　　舅妈接到舅舅电话，说是待会儿要陪舅舅买人参，于是先行离开。

　　何茜一个人四处瞎逛，恰好遇见陈斯公司里的秘书小刘，他到商场来办事,看见何茜就客气地打招呼。

小刘说:"陈太太,待会儿我回公司,要不要送你一程?"

何茜想了下,点头说:"我跟你去公司吧,好久没过去了。"

小刘殷勤地带着何茜上车,生怕车内空气不大好,连忙摇下车窗,深表歉意地说:"陈太太,我这车好久没洗了。"

何茜笑了笑,说:"我蹭你车我都不好意思了。"

何茜对小刘这人挺满意的,他的工作就是辅助陈斯大小事,听起来是简单,但做起来很难,首先陈斯这人脾气没那么好,不太容易对付,其次是什么事都要经过他这里过滤一遍,由他来筛选什么事先说,什么事后说,这就需要一定智商了,更别提出门一切打点,时不时出现一些突发事件。这些年陈斯对他赞誉有加,他在做人做事这块确实蛮好。

小刘看了一眼何茜的肚子,问道:"小孩几个月了? 陈总可高兴了,经常在公司夸你。"

"快六个月了。"何茜虽知道他讲的是奉承话,却也暖暖的。

小刘羡慕地说:"你们都生'二胎'了,我生一个都很难养,完全不敢奢望第二个,我和老婆整天忙于工作,现在第一个孩子在我妈家养,我们夫妻俩自己带的时间太少了。"

何茜说:"你工资那么高,可以让你老婆全职在家带孩子。"

小刘不好意思地说:"陈太太,你知道 A 市的房价有多高,虽然我工资还可以,但也不是全款买房的,心里总归有压力,我老婆也是帮我分担压力,还有车贷等,日子不好过。"

还真是家家有本难念的经,她如果嫁给一个普通男人,也免不了如此在意油盐酱醋茶,所幸现在不需要为这烦恼,她还是很认可自我能力的。

陈斯的公司坐落在最繁华地段的写字楼上,她一出电梯口,眼尖的接待小妹已恭敬地给她点头哈腰。她到陈斯办公室的时候,恰好陈斯在谈事,她在门口等了几分钟,陈斯就出来了,关心地问:"你怎么过来了?"

"我来看看你。"何茜笑眯眯地说。

她不是很喜欢来他公司,主要是跟婆婆矛盾太大,没准会在这里碰见婆婆,指责她一个妇道人家来公司干吗。可现在情况不一样了,她怀孕了,哪怕碰见婆婆,人家也会给她面子,压根不需要去害怕。

陈斯摸了摸她脑袋,说:"再等等我们一起吃晚饭,我先去跟客户谈事。"

何茜坐在茶水间里等他,公司里的交际花王安妮进来倒水,看见何茜眼前一亮,连忙说:"这不是陈太太嘛,没想到你今天来公司了。"

何茜微微一笑,王安妮就凑上来,谄媚地说:"你这包真好看,是限量款吧?"

这个王安妮她是接触过几次的,一张嘴甜得不得了,尤其喜欢奢侈品,那双眼睛就是标价机,什么东西都逃不过她的眼神。

何茜说到底还是虚荣的,听见别人夸奖又岂会无动于衷。

女人为什么要买奢侈品,除了本身的诱惑之外,就是享受他人羡慕的目光。

但何茜却无心与王安妮周旋,这女人本质跟她太像,这并不是什么好的特质,没准是个祸害,还是远离为好。

晚饭是在附近的餐厅吃,陈斯特意点了几道适合孕妇的菜,何茜听着陈斯在讲公司里的一些小事,他提到了王安妮,忍不住夸奖道:"虽然她工作能力一般,但和同事关系特别好,以后还是可以提一提的。"

何茜没由来心一慌,不动声色地笑笑说:"好是好,就是太能摸鱼了,也是隐患,用人本来就是有利有弊,不能单单看一方面。"

王安妮再提一提就是人事部主任了,她才 31 岁,论前途自是无量的,但这个岗位和陈斯接触十分多,她一个单身大龄女青年,长相高挑出众,难保饥不择食撬她的墙角,再加上又是一个如此拜金之人,道德的那根线能有多高? 还不是钱来当家。

"你说得倒是也对,但确实没适合的人选了。"陈斯低头深思。

何茜连忙说:"我有个亲戚是在做淘宝的,他倒是很胜任这个职位。"

陈斯反驳:"这不行,人事部主任需要由公司的老员工担任,在人脉和情商这块都四通八达,你那个亲戚是做淘宝的也就算了,他根本没在我们公司做过。"

何茜不高兴了:"没做过才要做做看,我明天就让他来你公司报到,你试试看不就行了,不行让他走人。"

陈斯刚想拒绝,何茜就酸酸地说:"哦,我知道了,你想趁着我怀孕的时候拈花惹草。"

"你这是哪的话,我是那种人吗?"

陈斯顿时有种无力感,也就答应了何茜的要求,这时候老婆最大,她讲什么都是对的,在她生下孩子之前,一切都忍忍。

何茜找的亲戚叫王成安,是她阿姨的儿子,她得叫他一声表哥。王成安大学毕业后无所事事,家里人实在看不下去,就给他找了一份工作,在外贸公司当营销。可他干了一个月就不做了,自主创业做淘宝。

王成安的简历没法看,何茜让他写得模糊点,反正有她打掩护,不会查得很严。

第二天,陈斯在办公室等王成安,他过来的时候,衣服穿得松松垮垮,显然是没熨烫好,坐下后没精神。

陈斯在心中给了个差评,但仍好声好气地说:"你刚睡醒?"

王成安叹气点头道:"可不嘛,昨天……"话到嘴边就停了,想起何茜千叮咛万嘱咐不能讲太没格调的事,就瞎编道,"昨天我有个朋友生病了,我在医院照顾他半宿,直到四点钟才回到家。"

"你之前是做淘宝的? 做得怎么样?"

王成安想了想说:"挺好的,尤其'双11'生意不错。"

"淘宝和我们公司区别很大,你能讲一讲对我们公司的看法,以及对人事部的规划吗?"

王成安一时答不上来,吞吞吐吐半天。

陈斯宽容一笑,让秘书给王成安倒了一杯水。

中途,何茜给陈斯打了一个电话,意思十分明确,非要留下王成安。陈斯虽对王成安不满,但想着何茜都这么说了,也就照做,人事部也出不了什么大事,就像何茜说的,大不了就让他走人算了。

还是何茜肚子里的孩子重要,这时候不能起争端。

2

宋甯在幼儿园是出了名的乖宝宝,老师交代的事都会一一照做,不只如此,宋甯还会督促其他小朋友认真做。可就在最近,宋甯显得有些忧郁,不仅不热衷于社交活动,还老是不听话。

陈乔老师关注到这一点,趁着吃午饭结束后,让宋甯去她办公室,拉着他的小手问:"甯甯是不是不高兴? 还是遇到什么事了?"

宋甯瘪了瘪嘴:"爸爸妈妈要生小宝宝了,都不关心我了。"

陈乔老师是知道陈朵朵怀了"二胎"这事的,只是没想到会影响到宋甯,安慰他说:"你爸爸妈妈最爱甯甯了,怎么会不关心你呢?"

宋甯呜呜呜半天:"我爸爸妈妈都让我自己的事情自己做,我不高兴了,我不要当乖宝宝。"

家里生个二宝，确实会对大宝产生影响。

陈乔老师让宋甯先去睡觉，随即给陈朵朵打了电话。陈朵朵没想到宋甯会有如此激烈的反应，顿时慌了，不知如何是好，原本是想锻炼孩子的独立能力，没想到这孩子还有这情绪。

如果现在恢复之前的生活，那么他就认为抵抗有效，将来会不会不断地以此抵抗父母的做法？如果现在维持之前的生活，那么他会不会以为父母就这么疏远冷淡他了？这对孩子的内心又是很大的伤害，似乎进退维谷，难以抉择。

宋瑞回家的时候，陈朵朵就发泄怒气说："你说的，坚持一周自立，现在好了，我们都回不去了，早知道不按你说的做了。你别看你儿子那么软趴趴，实际特别有自己的想法，我看你怎么收场。万一你儿子开始抵触二宝，这大宝和二宝之间相处困难，家里的事就更多了，我想想都头疼，你还是自己想吧。还有你妈那边，你也自己去解释，我是懒得理她了，老太太整天那么多心思，又不是演《甄嬛传》。这事要解决不了，我看这孩子都不用生了。"

陈朵朵说完就到房间把门一关睡觉，宋瑞也没想到会这样，就走到儿子的房间，看见宋甯乖乖地在看故事书，一下子心就软了。别的孩子都爱看动画片，他儿子倒不是，极爱看儿童书，时不时还会提出问题，这是一个好的方向。

宋甯心里有些小情绪，看见宋瑞也不叫爸爸了，直接把被子一盖，准备睡觉，这模样倒是像极了陈朵朵。他忍不住笑了笑，钻进被窝，把儿子抱在怀里。

宋瑞诱导他，问："甯甯最近不高兴？可以跟爸爸说为什么吗？我们要聊一聊才知道的。"

宋甯抱了抱爸爸，说："爸爸，是不是有了小宝宝，你们就不喜欢我了？"

宋瑞开始解释："怎么可能,爸爸妈妈是希望甯甯有自理能力,而不是不要甯甯,爸爸妈妈是永远爱你的。"

宋甯好奇："那我为什么要自己的事情自己做,难道不是因为小宝宝?"

宋瑞摇头道："不是的,爸爸妈妈是希望甯甯长大后变成一个厉害的人,所以才会这么做。以后如果甯甯做得好,爸爸妈妈也会这么要求小宝宝的。但如果甯甯不高兴了,爸爸妈妈会反省,你想要爸爸妈妈怎么对你?"

宋甯歪着脑袋说："我想要爸爸妈妈一直对我好,我不要自己的事情自己做。"

宋瑞摸了摸儿子的脑袋,说："甯甯可不许任性。"

这时,陈朵朵推门而入,在旁边说："既然甯甯都那么要求了,干吗鬼主意那么多,以后对他好点就行了。没事找事,累都累死了。甯甯,妈妈说了算,以后不会要求甯甯独立了。"

宋甯高兴地笑了起来,连忙开始鼓掌。

陈朵朵和宋瑞两个人回房间开始商量,陈朵朵侧过身体,有些费劲,毕竟肚子大起来人都不灵活了："我们儿子还小,就不要对他要求严格了,孩子主要是一个思维发展的过程,我妈小时候也没要求我独立,你看我现在不也很独立吗? 我觉得儿子这事没必要,如果这事没解决好,他还对小宝宝产生敌意,那岂不是得不偿失?"

宋瑞倒也没反驳,却又反问一句："那么你觉得这段日子甯甯有什么改变?"

陈朵朵一愣,说："不就是懂得跟我们反抗了吗? 他现在贼精贼精的,四处寻求援助。不过话又说回来,我儿子挺聪明的,从你妈、老师那各个击破,从而让我们屈服,果然遗传到我优良的基因。"

宋瑞被逗笑了,连忙说："你不觉得危机感也很锻炼小孩吗?"

陈朵朵哼了一声："我可告诉你，你千万不要想到别的点子虐待我儿子，我儿子可宝贝了，现在我就指望安安稳稳生下孩子，二宝开开心心长大，其他有的没的就不奢求了。孩子不愿意做的事就别强迫他做了，他总会长大从而有自我认知的，这又不是我们大人可以控制的。"

宋瑞被这话戳到了，他也想陈朵朵安心生下孩子，至于其他杂七杂八的事情，就留到之后再说，关于孩子教育的问题，是个没有止境的事，需要更多的尝试和总结。

他不认为让宋甯独立这件事不好，反而认为儿子有所成长，在生活上有自己的看法了，这本来就是一个良性的发展。

陈朵朵又说："你妈说，让小宝宝去她那的事，你处理得怎么样了？她也真够碎碎念的，什么事都要插一脚，对我的意见完全不参考。"

宋瑞问："那你的意思是什么？我们有能力带两个吗？"

陈朵朵叹气："实在不想把孩子给你妈带，但我们俩太吃力了，我说过了，不要没事找事，你看你就是个没事找事的主。"

往深了想，宋瑞从前就没消停过，看着一副好脾气，实则拧巴得很，在念大学的时候，两人经常会因为一些琐碎的矛盾吵闹，碎到连学术问题探讨都变得十分艰难。倒不是口角矛盾，而是思维差异，宋瑞不会争执，但不代表他没想法，不会去实施。

这些年，陈朵朵深受其苦，论口才，她游刃有余，论手腕，他更胜一筹。

3

自打王成安到了陈斯的公司，先是在部门主管会议上睡过头，而后在人事安排上捅出篓子，紧接着，得罪了公司客户安排来的亲戚。这亲戚对亲戚的事，就是两个关系户在较量，王成安这会儿把人家气得火冒三丈,他连着打了三四个电话赔罪,送了不少东西才消了人家的火。

晚上,陈斯一回家,看见何茜扶着肚子出来,心中的憋屈活生生忍下,不管怎么样,还是孩子重要。他换上一副笑眯眯的模样,搂着何茜在沙发坐下说:"老婆我跟你商量一个事。"

何茜刚在房间里练完孕妇瑜伽,身体略感慵懒,软软地靠在他身上问:"你想说什么事呀?"

老婆情绪很好,要不要说这煞风景的事? 陈斯犹豫半天,直到何茜不断催促,他才坦言:"王成安是不是不适合我们公司?"

原本何茜已经半躺到他怀里了,这会儿噌一下坐起来,脸色怪异,说:"哪不好?"

陈斯见状,连忙避重就轻地说:"也就犯了点事。"

"年轻人做事都会犯事,你不会因为这个就让他走吧?"何茜语气酸酸的。

陈斯赶紧安抚:"不是这样的,他做得有些过分了。"

"你刚不是说,犯了点事吗? 怎么就变得过分了?"何茜轻哼一声。

陈斯这会儿哑口无言,敢情为了顾及何茜情绪的话,现在反而成了掩饰了,他直接就把王成安的事给抖了出来。

何茜听完面无表情,陈斯连忙又补充说:"你应该不希望我四处得罪人吧?"

"你不许开除他,你要开除他了,我怎么在亲戚面前立足啊。"何茜自是明白王成安干了多么愚蠢的事,但这不代表陈斯可以轻易开除他,王成安一走,谁在公司当她眼线,谁把陈斯一举一动报告给她。虽然陈斯身体不大行,但不代表没那心思。

陈斯觉得跟何茜太难沟通了,也就随意应付她几句,没给个答案。

睡觉的时候,何茜从背后搂着陈斯,中间还隔着一个肚子,略带委屈地说:"我就那么点心愿,你难道就不能答应我吗?我都帮你生了个小肉圆了,再加上肚子里的孩子,我在你们家没有功劳也有苦劳,你可不能这么对我。"

陈斯心一下子软了,奋斗一辈子不就是为了两个孩子吗?

算了,老婆说什么就是什么,以后让两个孩子争气就好了。

陈斯转过身子,昏黄的灯光下,映出何茜楚楚可怜的容貌,哪怕怀着孕,她依然美得让人心醉,他轻轻叹了一口气,亲了一口她的额头:"乖,我安排他到一个空闲的岗位。"

陈斯这边算是没问题了,但王成安那边可不是那么容易翻过页的。何茜特意去了一趟王成安家,是在农贸市场附近老小区的房子里,楼梯间弥漫着一股恶臭,大门的锁不知何时坏了,她直接推门而入,屋内一片狼藉,王成安在桌子上吃泡面。

王成安看见何茜过来,殷勤地招呼她坐下说:"表妹,我以为你待会儿过来,没想到你说到就到。"

何茜压根就不打算坐下,略带轻蔑地扫了一圈,就站着说:"你知道我找你什么事吗?最近,你在公司做的事实在是糊涂,我跟陈斯说了,把你调到一个空闲的岗位,以后你可不准出错了,否则我可真保不住你了。"

王成安挠了挠脑袋说:"表妹,我这不是刚开始做不懂嘛!"

何茜完全不想搭理他,瞟了他一眼,冷笑说:"我现在之所以可以帮你说话,那是仗着肚子里有个孩子,你之后好自为之吧,我想你也找不到那么清闲,薪水又高的岗位了。"

何茜说完就走,王成安想送她,她直接拒绝了。

走出房子后,何茜又转头看了一眼。她在心中暗忖这大概就是差距,原本她也就是过这种日子的命,可没想到现在却截然相反,她必须把握身边的一切,穷人家的苦,她实在不想再去受。

4

陈朵朵在怀孕九个月时,在医院顺产生下一个女儿。

当天早上,她的肚子一阵阵疼痛,紧接着羊水就破了,因医院就在附近,连忙让宋瑞送过去了。这孩子生得出奇顺利,以至于她不用受太多苦。

这跟当初生宋甯完全不一样,生宋甯的时候,她在产房里疼了一天才顺产出来。

宋瑞一听是女儿,心中自然是高兴的,所谓儿女双全不过如此。

他爸妈及时赶来,知道孙女出生,脸上也是说不出的欢喜,陈朵朵的爸妈陆续到了,一家人都为这新生儿感到兴奋。

孩子还太小,看不出究竟像谁,但宋瑞的妈瞅着直接说:"真像我儿子,女儿像爸爸命就好。"

陈朵朵的妈也不服输,马上接:"轮廓像我女儿,将来长大肯定漂亮。"

宋瑞为了讨好丈母娘,连连接声:"像妈些,像妈些。"

他妈一听,虽然不满,却也明白儿子的苦心,自然不敢言论太多。

因这孩子来得平安顺利,故而一家人商量决定取名宋佳,"佳"一字既有引申外貌标致的意思,也是对美好的追求,更是评价她来得好、来得妙。

陈朵朵醒来后,一听到女儿取名为宋佳,倒也满意。

因是第二个孩子,也没在名字上做太多功夫,临产之前,随意搜了几个字,拼了几个名字,到时候看心情搭配。

倒是宋甯这名字,从怀孕初到生之前都在选,似乎生怕耽搁孩子的一生似的。

护士把孩子推了过来,陈朵朵见到孩子,心中高兴不已,这孩子虽没长出形,但绝对不丑,五官端正、皮肤很好,宋瑞一个劲夸孩子好看,而且很听话。

不得不说,宋佳比宋甯更乖,吃了就睡,睡了就吃,连哇哇大哭的情况都不多,除非真的是忍无可忍,饿得不行,或者忘记给她换尿布。

第二天,宋瑞带着宋甯过来看小妹妹,当宋甯看见睡在陈朵朵旁边的小妹妹时,没半点兴奋,只是上前摸了摸小妹妹的小手,小声说一句:"好软。"

宋瑞在一旁引导:"你妹妹叫宋佳,以后你们会生活在一起,甯甯要对宋佳好,当一个好哥哥!"

好哥哥! 宋甯有些不大高兴,没由来地赌气坐到一旁。

陈朵朵和宋瑞的心思都在宋佳上,也没想太多,两个人都在逗着宋佳,宋甯的失落感满满,原来妹妹来了,他的世界是这样的,爸爸妈妈好爱妹妹,他呢? 都没人来关心他了。

陈朵朵的身体恢复状况良好,早早就回家坐月子。她并不希望婆婆过来照顾,婆媳俩关系又不是很好,眼不见心不烦,还不如自个儿妈过来。可婆婆不这么想,儿媳妇不找自己照顾,在外人看来,搞得两个人关系多差似的。

宋瑞到底是帮他妈讲话的,也是劝陈朵朵妥协。

深夜,宋瑞起来给孩子喂奶粉,陈朵朵也睡得不安生,顺道起来看看孩子。因为她本身没奶,所以只能买奶粉给孩子喝了,不管是母乳还是奶粉,照顾孩子最痛苦的莫过于此了——不断喂奶、喂奶、喂奶……

昏暗的灯光,照出宋瑞的黑眼圈。陈朵朵心中愧疚,因宋瑞担心她身体状况,没想让她深夜喂奶,他一个大男人,明早还要起来上班,也没必要干这种事,要不是她拦着婆婆过来,没准现在不至于这样,顿时心软开口:"要不,明天让你妈过来?"

宋瑞虽然很累,但听到这话,如释重负地说:"这样好,我明天让我妈过来。"

其实,本来可以让陈朵朵的妈过来,但他妈要知道自己不能来,还让对方的妈过来,这种脸怎么丢得起?所以就给宋瑞下了命令,如果她不能来,那陈朵朵的妈更不能来,以至于带宋佳变得无比累。

这下就好了。

婆婆一来,陈朵朵和宋瑞在生活上轻松了许多。宋瑞不需要晚上起来喂奶、换尿布,陈朵朵不用在白天喂奶、照顾孩子,并且两个人的三餐也有着落了。

早上,陈朵朵起来就看见婆婆给宋佳穿很多衣服,不仅搭配不好看,土得不行,而且小孩子穿那么多不好,还有可能得"婴儿焐热综合征"。

趁着吃饭的时候,陈朵朵就给婆婆普及了育儿教育:"妈,小宝宝不需要穿那么多,现在天气没那么冷,穿多了会造成反效果的。"

之前宋甯都是她自己带的,婆婆压根没上手,直到长大点才一个星期婆婆家送,一个星期她妈家送。

一听这话,婆婆就不大高兴了,冷哼一声说:"宋瑞都是我带大的,难道我会不懂这事吗?"

陈朵朵顿时哑口无言。婆婆最会来这套,只要稍微指点她几分,便会一副她很懂的样子。陈朵朵感到头好痛,招来这么一个老人家,虽生活上有很大的便利,但情绪上是反效果。

宋甯不知道大人们在说什么,软软地跑过来说:"妈妈,我睡醒了。"

因为今天是星期六,所以他就不用去幼儿园了,正好可以睡个懒觉。婆婆说:"甯甯自己去刷牙洗脸,然后过来吃饭,奶奶要照顾小妹妹,你就自己做好这些事。"

宋甯瞧了一眼小妹妹,乖乖地"哦"了一声。

陈朵朵有些担心儿子,为什么儿子跟这个妹妹一点不亲,昨天吃饭的时候,她让宋甯去哄哄妹妹,没想到宋甯直接回房间玩积木了,这孩子心里在想什么?怀孕初期,他可是很期待小妹妹的来临,怎么这会儿变得不一样了?

宋甯在卫生间里刷牙,看着镜子里圆圆的小脸,嘴里充满白色泡泡,心情非常不开心。现在连奶奶也不喜欢他了,以前奶奶从来不让他自己洗脸,有了妹妹以后,奶奶家也不能去了,外公外婆家也不能去了,有了妹妹真不是一件好事,他一点都不喜欢妹妹了。

宋瑞一回家就给老婆按摩,觉得陈朵朵坐月子真辛苦,陈朵朵趴在床上问:"宋瑞,明明是你辛苦一天,为什么要给我按摩,你不觉得很不公平吗?"

"不辛苦,产妇才是最辛苦的人。"宋瑞谄媚地笑了笑。

陈朵朵被按舒服了,就坐起身子来,往他身上一坐,问:"你妈跟你说什么了!"

宋瑞叹气道:"你怎么知道的?"

"我们认识多久了,我还能不知道你?你说吧,你妈又恶人先告状,说我什么了?是说我懒,还是说我不带孩子,又或是说我讲话不好听?"

婆婆那张嘴,要数落起她的不是,那可是相当多。

宋瑞没想到她全说中了,忙解释道:"也不是这样的,我妈就觉得你讲话可以收敛一点。"

"我不收敛,她可以走啊!"陈朵朵火大了,敢情婆婆是没事找事,

"说实话,这'二胎'不是我要生的,是你们家要我生的!我早就说了,生出来带不过来怎么办,你们全家都没给个答复,就让我生,敷衍我,现在面临问题了,都说是我的问题。我怎么那么冤枉,我计划好的一切都被你们全家搅黄了,你妈还叽叽歪歪,这么相处实在太累!"

宋瑞深感头疼,生不生"二胎"这个问题,从怀上到生出就没解决过,令他也不得不怀疑,这孩子出生究竟是一件好事还是坏事,"二胎"引发的矛盾实在太多了。可这个想法一瞬就没了,想起宋佳的笑脸,他又觉得一切都是值得的。

"你想太多了,事情不是这样的,孩子不也出生了,你现在再去追问那些事,有必要吗?我们现在主要是处理孩子的事,你可以少说几句,我妈带孩子也不容易,没有必要这样的。"

"你妈不容易,我就容易了?我月子坐完就去上班了,到时候一个大的,一个小的,这怎么处理?我告诉你,你妈要一直在我这,我可不愿意,这事是你们家整出来的,得想一个对策,反正我是不管了。"

宋瑞很少上火,这会儿语气加重了:"你能不说这些不负责任的话吗?你是孩子的妈。"

陈朵朵冷笑着说:"我只同意生宋甯,宋佳不是我要生的,现在事情不好收场,你妈没事找事,你让我怎么处理?我告诉你,我处理不了,你别再指望我了,你再帮你那个妈,我就回娘家,我两个孩子都不管了,我看你们家怎么收场!"

"你……"宋瑞气得夺门而出。

门砰的一声关上,陈朵朵瞪大眼睛道:"你现在竟然敢这么对我!"

宋瑞在家待得实在憋闷,准备出门散心,宋甯从房间里走出来说:"爸爸,你怎么了?"

"爸爸出去一下。"

宋甯眨巴了下眼睛,说:"爸爸,我要喝牛奶,你带我去买牛奶。"

宋瑞一肚子火，口气自然不好，烦躁地说："爸爸出去有事，你怎么这么不听话！"

宋甯是个自尊心很重的孩子，听到爸爸骂他，眼眶瞬间红了。宋瑞知道自己错了，连忙安抚儿子道："爸爸不是这个意思，甯甯让爸爸冷静下好吗？"

宋甯没讲话，默默关门回房间了。

宋瑞先在老婆那吃了瘪，又在儿子那吃了瘪，简直是烦得不行，翻了手机通讯录，打电话约陈斯出来喝酒。陈斯在家给何茜当孙子，正愁没处倾诉，两个大男人就凑一起了。

说起宋瑞和陈斯相识，这还是有点意思的。

虽然是因为陈朵朵和何茜是好朋友，但更深层原因则是，何茜和陈斯谈恋爱那会儿，何茜一赌气就手机关机，完全找不到人影。陈斯去问陈朵朵，陈朵朵准是和何茜商量好了，坚决不松口。万般无奈下，只能找到宋瑞，两个人商量法子。后来陈朵朵也玩这么一招，宋瑞就找陈斯研究对策，这革命的友谊就是这么构建而成的，两人平时都很忙，联系虽然不多，关系却很好。

多少有点同是天涯沦落人的情愫。

宋瑞约在附近的小酒馆，陈斯是由秘书送来的，待会儿要是喝多了，就直接在宋瑞家的空房间里睡。

陈斯一进来就闷头喝了一瓶啤酒，宋瑞在一旁傻眼了，连忙说："你吃点菜，这么喝下去，你今晚指定在我家睡了。"

陈斯把酒杯一放，说："怎么着，你不肯！"

"我可没这么说。"宋瑞呵呵一笑，开始叹气，"你不至于吧，你老婆怀着身孕，你应该开心才是，今天是我烦，怎么变成你烦了，你看你眉头皱成那样，是怎么回事？"

陈斯一听宋瑞讲这话，忍不住拍桌子道："你都不知道！我老婆怀了孕，就跟慈禧太后一样，家里她说了算，现在连公司都是她说了算，弄来一个什么表哥，搞得公司上下乌烟瘴气的，说她几句，她就怪我，根本无法反驳。你说她要真生出一个儿子，那我们家大事小事都由她做主了。要是生不出儿子，那我的地位算保住了，但我奋斗一生究竟是为了谁？不就是我儿子嘛！我这心可真纠结！"

"敢情你女儿什么都不算了？"宋瑞忍不住摇摇头，"依我看，儿子女儿都一样，现代人哪有这么重男轻女的？"

陈斯瞄了他一眼，说："你儿女双全，哪里懂我的苦？你现在不幸福着吗，不在家里陪孩子，出来喝什么酒？"

"你以为我妈和我老婆那点事不头疼吗？你们家是有钱、有闲生，我们家都在榨取剩余空间，这来了个女儿，我妈才来帮忙几天，我老婆就和我妈开始闹了，两个人互相看不顺眼，现在全怪我了。当初如果我不生，现在哪来这些争吵！"

第七章 / 再生波澜

1

陈斯和宋瑞互相干了一杯,陈斯想了想说:"你是不是对你老婆太好了,你要冷落她一下,没准她就听话了,女人嘛,嫁给你了就是你的人了,难不成她真的跟你离婚?"

"我冷落她?"宋瑞反问,"你敢冷落你老婆吗?"

"她要肚子里没个娃,我就不管她了。她现在可金贵着,我可不敢。"

"这个……我更不敢,我老婆出了名的强势,我动她一根汗毛,她会让我万劫不复,我知道你想说什么,男人的尊严!早在娶她的时候,我就已经放下尊严了。"

陈斯默然点头,陈朵朵和宋瑞这关系就好比一个锅子一个盖,那女人这么强势,他是一点看不上,把自己折腾得比男人还男人,有什么意思呢？还不是家庭大战，不过像他家这种情况，也很受气，明明自己是一家之主，非被肚子里怀孩子的女人闹腾。

两个男人深知家庭中的缺憾，却又不知如何面对，家家有本难念的经就是如此。

已至深夜，陈斯早已醉醺醺的，宋瑞倒还清醒，扶着陈斯到了自家。

陈朵朵睡意很浅，听到门口传来声音，连忙起身看个究竟，没想到是两个喝醉酒的男人。宋瑞脑子是不是给门夹了，竟然拉着陈斯喝上酒了，越来越无法无天了。陈朵朵哼了一声回房间，压根不想搭理这两个莫名其妙的人。

第二天，陈斯醒来的时候，宋瑞已经去上班了，陈朵朵在吃早饭，看见他出来，就让他坐下吃饭。陈斯不好意思地笑笑说："就你一个人，你婆婆和女儿呢？"

"哦，我妈带着她出去晒晒太阳。"

冬天里难得天气不错，婆婆一起来就开始晒被子、被单、枕头，弄完之后，就推着宋佳出门透透气。

陈朵朵喝完粥，开始和陈斯说话："陈总，你昨天晚上带我老公去哪潇洒了？"

陈斯打从心底不认可陈朵朵的价值观，一个女人整天跟男人一样打拼，这本身就不是一件好事，女人就该有女人的样子，而不是以一种风风火火的状态去生活。

陈朵朵见陈斯不言不语，也就懒得继续说话了。

陈斯忽然想起宋瑞昨晚说过的话，试探性地问了一句："宋瑞说他妈让你有点不舒服？"

有点？陈朵朵哼了一声，瞬间换成笑眯眯的脸色说："哪的话，宋瑞他喝多了乱说，我和婆婆是一家人，怎么可能不舒服。"

"也是！也是！陈大律师一向会做人，也不存在这方面的问题，我只是觉得如果太难相处，可以找个亲戚过来帮忙，何必麻烦婆婆。"

陈朵朵说："我们家又不是陈总家这么财大气粗，找人过来帮忙只怕负担不起。"

陈斯就知道陈朵朵这女人不好沟通，叹气了一口气说："不一定要找什么专业人士，只是给你搭把手，也不需要多少钱。你仔细看看亲戚里面有没有合适的人选，总比你婆婆在家两个人不和谐来得好吧？"

其实他说得不无道理，陈朵朵陷入沉思中。

陈斯临走前拍了拍陈朵朵的肩膀说："女人不要太要强，很多事没你想象中么难，不是所有婆媳问题都可以解决，如果不能好好相处，远离也是可以的。"

陈斯给陈朵朵的建议确实中肯，他虽然能给别人提看法，却对自己的婚姻没办法，想来人生就是如此，这大概就是所谓的旁观者清吧。

2

晚上，陈朵朵偷偷摸摸地把宋瑞拉到房间里，生怕被婆婆发现。

宋瑞摸不着头脑，傻乎乎地问："老婆，待会儿要吃饭了，你这是干吗？"

陈朵朵和宋瑞提了陈斯的意见，末了还说："陈斯那人看着不靠谱，这话说得倒也不错。"

"这找亲戚也不好找，再说了，我妈那该怎么交代？"宋瑞显然不大赞成。

他的态度让陈朵朵很不高兴，原以为想出一个好办法，宋瑞会举双手支持，可没料到竟是如此，她气闷地往床上一坐，撇了撇嘴说："当你家儿媳妇可真难，那你想让我怎样？就这么跟你妈一直生气？"

"老婆,我不是这个意思! 只是我妈那边……"宋瑞支支吾吾,和他妈讲话不容易,如果不让她照顾,指不定会误会到哪里去。

陈朵朵的火气噌一下就冒出来了,说:"你连你妈都搞不定,你还想搞定我? 那这事我也不管了,小孩不带了,出了月子我就去上班,反正大事小事你决定就好了。"

"你看你看,你又偏激了,我真的不是这个意思!"宋瑞连忙哄着。

"那你是什么意思? 宋瑞,我给你们家当牛做马多年,现在就提个要求罢了,没想到你竟是这种态度,你妈重要还是我重要? 要不然我就回娘家算了,你跟你妈慢慢解决吧!"

陈朵朵摆出这样一副态度,宋瑞叹了一口气,他倒不是不想请人,而是无法跟自己的妈交代罢了,可陈朵朵逼得又紧,令他左右为难。

"行了行了! 我知道了。"宋瑞草草应付陈朵朵一句。

陈朵朵心底什么滋味都有了,孕期矛盾受得够多了,现在孕后依然如此,人生仿佛陷入一个迷茫期,内心的怒火不断地燃烧。宋瑞把门一关,走了。

宋瑞趁着陈朵朵睡觉,打了电话给陈斯。

陈斯在那头听完宋瑞的话,忍不住嘿嘿一笑,颇有些幸灾乐祸地说:"我觉得这事挺好的,一箭双雕,你老婆和你妈全搞定了,你可要谢谢我。"

"可是请神容易送神难。"

陈斯嘲讽道:"你连你妈都搞定不了,你就别埋怨了。"

宋瑞略感无力地回到床边,看着陈朵朵安稳的睡容,脑海中忽然浮现他下跪求婚的场景。当时他让陈朵朵打开后备厢,满满全是玫瑰花,他单膝跪下,慌慌张张地拿出钻戒,发誓要照顾她一辈子,给她最好的生活,而今,他又做到了什么呢? 似乎所有的事都是陈朵朵做的,就连家里的矛盾也是陈朵朵解决的,一种莫大的愧疚感油然而生。

第二天,恰巧是周六,他趁着他妈煮饭,忙不迭地帮忙切菜。他妈在一旁心疼地说:"你平时就够辛苦了,这些活就不用干了。"

"妈,你太辛苦了,我都帮不上什么忙。"

虽说都是一些客套话,但他妈显然很受用,满意地笑了。

原本宋瑞想多添个鲫鱼汤,却被他妈制止道:"菜已经够多了。"

宋瑞心知婆媳关系已经到了艰难的境地,实在不好说什么,趁着她妈把菜都做好的时候,他纠结万分,脑子里做了无数的斗争,这才缓缓开口道:"妈,最近一段时间,你很辛苦,我都很不好意思了。"

他妈连忙说:"哪的话,为了你的孩子,我做什么都是值得的。"

宋瑞不好意思地笑了笑说:"妈,那我多不好意思,我准备和你商量一件事,因为你一直都那么辛苦,我心里也很愧疚,所以我想找个保姆,一来可以减轻你的压力,二来可以专心照顾孩子,你看这样好不好?"

宋瑞最后一个"好"字还没断音,他妈立马就说:"这怎么可以!找保姆多花钱,你们赚的钱也不多,何必再多一份开销?这个我不同意。是不是陈朵朵让你这么做的?她有没有考虑过家里条件?找保姆都是有钱人干的事,你们还在奋斗期,还不如多给孩子攒点奶粉钱,不要花这种冤枉钱。"

他妈说得也是有道理的,他们家确实没到那种想怎么花钱就怎么花钱的状态,但如果因为省钱就把这份矛盾置之不理,恐怕后果更严重。

"妈,我不是这意思。"宋瑞叹气。

他妈说:"是不是陈朵朵的意思?这女人到底想做什么?你说她这不是没事找事吗?像这样的女人一点都不贤惠,还让你来跟我说话,是不是嫌弃我老太婆不会干活,哼!你都是我带大的,她还有什么不放心的!"

房间里陈朵朵刚睡醒,想开门而出,就听见他妈口出恶言,这种婆婆太不识好歹了,嘴里吐不出什么好话,她气得想出去理论,却又听见宋瑞说:"妈,朵朵她也是为了这个家好,你就别这样了。"

"你现在是有了老婆忘了妈,难道你忘记我是怎么把你养大的吗?竟然这样跟我说话,好了! 如果你认为你老婆重要,那我什么都不管了!"

陈朵朵耳朵贴在门板上,听见重重的关门声,看来宋瑞是吃瘪了,于是她决定不出去让他难堪了,很多事情就这样吧,就当不知道吧。她听见宋瑞的脚步声,急急忙忙往床上一躺继续装睡。

宋瑞打开房门而入,瞅见陈朵朵依然在睡觉,稍稍安心,看来她没听见刚刚的吵闹,气走了他妈的确不孝,但事情发展至今,确实两难,还不如先解决一头,再想想下一步该如何是好。

陈朵朵假装已睡醒,坐起身子伸了一个懒腰,迷迷糊糊地说:"饭烧好了?"

宋瑞笑了笑,走到她身边顺势摸摸头说:"嗯,饭烧好了。"

陈朵朵轻捏了下他的手掌,脸上露出调皮的笑容,宋瑞不知所以,愣了下说:"你不生气了?"

陈朵朵摇摇头说:"我怎么会这么记仇。"

也是,宋瑞没想多。

陈朵朵起床后,宋瑞给她盛了一碗粥,她四周瞄了瞄,问:"你妈怎么没来一起吃?"

这……宋瑞不知怎么接话,只能嘿嘿一笑。

陈朵朵又问道:"你妈不在,那小佳可怎么办?"

陈朵朵问完之后,发现稍有不妥,宋瑞本就很烦恼了,这会儿再说这件事,显得不合时宜。于是,她又补了一句:"也没事,我可以推迟去上班,不急的。"

这会儿宋瑞大脑算是运转回来了,她能说出这番话,肯定对他妈的事有所觉察,宋瑞索性就全说了:"所以,现在我们是不是该物色保姆的人选了? 否则真的太忙了。"

陈朵朵没预料到他会说得这么大大方方,忍不住笑了,说:"嗯,你还要跟你妈赔罪呢? 要不要我过去说?"

生气归生气,但宋瑞做到这个分上了,陈朵朵就没法再生气了,虽然不算尽善尽美,这份心意确实在了,或多或少存着一份感动之心吧。

他妈一被气走,家里又乱成一锅粥。

陈朵朵无奈之下找了自个儿的妈过来,这事提前告知过宋瑞。

宋瑞知道后,心里是有点不大高兴,但想着实在没有别的办法,就答应了。

她妈来家里,一切就变得高度和谐了,陈朵朵可以随意在家说话,不必避讳婆婆的情绪,更不需要在意被说三道四,她妈和她的逻辑如出一辙,在对待小佳的问题上,自然观点相同。

虽是如此,但请保姆还是必需的。婆婆本就对她妈帮忙不乐意了,婆婆的不乐意强压给宋瑞,宋瑞嘴上不说心里却想得多,一个家庭笼罩在一种奇怪的氛围当中。

她妈对家里情况自是了解的,四处帮忙打听靠谱保姆,但现在找保姆是很难的,其难度一点不亚于相亲找对象,毕竟是要进家门的,万一人品不好或者道德不佳,岂不是找来一个祸害? 要是找个高学历有相关证书的,费用又负担不起,实在是一个头两个大。哪怕找个特别普通的,也要思虑再三,仔细琢磨,这不是一件容易的事。

陈朵朵本在相关的网站发布消息,又怕引来骗子,所以到最后又把信息给删了,去了中介机构。中介机构说会按照她的要求选保姆,陈朵朵见了三个,一个没什么眼缘,怕吓到孩子,一个谈吐不佳,又怕误导孩子,最后一个倒还满意,来家里尝试两天,那保姆却以莫名其妙的原因说不想干了,陈朵朵琢磨下,看来是对工资不大满意。

这头找保姆找得焦头烂额,看似一个不错的办法,在操作的层面上依然问题重重;另外一方面,宋甯对宋佳的抵触情绪加重,令陈朵朵不禁开始担忧,尤其是宋佳喝奶的时候,宋甯毫无兴趣,只在一旁看动画片,让他过来逗逗小妹妹,他全当没听见似的。

陈朵朵不明白宋甯的脾气来自哪里,她自认为没有做错什么,儿子怎么会这样对待妹妹?

陈朵朵特意去超市买了一大箱宋甯最爱吃的草莓酸奶。

晚上,宋甯回家的时候,看见冰箱里都是酸奶,自然是特别高兴,陈朵朵在饭后拿了一个给宋甯,他开心地吃了起来。

陈朵朵不动声色地坐在一旁,问:"甯甯,酸奶好吃吗?"

宋甯猛地点点头,说:"好吃好吃,我最喜欢吃这个,妈妈最好了。"

"嗯,妈妈好,那爸爸好不好?"陈朵朵笑眯眯地问。

宋甯连忙狗腿地说:"爸爸也好,妈妈也好。"

"外婆呢? 外婆好不好?"陈朵朵又问。

宋甯点头说:"外婆也好,我很喜欢外婆做的菜。"

陈朵朵直接问:"那妹妹也是很好吧,妹妹好可爱。"

宋甯一愣,没继续说了,小勺子在酸奶里搅拌,陈朵朵看在眼里,心情却很沉重。

陈朵朵接着问:"那妹妹为什么不好呢? 甯甯可不可以跟妈妈说呢? 妹妹毕竟还小,她不懂事,你有事要跟妈妈说,妈妈知道事情后,才能让你和妹妹更好地相处,你说对不对?"

宋甯听得似懂非懂,支支吾吾地说:"妈妈,是不是妹妹来了之后,你们都对她好了,不对我好了?"

原来宋甯对宋佳的情绪来自这里,或许是大家都把注意力放在宋佳的身上了,以至于宋甯深感被忽略了,小孩子是最怕被人不重视的,像宋甯这种敏感的孩子,更是如此吧。

陈朵朵把宋甯抱在怀里,安慰道:"妈妈永远都会对甯甯好的,甯甯不需要担心这些,爸爸也会永远对甯甯好的,甯甯是我们大家的宝贝,我们最爱甯甯了。"

"那……妹妹呢?"

陈朵朵摸了摸宋甯的脑袋,一字一句地说:"我们把好多好多的爱给了甯甯,妹妹才刚出生,她并没有得到多少爱,她是不是很可怜?"

宋甯眨巴了一下眼睛说:"好像是,妹妹比我小。"

"对,妹妹比你小,所以甯甯的爱是最多的,妹妹比你要少很多,所以我们再不对她好点,她就更少了,那样会更可怜。"

陈朵朵并不知道宋甯能不能听懂话里的意思,宋甯歪着脑袋想了半天,随即点点头说:"是的,妹妹好可怜,我有好多好多的爱,可妹妹却没有好多好多的爱,妹妹真的好可怜。"

"是的,所以甯甯要对妹妹好。"陈朵朵捏了捏宋甯的小脸蛋。

宋甯似懂非懂地点点头说:"妈妈,我知道了,我以后要对妹妹好。"

陈朵朵亲了亲他说:"我儿子真乖。"

或许是这番话让宋甯有些明白了,他主动要求去哄哄宋佳,陈朵朵让他拿着玩具去哄,却遭到她妈的反对,她妈说:"甯甯,小佳在睡觉。"

陈朵朵连忙阻止她妈,笑着说:"没事的,甯甯就在一旁看看,甯甯很乖的,不会吵到妹妹的。"

宋甯乖巧地点点头。

她妈笑着摸了摸宋甯的脑袋。

宋甯在一旁看着宋佳,既然她这么可怜,他就要对她好点,不然妹妹这么可怜可怎么办？

陈朵朵微微一笑，这小孩子的矛盾远比大人间的矛盾好处理，很多简单的道理小孩子比大人更懂。

宋瑞回到家的时候，感觉有点不对劲，但又说不上到底是哪里。丈母娘忙着洗衣服，宋甯在小床边逗弄着宋佳，这场景是很和谐的。

陈朵朵倒是问了一句："你有没有发现甯甯对妹妹热情点了？"

宋瑞这才恍然大悟地说："好像是，之前他对小佳的态度很冷淡。"

陈朵朵倒了一杯热水给他，感慨地说了一句："或许是我们太忙，忙到忘了孩子和孩子之间该如何相处了，孩子和孩子之间的相处也很重要，甯甯不愿意和小佳亲近，责任在于我们，我们需要加以警惕，你要注意言辞。"

这话也点醒了宋瑞，宋瑞忙道："也是，孩子和孩子相处需要一定的引导，下次我一定要注意，如果甯甯对小佳不好，多半也是我的责任。"

"对了，老婆，我跟你说个事情。"宋瑞挠了挠头，"就是我妈，说要推荐一个保姆过来，你看合适不合适？"

婆婆推荐的？

陈朵朵下意识就抵触了，上次律师事务所那人记忆犹新，如果又找一个过来，会不会又是一个眼线！而且保姆还在家里待着……

"你妈推荐的？你妈推荐的是谁？我们认识吗？"

宋瑞见陈朵朵情绪波动不是很大，小心翼翼地说："是我表姐秦悦，你应该见过的。"

陈朵朵想了下，好像是在她婚礼上见过一次，他表姐秦悦曾跟人订婚过，却因某些事被抛弃，现在又嫁了一个男人，生个了孩子，那男的是在农村务农的，她一直闲在农村带小孩。

"她不是有自己的孩子吗，怎么还来带我们的孩子？"既是婆婆介绍的,她就不说其他有的没的,免得说她对秦悦不善。

宋瑞叹了一口气说:"你是不知道,在农村日子不好过,他们又没几个钱,她把自己的孩子给她婆婆照顾,她想出来找份工作。我妈认为,既然大家都是亲戚,那就可以互相帮助。"

互相帮助?

这词用得多隐晦,不知道帮的是哪边。

陈朵朵话锋一转:"对了,上次你把你妈气着了,你是怎么去安慰她的? 她原谅你了?"

宋瑞无奈摇摇头说:"我妈还是不高兴,尤其是知道你妈来家里,她就更不高兴了,说我吃里爬外。不过这些都不重要了,还是大局重要,我妈的情绪很快也会过去的,这点你不要担心了。"

陈朵朵扑哧一笑,问:"大局? 你说什么是大局?"

宋瑞亲了她一口,说:"你就是大局,没有什么比你重要。"

这话陈朵朵听得很受用,满意地拍了拍他的脑袋说:"嗯,那你让你表姐过来试试吧,都是亲戚的话,肯定比外人好。"

"遵命!"宋瑞做了一个叩谢的动作。

3

三天后,秦悦坐长途汽车来到 A 市,原本是由宋瑞去接的,但因他单位有事走不开,只能由陈朵朵开车去接了。

路上,她还接了宋瑞一个电话,千叮咛万嘱咐让她摆出好态度。是他们家的亲戚,陈朵朵当然知道了,这有天大的脾气,哪能在亲戚面前乱发?

陈朵朵一见到秦悦,倒也没太大厌恶感。秦悦的长相很朴实,脸上没有任何妆容,可能是生活磨砺太多,有一股子沧桑的感觉。陈朵朵帮忙把秦悦的行李往后备厢提,秦悦却连忙说:"朵朵,我自己来就好了,你就不要动手了。"

"没事。"陈朵朵将行李放在了后备厢。

车上,秦悦打趣地问:"A市应该有很多好玩的地方吧?像我这种一直在农村待着的人,对外面一点不了解,要是有什么做错的地方,还要你们多包涵。"

"下次带你四处逛逛。"

陈朵朵听着这话,认为秦悦话语前后矛盾,她的用词可一点不像是没见识的人,却又讲出这种谦虚的话语,看来这个表姐是个挺有生活阅历的人。陈朵朵马上转念想到这些都不重要,又不是在挑人家的过去。

因为秦悦是婆婆介绍过来的人,所以晚饭婆婆也要过来吃。陈朵朵原想在一旁帮忙,免得遭受婆婆碎碎念,可秦悦手脚灵活压根不需要她的帮助,她只能去逗逗宋佳。

秦悦做菜的技术不错,一共十个菜,可谓是色香味俱全,陈朵朵的馋虫被勾了起来,直夸她:"你的手艺可真好!"

"哪的话,就怕你吃不习惯。"

婆婆是在6点的时候过来的,陈朵朵知道她来了,硬着头皮去开门,婆婆原是满面笑容,看见是陈朵朵来开门脸色微微一变,却依旧维持着礼貌。

陈朵朵热情地招呼婆婆坐下,两个人之间弥漫着一种诡谲的气氛,宋甯一下子就扑了上去,软软糯糯地喊了一句:"奶奶!"

婆婆跟宋甯聊上了,陈朵朵稍稍松了一口气,她并不知道宋瑞是如何处理好上次的事的,宋瑞也没说具体的,她只能装作什么都不知道,以免给自己没事找事。

过了一会儿,宋瑞回到家,看见他妈和宋甯在沙发上,陈朵朵坐在饭桌上,秦悦又端了一锅汤出来,他知道这婆媳俩谁都不让谁,忍不住叹了一口气。

满桌精致的菜肴,让宋瑞食欲大开,连吃了两碗饭。他妈笑盈盈地说:"秦悦做饭那是没话说,以前她在餐厅做得可好了,你们请到她算是有福气。"

宋甯看了一眼秦悦,好奇地问:"秦悦阿姨以后就在我们家了吗?"

陈朵朵说:"是表姑。"

秦悦连忙说:"叫阿姨也是一样的,甯甯以后就这么叫吧。"

他妈点头说:"是的,以后就给甯甯做饭吃。"

"哇!那我每天都有好吃的了。"宋甯笑眯眯地拍手。

陈朵朵见婆婆说成这样,心里挺不屑的,手艺是不错,就不知道人心怎么样了。她见秦悦对婆婆那股子殷勤劲,让她完全相信秦悦是不可能了。

宋瑞不是看不出这中间的问题,但有时候没办法处理的问题,只能先放着,兴许随着时间流逝,就会自然而然解决了。

饭后,陈朵朵没想到婆婆会找她到阳台谈话,宋瑞坐在沙发上看电视,全当不知情。

婆婆温柔地笑着说:"朵朵,我知道我们之前有误会,我也知道你对我有成见,但是,现在孩子出生了,我们一家人不能记仇,更不能说两家话,以前我做错什么你多担待,你如果觉得我不适合在你家里,那我就回自己家了。"

"哪的话!千错万错都是我的错,你可别那么见外!"陈朵朵连忙说。

两个人进行了一场冰释前嫌的"仪式",陈朵朵不知是婆婆本意如此,还是宋瑞要求如此,反正既然话都说到这个境地了,也没必要计较太多。也许真的是她的疑心病太重,其实本来就没有什么事。

婆婆离开之前,还特意嘱咐秦悦:"那我就先回去了,反正有什么事就跟朵朵说。"

秦悦说:"我知道的,宋瑞和朵朵都很热情。"

陈朵朵在一旁赔笑。

深夜,陈朵朵翻来覆去睡不着觉,扯了扯睡意正浓的宋瑞。宋瑞感觉有人在拽他的衣服,连忙挥开。陈朵朵猛地一拉,宋瑞忽然惊醒,坐了起来,瞄了一眼陈朵朵,有气无力地说:"老婆,你这又是干什么?"

陈朵朵往宋瑞身上一靠,想了一下才说:"你说你妈下一步准备干吗呢?"

"我妈?她能干什么?不都是为了我们的生活着想,你不要她在家里帮忙,她就不帮忙了,你要请保姆,她不就介绍保姆来了嘛!老婆,你可别想太多,人心没你想的那么复杂,我妈做得够好了。"宋瑞这会儿说得理直气壮。

陈朵朵无言以对,因为确实是这么个道理。

但她总觉得其中有些不对劲,所以第二天打了个电话给何茜。接电话的不是何茜,而是她家保姆,保姆一听是陈朵朵,连忙把手机递给了何茜。何茜正在做孕妇按摩,声音略带慵懒:"喂,朵朵啊,什么事?"

陈朵朵就把最近的事情说了一遍,何茜一听,连忙说:"既然你婆婆都做得这么好了,你又何必耿耿于怀,可能压根没什么事,都是你想太多了。"

"可是……"陈朵朵还是有些疑虑。

"你就别可是了,你看你多幸福,婆婆对你好,老公对你好,儿女双全,这世上还有比这更幸福的事了吗?你就别身在福中不知福,以至于自寻烦恼了,你这样多好!"

"也是。"陈朵朵应了一声。

何茜看见陈斯过来了,连忙说:"我不跟你说了,你自己好好琢磨琢磨。"

陈斯一过来,何茜就让按摩师去休息了,陈斯摸了摸何茜的肚子,温柔地说:"宝宝舒服不舒服?"

何茜哼了一声,说道:"你现在就关心孩子,可一点都不关心我了。"

陈斯笑着亲了她额头说:"你这是哪的话,要是没有你,我要孩子干吗?"

要孩子干吗? 如果陈斯一点都不在乎孩子,那为什么第一个孩子是女儿的时候,会这么冷落她? 男人的谎言太毒,他又说得那么温柔,让她误以为这一切都是真的。倘若她肚子里这个孩子是女儿,指不定又会被打到冷宫去,虽然这么想,但她依然沉浸在他营造的美好氛围当中。

何茜摸了摸陈斯的脑袋,好奇地问:"如果,我是说如果,这个孩子是女儿,你会怎么样?"

"不可能!"陈斯立马反驳,随即笑着说,"你想什么呢? 我们不是去检查过了吗? 虽然医生也说有概率问题,但我相信医生说的是对的,你也要这么相信。"

何茜有些生气了,陈斯开始转移话题:"你说这孩子是像我多一点还是像你多一点?"

何茜呵呵一笑,说:"那我就不知道了。"

谁知道她肚子里的娃,究竟是谁的种。陈斯知道真相后,只怕会崩溃吧。而她就在愧疚感和安然感中来回游荡:本来就是陈斯不义,又何必怪她无情,可陈斯为了她付出了太多,这件事对他来说太过分了。

她不知道究竟该怎么办,只能走一步算一步。

刚好婆婆逛街回来，又给肚子里的小宝宝买了一些衣服，何茜笑眯眯地说："这么多衣服，你就是让他一天穿一件，恐怕也穿不完。"

陈斯在一旁搭腔说："这有什么？我的儿子，就应该拥有最好的东西，这不算什么。"

深夜，何茜一个人站在阳台上，头脑清醒得毫无睡意，陈斯和婆婆对孩子，说到底是存着一份血浓于水的爱，倘若他们发现血浓于水并不存在，那么这一切又会怎样？她不明白自己是孕妇过于多愁善感，还是做了亏心事无法入睡，只是，这事真的会被人发现吗？她现在是已婚状态，再加上平时作风检点，谁又能想到她会做出这种事。

4

何茜是预约的剖宫产，因为小肉圆就已是剖宫产。

虽然婆婆认为剖宫产对孩子不好，但孩子的安全更重要。

孩子出生了，是个男娃，6.5斤。

陈斯高兴坏了，婆婆更是眉开眼笑，全家像是中了一个亿彩票。

当何茜疲惫地看着身旁婴儿床上的男娃时，内心多少是有些雀跃的，像是完成了人生中最重要的一件事。生男娃仿佛一个诅咒，折磨她多年，现在完成了这项任务，她昏昏沉沉地睡去。梦中她回到了儿时的老家，在破破烂烂的房子里，她在往后奔跑，一直奔跑，想远离这里的一切，可她越是跑得快，就越是难以逃出这里，四周依然破烂，她累得蹲在地上哭了起来，哭得好凄惨，她不想一辈子都待在这么破烂的地方，却又无力挣扎。

这孩子取名为陈子胤，说是请了算命先生按照五行和出生时间推算出来的。原本小肉圆叫陈琪，现在也要改着叫陈子琪。很明显，陈子胤将会成为家里的重心。

陈子胤一出生,何茜的地位噌噌往上涨,不仅孩子不需要她照顾,婆婆还想为小两口买一套别墅,以便将来孙子有个玩耍的地方。何茜清楚这一切的优待来自哪里,却沉浸在其中无法自拔。

第八章
进退维谷

1

家里多了一个保姆，陈朵朵也出了月子，自然就重返职场。

面对久违的同事和合伙人，陈朵朵有一种陌生感，好像需要一个适应期去恢复这一切。

陈朵朵挑了一个休息日到何茜家看望她，这不看不知道，一看吓一跳，可真明白什么叫作差别待遇。

何茜的大宝、二宝都有相关专业的月嫂照顾一日三餐，而她活脱脱就是"慈禧太后"。

陈朵朵坐到何茜的床边打趣地说："像你这种待遇，只怕是少有了，嫁给有钱人真好。不像我，现在要继续工作了，家里一堆事，工作一堆事，我真是一个头两个大。"

何茜笑着说："少来，你不是请了一个保姆吗？你的日子不也过得挺好的嘛。"

"保姆？呵呵，一个监视我的人吧？秦悦是我老公的表姐，我婆婆专门下派至我这里观察的，我能有什么好日子？哪怕她做错了，我也要笑嘻嘻说她是对的。"

秦悦这人干活还不错，没出什么问题，这点倒是令她很满意，不过防人之心不可无，谁知道秦悦会干出什么事。

"你婆婆不是那种人吧！我看她挺慈眉善目的。"何茜吃了一惊了。

陈朵朵瞪了她一眼说："你婆婆也不是那种人，我看她挺善解人意的。"

两个人扑哧一声笑了出来，这大概就是外人无法了解的痛处吧，唯有自己才知其冷暖。

原本陈朵朵还真和何茜有种同病相怜之感，但在听见何茜那一句"对了，我婆婆准备给我买一套别墅"后，她觉得这世界果然不公平啊！

这婆婆和婆婆之间相差巨大，"二胎"和"二胎"之间相差更大。

回到家之后，秦悦在给宋甯读童话故事书，陈朵朵悄悄走到他们身后，听见悦耳的朗读声，忽然心中一暖，觉得秦悦真的挺不错的，平时不仅要照顾小佳，还教宋甯读书认字，也许何茜说得对，是她想得太多了。

晚上，陈朵朵跟宋瑞谈起了秦悦，陈朵朵对秦悦的评价还挺高的："秦悦这人做事确实靠谱，你妈介绍得没错。"

宋瑞点头说："秦悦除了婚姻坎坷点之外，其他的都挺好的，婚姻好与不好，可能跟运气有很大的关系。"

"也是，"陈朵朵随口应了宋瑞一句，"你表姐和她老公两地分离，这得多难受？"

宋瑞叹了一口气说:"这也是没办法的事,她老公还想着生'二胎',不多赚点能成嘛!"

陈朵朵诧异地说:"这不符合逻辑吧,其实在农村生小孩没那么多讲究,生出来抚养长大就好了,怎么会有这种想法呢?"

她没有贬低农村的意思,只是在阐述一个事实,身处的环境不同,关于生"二胎"的理念也是完全不一样的。经济基础较为优越的,会认识到精神教育的重要性,开始引导小孩的兴趣发展。经济基础较为薄弱的,则是更为关注温饱问题,着眼于孩子是否能长大。

"我表姐以前又不在农村,所以想法上和一般的农村人不一样。"宋瑞解释。

陈朵朵好奇了:"你表姐怎么会嫁到农村去的?"

宋瑞说:"我表姐当年在B市打工,认识了她的前男友,两个人感情一直不错,原本到了谈婚论嫁的阶段,但是男方不愿意结婚,一直都拖着婚事。我表姐不理解这是为什么,各种质问,没想到男方竟然想找更好的人,他认为我表姐没钱,谈恋爱可以谈,但结婚这事就算了。她越是逼迫,男方越是反对,于是乎,惨遭男方抛弃。我表姐因此深受打击,对自己产生了极度不信任,后来情况……我不是很清楚,好像是现在老公对她挺好的,令她感受到了温暖,两个人在一起没多久就结婚了,婚后就那么混日子。其实我表姐在被抛弃后,是自卑过了头,才会嫁给一个什么都不怎么样的男人,本来她可以嫁得更好吧。"

"仔细想想,有时候恋爱、婚姻,都是沉浸在一种价值观下的产物,如果从中走出来,或许会有不一样的结果。"

就如同她当年选择了宋瑞,在她的价值观里,宋瑞是居家好男人,对待婚姻问题老实靠谱,倘若没有沉浸在那种感觉中,试着放空自己,走出原有的逻辑,或许会遇见另外一个人,过上不一样的生活吧。

因为选择这种恋爱,进而选择这种婚姻,人生看似自由,实则捆绑在某种价值观中无法自拔。

陈朵朵问:"宋瑞,你当时有想过娶我这种类型的吗?"

陈朵朵可没想过嫁给宋瑞这种类型,每个女人都梦想老公是强大的人,最好是小说中描述的能呼风唤雨、无所不能,再不济也是温柔多金、体贴备至,她瞄了一眼她家老公,好像没啥符合的。

梦想很丰满,现实很骨感。

"有,肯定有!"宋瑞笑着搂了搂她的肩膀,"娶到你是我最大的幸福。"

男人的甜言蜜语,真是一通百通。

2

陈朵朵回到工作岗位上后,没想到又要继续处理金金王的案子。这案子原本是两人协商处理,可协商了那么久也没成功,金金强一拖再拖,金金王各种施压,最后金金强拒而不见了。

办公室里,陈朵朵给金金王泡了一杯蜂蜜柚子茶,问道:"你现在是要继续打官司吗?"

金金王点头道:"简直不知道他脑子里想什么。"

陈朵朵刚想接话,手机就响了起来,那头秦悦急急地说:"甯甯被开水烫了,现在在医院。"

"什么!"

这时候,陈朵朵已全然坐不住了,她根本顾不上金金王的事情,连忙拿起包包赶往医院。

金金王在一旁一句话都没说,脸色却不大好看,生完孩子的女律师,不是适合的人选,他叹了一口气。

当陈朵朵到了医院后,看见护士在给宋甯包扎,宋甯眼泪汪汪地看着陈朵朵，秦悦抱着宋佳在一旁，陈朵朵着急地问："这是怎么回事？"

秦悦愧疚不安地说："早上甯甯有些不舒服，我就没让他去上课，刚在给小佳喂奶，甯甯就把热水瓶给打翻了，所以……"

陈朵朵心疼地看了一眼甯甯大面积包扎的伤口，气急败坏地说："你怎么做事的，不会多看着一点孩子吗？你要是提早警告他，他就不会这样了！"

秦悦没想过陈朵朵会这么说话，瞬间委屈万分。

宋甯轻声喊了句："疼。"

陈朵朵立马说："你哪疼？很疼对不对？"

宋甯摇摇头说："不疼。"

陈朵朵瞬间红了眼眶，不断地安慰宋甯。

宋甯包好伤口，陈朵朵就带着他回家了，路上她没跟秦悦说一句话，沉浸在自己的情绪中无法自拔。

到家之后，陈朵朵让宋甯躺下，哄着他睡觉，秦悦悄悄地关上门，不知如何是好。

秦悦回到自己的房间，心里很不舒服，她还能继续在这个家待下去吗？

陈朵朵已经如此着急上火了，两个人也不太好讲话。

这情况使得秦悦左右为难，于是拿起手机打了个电话给姑姑，也就是陈朵朵的婆婆，本是想商量该如何跟陈朵朵道歉，却没想到那头听到是这样的状况，直接气呼呼挂下电话，最后一句竟然是"那女人究竟想干什么！自己小孩顾不好还怨别人"。

……

宋甯受伤令陈朵朵不得不在家照顾孩子，她打了电话通知蒋沁把金金王的案子延后，却没想到金金王说要找别的律师了。陈朵朵心情烦躁,刚放下手机,婆婆电话就打来了。陈朵朵诧异地接起,没想到婆婆劈头盖脸就是一通大骂:"你是怎么回事,自己照顾不了孩子,还把罪怪在秦悦身上,你们都是亲戚,不应该这样的!你这样让人家怎么在你家做人!"

宋甯受伤、案子黄了这两件事已经够让陈朵朵头疼了,现在又被婆婆骂了一顿,陈朵朵的脾气一下子就上来了,不客气地回击:"你都在胡说八道些什么! 宋甯受伤这事跟秦悦脱不了关系,谁知道你找个奸细到我家是来干吗的!"

婆婆听到陈朵朵这么讲话,气得手都抖了:"你怎么能这么讲话!亏我忍你那么久,好心当成驴肝肺。"

"不需要您忍! 这种事您也没少干,把自己的亲戚安插到我身边,您以为演《甄嬛传》呢,少来这一套!"陈朵朵气得口不择言。

婆婆直接把电话给挂了,陈朵朵冷笑一下,她忍得也够久了,这都是什么事啊!

吃晚饭的时候,因为宋瑞要开会所以没回来吃,就只有陈朵朵和秦悦两个人。

陈朵朵对秦悦态度显然冷到极点,本来还有些掩饰,可是婆婆那通电话彻底打破了这种平衡。陈朵朵笑着说:"菜做得倒是不错,就是不知道人心怎么样。"

秦悦尴尬地笑了笑说:"朵朵,你在说什么?"

陈朵朵哼了一声说:"别以为我不知道你在挑拨离间。"

"如果我说没有,你相信吗? 我不是故意的,我打给姑姑是……"秦悦这话说到一半,就被陈朵朵打断了:"好了好了,我不想听了,这事就这样吧,你继续你的,我继续我的。"

宋瑞开会开到一半,他妈连续打了五个电话过来,他只能偷偷溜到洗手间接电话。电话里,他妈指责陈朵朵的不是,说她怪罪秦悦等等……

宋瑞感到头大，没想到又会出这样的事，有气无力地说："妈，你先别急，等我回家去问一问。"

他妈提高声音说："这有什么好问的，事情都摆在眼前了，分明就是陈朵朵不分青红皂白乱骂人，还骂我，你说说她以为生个'二胎'就了不起了？现在气焰嚣张成什么样了！"

"妈，我相信朵朵不是这样的人，肯定是有什么原因，你让我问问清楚好不好！"宋瑞连忙说。没想到这句话戳到他妈的怒点了，他妈怒气冲冲地说："你的意思都是我的错了？好啊！现在是有了老婆忘了妈！"

宋瑞叹气道："妈，你听我解释，我不是这个意思！你让我回家问问清楚，如果是朵朵的错，我肯定让她跟你道歉。"

"好，我等着！不然这事没完了。"他妈紧接着又说，"上次的事情，我已经够让着陈朵朵了，没想到她今天是一点不给我面子，她要是不给我道歉，我就不认这儿媳妇了。"

宋瑞一到家，先去宋甯的房间，陈朵朵在陪他睡觉，他见两个人都睡得很熟，也就不打扰，悄悄地把门关上了。

秦悦在给宋佳喂奶，宋瑞就在一旁看会儿电视，等到秦悦把宋佳哄睡了，宋瑞这才问道："今天是发生什么事了？"

秦悦愧疚万分地说："是我不小心让甯甯被开水烫了，这一切原因都在我，要不我明天就回老家吧，我看我在这是待不下去了，实在不好意思！"

宋瑞从他妈那儿知道儿子被开水烫了，陈朵朵认为是秦悦的错，他妈打电话说了几句，没想到陈朵朵觉得秦悦是他妈派来的"奸细"。

"别这样，你也不想这样的，我跟朵朵说说去，跟你没关系。"宋瑞连忙安抚秦悦。

秦悦担忧道:"这……搞得你们一家人关系不好,我还是回老家去吧。"

宋瑞说:"让你在我们家待得不好,也是我的错,好了,你就别管了,我去处理。"

只是,这事真有那么好处理吗?

宋瑞不知是在安慰秦悦还是在安慰自己。

陈朵朵的脾气是很固执的,她所认定的某件事情,那就是十头牛都拉不回来,她既已认定秦悦就是"奸细",实在很难洗脱秦悦所谓的罪名,只能死马当活马医。

宋瑞在房间里等着陈朵朵,过了两个小时后,陈朵朵回到房间,看见宋瑞手上拿着杂志,气又不打一处来了,他这个当爸爸的,自己儿子被烫伤了,不第一时间赶到,回家也不来看儿子,竟然优哉游哉看杂志。陈朵朵憋着一肚子火,进了浴室洗澡,她将热水转到最大,整个浴室里水汽氤氲,她缓缓将水关掉,心中暗忖:算了,不跟宋瑞计较了,就他那智商也考虑不了那么多。

陈朵朵想回到床上就睡觉,免得对宋瑞发火,没想到宋瑞见陈朵朵不说话了,主动地问:"甯甯怎么样了?"

陈朵朵立刻回答:"怎么样了?你儿子受伤了,你怎么不第一时间赶到!"

宋瑞哄着她:"我不是回家才知道嘛!"

陈朵朵一下子坐了起来,说:"才知道?宋瑞,我发现男人是不是都挺狠的,这是我们共同的孩子,为什么你总是一脸云淡风轻的样子,好像孩子受伤不受伤都跟你没什么关系。你看看我,儿子受伤成这样,我都吓坏了,还真是小孩不从你肚子里钻出来,你就没什么感觉了。"

"你这都胡说八道什么!什么叫孩子不从我肚子里钻出来,我就没什么感觉了，我跟你一样心痛，但是你理智一点好不好？事情不是你想的那样！而且你也错怪了秦悦，她根本没跟我妈说什么，她只是怕被你责骂，所以才会打电话给我妈。谁知道我妈心急如焚，这一切的一切都是你们太急了，其实根本没什么事！"

陈朵朵可委屈了，没想到宋瑞不仅不站在她这边，还说出这种话。"你这是什么态度，你不及时赶到也就算了，竟然还敢责怪我的不是，你以为你就没半点责任吗？说到底，这最大的责任在于你，都是因为你这么懦弱，所以你妈才会火气这么大，这秦悦也是你妈弄来的，这一切的错误都是因为我嫁给了你。"

宋瑞一下子沉默了。

他没想到陈朵朵会说出这番话，低落地说："你太过分了。"

"我过分还是你过分？在我们家，你看是我爸干扰我们婚姻了，还是我妈干扰我们婚姻了？都没有！他们都希望我们过得幸福。可在你们家，就完全不一样了，你妈各种搅局，生怕我们过得太幸福，你再看看你，被你妈一搅局就没有任何立场，我都不想说你了。"

陈朵朵这会儿是新仇旧恨全加一起说了，宋瑞觉得很烦，她真的是越来越无理取闹了，语气低沉许多："朵朵，你不要这么过分！我妈也是为了我们好，再说这事不是你想的那样，你非要认为是那样，算了，随你了，你爱怎么想就怎么想吧，我不管了。"

"你爱怎么想就怎么想吧"应该被列入女性最讨厌的一句话当中，陈朵朵一听到，直接从床上爬起来，把门狠狠一关，到儿子的房间睡觉。

宋瑞猛地把被子盖上，这都是什么事，家里被弄得乌烟瘴气，一家人搞得势同水火，他有时候会开始自我怀疑，这么纵容陈朵朵是不是对的。

她的暴脾气是不是他养起来的？

他要不要那么为陈朵朵考虑，反正这女人现在无法无天了，总认为自己是对的，一点不考虑别人的情绪，她难道不明白秦悦在家是个外人，是不可以这么指责的吗？他妈也是为了他们好，怎么可以这么讲话，这话太伤他妈的心了，这会让原本就不好的婆媳关系更加恶劣。而他夹在中间，很难去平衡其中的关系，这个"二胎"真的生对了吗？

感觉生出了一堆麻烦。

陈朵朵在宋甯房间里等了宋瑞一晚，没想到他竟然不跟她道歉，这太有"志气"了，他是真长脾气了。

真是好样的！

第二天吃早饭的时候，陈朵朵一句话都不跟他说，冷着一张脸，而宋瑞也破天荒不讲话了，而且没打算向陈朵朵道歉。陈朵朵瞬间憋闷起来，猛地站起身子，直接去房间看宋甯。

过了一会儿，宋瑞进来了，陈朵朵别开脸，宋瑞自顾自问宋甯："甯甯，手还痛吗？"

宋甯摇摇头说："爸爸，不痛了，你不要担心，安心去上班。"

宋瑞满意点点头说："不愧是我儿子，真懂事，不像某些人。"

3

何茜生了娃以后，就过上了养尊处优的生活，除了全天有专人伺候，不定期嘘寒问暖，婆婆还把她的信用卡额度提高了，以及给她挑挑选选哪里的别墅更好。何茜出于虚荣心，在微信朋友圈写了条心情：求介绍哪里的别墅性价比高。写完之后发送出去，还不忘屏蔽婆婆。

大概过了 15 分钟，她的点赞已密密麻麻，仔细看了一眼，估计有 300 多个，她的好友就 350 个，这热度还挺高的，她不禁沾沾自喜，再看看下面留言：

土豪啊！土豪求包养！最美的富婆！诸如此类足足有 100 多条，这极大满足了何茜的虚荣心。可过了 5 分钟，她的心情瞬间跌落谷底，原因在于，李辰居然点了一个赞，还留言恭喜。

完蛋！她忘记屏蔽李辰了！

一股恐惧感油然而生，她根本不敢回忆发生了什么。

孩子究竟是谁的？

她是跟谁发生了关系？

其实，她都不敢仔细看陈子胤，心虚到不敢去抱孩子，每次在众目睽睽之下被逼着抱孩子时，她就想立马还给月嫂。她的罪恶感升至顶端，进而生出一种愧疚心，这等于是拿孩子去换取富贵的生活。

这让她陷入一种精神惧怕中，静下来想起时，这一切的一切都显得虚无，她唯有不断去想象着名牌包、新别墅这些东西，才能稍稍减少心中的魔障。

欲望是一条无穷无尽的黑色通道，向左是努力净土，向右是投机沼泽，而大多数人是踩着一头向往另一头，终究难两全。

婆婆让中介公司的人来找何茜，中介拿了几份材料过来，何茜坐在沙发上，不断翻动着材料，心思却不在这上面，中介公司的人说得舌灿莲花，却一点没吸引到何茜的注意力。

李辰始终是一个坎，而今何茜得到了想要的，就怕这个坎出来拦路。

这个时候，何茜的微信震动了一下，打开一看，李辰竟发了一个微笑的表情，附加一句：在吗？

何茜心惊胆战，直接点击删除。

晚上，婆婆过来把小肉圆带到自己家去，顺带问了何茜一句："别墅看得怎么样了？你喜欢哪一套？"

何茜笑了笑说:"这个要问问陈斯的意见,我不好乱做决定。"

婆婆说:"这没什么的,你的意见很重要,陈斯对这些也不注重,你决定就好了。"

何茜连忙说:"我和陈斯商量商量吧。"

婆婆点头道:"你决定吧。"

生完陈子胤以后,何茜的话语权提高不少,婆婆对她十分客气,事事都会征求她的意见,这要换之前,肯定是不可能的!其实仔细想想,婆婆也没做错,她付出那么多,就是为了求个孙子罢了,这要换平常人家,有个这样的要求不离谱。

怪只怪她和陈斯太不和谐了。

陈斯下班一回到家,立马去婴儿房看儿子。

他儿子刚喝完奶,睡得正熟,陈斯在一旁嘀嘀咕咕:"我是爸爸,我是爸爸,爸爸来看你了。"

何茜站在门口看到这一幕,心中忐忑不安,她走到陈斯的身边轻轻说:"儿子睡了,你就不要打扰他了,我们回房间。"

陈斯回到房间,何茜躺在床上说:"今天你妈过来问别墅的事,你也琢磨琢磨究竟买哪里好。"

陈斯想也不想就说:"你决定就好了。"

这令何茜心里暖暖的,连忙说:"还是要征求你的意见的。"

陈斯往床上一扑,亲了一口何茜说:"你都帮我生了儿子了,这是我生命中最重要的宝贝。"

何茜一听到儿子瞬间心情低落,陈斯以为是刚刚言辞有误,开始哄着说:"你更重要,没有你的话,我们哪来的好日子,你是最大的功臣。"

这话,听着实在是讽刺,要不是陈斯不知道自己戴了绿帽子,何茜还以为陈斯是专门来嘲笑她的。

　　然而,事情发展比何茜想象中还戏剧化。她没想到过了一周,接到一个陌生电话,原本她都是不接的,那天也不知道怎么回事,就傻乎乎摁下接听键,那边传来陌生而又熟悉的声音:"老同学,好久不见。"

　　李辰?!

　　何茜勉强稳住心神道:"好久不见,李辰,有什么事吗?"

　　李辰笑着说:"我有点事找你,要不到你家附近的咖啡厅聊聊?"

　　何茜一愣,道:"不需要,你在哪,我过去。"

　　李辰应了一声:"爽快! 我在南风街的'不见不散'咖啡厅等你。"

　　又是南风街! 又是南风街! 又是南风街!

　　何茜听到这三个字,人都要崩溃了,她根本不知道李辰想玩什么套路,只能走一步算一步,她还在坐月子,是不能出门的,但现在没办法。

　　何茜如约来到咖啡厅,李辰坐在窗户旁,一进门就看见他了。与上次见面情况不同,这次何茜对他有种厌恶感,从头到脚都嫌弃,她不动声色地坐了下来,就要了一杯热开水。

　　李辰从头到脚打量了下何茜,这才发问:"你刚生完孩子?"

　　他应该是不知道孩子的事,何茜稍稍安心了,应了一声:"对,我还在坐月子,你有什么事就直说吧。"

　　李辰笑了笑,连忙说:"不好意思,我不知道! 是这样的,我跟你商量个事,不知道你同意不同意。"

　　事? 他能有什么事? 他俩毫无交集,何茜没好气地说:"你说啊,我听着。"

　　"哟,刚生完孩子脾气那么大,也不是什么大事,就是我手头有点紧,不知道可不可以跟你借点钱。"李辰说这话的时候,竟毫无有求于人的神态。

　　什么玩意儿! 何茜在心里骂了他几百遍。"可我没钱啊! 我不知道你清楚不清楚,我们家是我老公赚钱,我全靠我老公,你要借钱可以,我得回去问问我老公同意不同意。"

李辰呵呵一笑道:"你不是要买别墅吗? 土豪怎么可能没钱呢?"

何茜瞪了他一眼,说:"那是我老公要买别墅,我只是跟着他罢了,我确实没钱,不信你问别人,他们都是知道我不赚钱的。"

"也是,你说得有道理,你们家全靠你老公,我不知道你老公对这些照片有没有兴趣。"陈斯从手机里翻出一堆照片,递给何茜看。

何茜疑惑地拿过手机一看,瞬间大脑一片空白——

这是她和李辰全身赤裸的床上照,她紧闭双眼睡得昏沉沉,李辰睁大眼睛还做出一个调皮的吐舌头动作。她一张张划过,一共有八张,每一张都不堪入目,一看就知道两个人发生了关系。

她吓得嘴唇发白,颤抖地问:"这……"

李辰摸了摸何茜的头说:"乖,不知道你还记不记得之前的事情,但这照片会带你找回记忆的,那天,是我们。"

我们!

何茜吓得把手机掉到了地上,原来和她发生关系的人是李辰,所以她儿子的爸爸是李辰,这个消息让她实在无法接受!

李辰弯下身把手机捡起来,冲着手机吹了一口气,痞痞地说:"用得着吓成这样吗? 不过是男女各有需求,你放心,如果你肯大方点,这事我可以当没发生过,这都什么年代了,男欢女爱很正常,只要你老公不知道这事,你觉得呢?"

何茜还处于震惊中无法自拔,愣了一会儿,她才咬牙切齿地骂:"无耻,你怎么可以做这种事!"

"我记得那天晚上你可热情了,我要和你分开一会,你都舍不得我出去。"李辰笑得可欢了。

何茜只觉一阵恶心,但她仔细想了会儿,听李辰说话的语气,显然不知道她生的小孩就是他的，他只是来要挟睡一觉的钱，那么这事，她如果处理得好，应该会神不知鬼不觉，不会让任何人发现吧。

"你想什么呢？是舍不得给钱吗？"李辰问。

何茜摇头，冷冷地问："你要多少？"

李辰笑着说："不多，20万！"

何茜气得发颤："你是穷疯了！你要20万，你脑子没问题吧？我去哪给你20万？"

李辰直白地说："你都要买别墅了，还缺20万吗？A市一套别墅少说得要700万，我这都是你的零头，小富婆，你还是拿点钱出来了事吧。"

何茜恶狠狠地说："你当自己在卖身吗？穷成这样！"

李辰不怒反笑："你说是就是吧，反正我就是缺钱。"

何茜趁着李辰不注意，一把抢过手机，急急忙忙把里面照片删了，得意扬扬地看着李辰，没想到李辰满不在乎地说："我电脑里都有备份，你想要多少就有多少。"

"你！"

李辰说："你还是拿钱出来了事吧。"

何茜讽刺一笑："我怎么知道拿了钱之后，你还会不会继续要挟我？"

李辰叹了一口气说："茜茜，所谓一日夫妻百日恩，我是不会骗你的。"

何茜忍不住骂："李辰，你给我嘴巴放干净点，谁跟你是一日夫妻！"

李辰哈哈大笑："好了，我知道了，你只能相信我，你放心，拿到钱后，我就把电脑里的东西删掉，我绝对不会出现在你和你老公的面前，你们夫妻可以继续恩爱，至于我这种路人甲，一定会消失的。"

李辰的话没有任何说服力,但何茜被要挟得没办法,只要他把照片往她老公那一拿,她老公立马就能推测出孩子的事,那样事情会闹得更大,还不如给李辰20万,让他赶紧拿钱走人,免得再生事端,遇见这种人算是她倒了八辈子的霉了。

李辰问:"你想得怎么样了?"

何茜哼了一句:"你确定会消失?"

李辰做出发誓的动作:"我确定,真的是资金周转不开,不然我不会来找你的,你就当帮忙救济我,万一将来我发达了,没准就把钱还给你了,你觉得呢?"

做出这种事的人会还钱?何茜一点都不相信他的话,但让他离开最快的办法就是给20万,于是她点头道:"那行,钱我会给你的,到时候你消失。"

"你是个爽快人,看来我没找错人,你后天就把钱拿给我,我立马消失。"

何茜尖叫:"后天,你敲诈!我怎么能一下子拿出那么多钱,你得给我时间。我都说了,我们家是我老公赚钱的,我总要有个理由拿钱吧,后天实在太急了,我根本不可能做到。"

李辰思索了一下说:"那一周内给我。"

何茜气得不行:"你抢劫!"

李辰说:"那我就给你老公看看。"

何茜开始头疼了,骂道:"你简直是不要脸!"

"比起不要脸,你不也是!已婚状态还跟人家上床,你要不跟我上床,哪来那么多事?所以还是你自己的问题,现在出了问题,花点钱补漏洞怎么了?你要舍不得,可能会失去婚姻!到时候看你怎么收场。"

李辰的话一直回荡在何茜的耳边,如果她当时没有因为寂寞去找李辰,或许就不会有今天了,她知道自己做错了,但她不是故意的,难道就不能挽回一切了吗？

何茜打了一辆出租车，疲惫不堪地回到家。

李辰约了人去酒吧玩，他寻思着从何茜那拿到钱可以逍遥一阵子。这会儿他脑子里在想另一件事，何茜刚生完孩子，这跟他们发生关系的时间吻合，他可以借机再敲一笔，管她肚子里的孩子是谁的，反正夫妻间的关系最薄弱了，到时候要是不成功的话，那他立马消失就行了。

何茜不知道怎么和陈斯开口，她信用卡额度并没 20 万，她要是问陈斯要的话，他肯定会问她是干什么用的。20 万不是一笔小钱，她要找什么样的理由？焦头烂额之际，她想起了陈朵朵，要不要跟陈朵朵商量一下这事？

陈朵朵和宋瑞开始冷战了，两个人每天都不讲话。正当她烦着这事时，何茜打电话约她到家里玩。本来陈朵朵心绪不宁不打算去的，可何茜讲得很紧急，她拿起包包就走了。

宋瑞看了她一眼，想问一句这大半夜的你去哪，可又拉不下面子，这女人到底是想干吗！

刚好今天陈斯去 B 市出差，陈朵朵就光明正大去何茜家了，何茜拉着陈朵朵进房间，鬼鬼祟祟地把门锁好，把窗帘拉上，这让陈朵朵很吃惊，忍不住问道："你有什么重大的事要告诉我，用得着这样吗？"

何茜看了一眼陈朵朵，想了会儿说："你还记得李辰吗？"

陈朵朵把头靠在床边，说："李辰？印象不是很深刻，但好像是有那么一个人，你提他做什么！"

何茜咬唇闭上眼睛说："我和他睡了。"

啊！

睡了？

陈朵朵傻眼了："祖宗唉，你怎么跟李辰搞上的，这究竟是怎么回事？"

何茜把去酒吧找李辰的经过说了一遍，陈朵朵听得目瞪口呆，说："真想不出来，你竟然能做出这么开放的事。我跟李辰的接触实在是少，他是什么人还真不清楚，你怎么能干这么傻的事，万一他不是什么好人怎么办？"

何茜不断地抓着头发说："他确实不是什么好人，他拍下了我和他的照片，现在胁迫我要 20 万，你说我该怎么办？"

"李辰怎么能这样！这男人可真渣，那你想怎么做？"陈朵朵说得很是气愤。

何茜摇摇头说："我也不知道该怎么办！所以才找你，还有……"

陈朵朵不禁提高声音说："还有什么！"

何茜闭着眼睛说："我刚生的孩子是李辰的。"

天哪！

陈朵朵不敢相信自己的耳朵："你知道你在说什么吗？你说你这孩子是李辰的？那……"

何茜缓了一口气，说："是的，是李辰的，但李辰不知道，他只是要挟发生关系的费用，可我不知道怎么跟陈斯开口要 20 万，我该怎么办？朵朵，你说我是不是很失败，早知道就不发那条朋友圈状态了，发了之后，没想到会遇上这种人渣，我真的快生无可恋了。"

陈朵朵愣了下说："我看问题不是出在朋友圈，而是你这事情本身就有错误，我觉得你不应该把钱给李辰，这样就是助纣为虐，能有什么好处啊？"

"可是，我不把这个钱给他，他就要毁了我的婚姻，现在只要挟睡一晚的钱，要是他知道小孩的事，不知道又会要多少钱。但是我真的不知道怎么去和陈斯开口，这不是一笔小数目，我实在……"何茜说着眼泪都掉下来了。

陈朵朵没想到自己的好朋友会面临这种问题,这比电视剧的剧情还跌宕起伏,况且这种事还是不能搬上台面的,一旦传开了对何茜的名誉损害极大;但如果不给对方钱的话,只怕会引起更大的问题。像李辰那种人,完全就是不要脸只要钱,他什么事都能干得出来,相比之下,何茜就处于劣势。

事已至此,别说何茜这局内人不知道怎么处理,就连陈朵朵这局外人也无法给出合理的建议。何茜躁动不安,陈朵朵本想聊完就回去陪宋甯,毕竟他的伤口还没痊愈,但看何茜这模样,她不敢离开,只能暂时留下安抚何茜,免得她想不开。

4

宋甯一个人待在房间里有些怕,在他受伤以后,妈妈每天都会来房间陪他,可今天没有过来,他一下子有种不适应感。他不安地向四周看了看,随即抱起床上的小枕头,迈着小胖腿跑到隔壁的房间。

此刻,宋瑞正在床上刷朋友圈,点击进入陈朵朵的页面,从上往下不断地刷,里面有他们的美好时光,以前陈朵朵和他出去旅游的时候,都会拍下许多照片。他望着这些照片感慨万分,要是不吵架的话,陈朵朵现在腻在他怀里。但转念一想,她的脾气实在霸道,不能再纵容下去了。

咚咚——

宋瑞听见细碎的声音,抬起头一看。

宋甯伸进来一个小脑袋,眨巴着一双有灵气的眼睛说:"爸爸,我能进来吗?"

还没等宋瑞说话,宋甯一下子就跳到了床上,整个人往宋瑞身上蹭,仿佛一只慵懒的小猫。宋甯软腻腻地说:"爸爸,妈妈不在家吗? 妈妈去哪了?"

宋瑞不知道陈朵朵去哪了,只能叹气说:"妈妈有事出去了,今晚甯甯跟爸爸睡吧。"

"爸爸,妈妈是不是生气了,是不是我做错了什么? 妈妈好像不高兴。"宋甯歪着小脑袋,看上去很担忧,"可我最近好乖,应该没做错什么,为什么妈妈会生气呢? 我对妹妹也很好。"

"你乖,你什么都没做错,妈妈没生气。"宋瑞摸了摸宋甯的头,感叹地说,"生气也是跟我生,跟甯甯没有任何关系,甯甯就不要担心了。"

宋甯天真地问:"爸爸,那妈妈为什么跟你生气,是你的错还是妈妈的错?"

小孩子的童言童语让宋瑞开始反思,究竟是他的错还是陈朵朵的错?

如果成人世界像小孩世界那么简单就好了,对就是对,错就是错,用对错衡量是非。然而成人世界却不是这样的,压根没办法用对错来衡量。他妈错了吗? 秦悦错了吗? 陈朵朵错了吗? 他错了吗? 都没有,大家在各自的利益中都是对的,但在别人的利益中是错的,这根本没办法进行批判,只能权衡和妥协。

"爸爸,我好想妈妈。"宋甯不知道宋瑞在想什么,他已昏昏欲睡。

宋瑞的心一下子软了下来,亲了亲宋甯的额头说:"我也想妈妈。"

他是不是应该妥协?

如果妥协的话,又如何跟他妈交代呢?

宋瑞的内心摇摆不定,不知道怎么样才好。

窗外一片漆黑,夜空中没有一颗星星,正如他此时的心情,阴郁得找不到任何的光亮。

第九章 / 新仇旧恨

1

仔细算算,陈朵朵和宋瑞已冷战小半个月了,宋甯的伤势不断恢复,而这两人的感情犹如一潭死水。

虽然宋甯是小孩子,但也能感受到两个人的"战火"。

小孩子内心有种不安感,生怕父母会分开。

刚好这天宋瑞单位有事接不了他,就由陈朵朵过来了,在车上,宋甯就问:"妈妈,你和爸爸生气了吗?"

陈朵朵一愣,忙不迭踩下刹车,前面是红灯,她扭头问:"为什么甯甯会这么觉得?爸爸妈妈没有生气。"

说后面半句话的时候,陈朵朵没有一点底气。

宋甯"哦"了一声,紧接着说:"妈妈,不要跟爸爸生气。"

这会儿陈朵朵有种说不出的感动,没想到儿子竟这么贴心。

　　陈朵朵恍惚地看着前面路上的车辆，她不知道她和宋瑞两个人为什么会闹成这样，仅仅是因为秦悦和婆婆的事吗？不，是不断的积累，从不肯生"二胎"，到被迫怀孕，到孕期矛盾，到生下孩子，明显是情绪不断地叠加，因为之前每种状况都处理得不好，以至于留到现在，终于爆发了。

　　陈朵朵知道原因，但她没想去化解，就算好转能怎么样，恶劣又能怎么样，不过就是在彼此磨合的状态中，维持某种情绪罢了。有时候想想人生真没劲，婚姻很无趣。

　　陈朵朵带着宋甯一回家，就看见婆婆在沙发上哄着宋佳，两人四目相对，没打招呼，婆婆继续逗宋佳，陈朵朵跟宋甯说："甯甯乖，去洗个手吃饭了。"

　　饭桌上，秦悦做了四菜一汤，陈朵朵瞅了她一眼，根本不理她，她都不知道秦悦还有什么脸留下来，肯定是宋瑞说了什么，否则以她这种态度，秦悦断然不敢继续待在这个家了。但毕竟是亲戚，总不能赶人家走，所以拖着就拖着，她倒是想看看，这秦悦还敢留到什么时候。

　　陈朵朵随意吃了几口就不吃了，确实没什么胃口，宋甯倒是在一旁吃得津津有味。陈朵朵看了一眼秦悦，琢磨了一下说："你怎么不一起吃？"

　　秦悦笑了笑说："我已经吃过了。"

　　陈朵朵点点头，就不再继续问了。

　　这时，婆婆阴阳怪气地说："你这是什么问题，难道秦悦要等你才能开饭吗？你这都是怎么说话的！"

　　陈朵朵可算知道什么叫作鸡蛋里挑骨头了，她这是关心秦悦，怎么就变成她质问秦悦了？本来还想对婆婆表示尊敬，可事情闹到这种地步，跟婆婆也有直接关系，她毫不客气地回答："我还想问问你是怎么说话的，我只是随口一问，可你这么讲话，让外人听见了多不好，还以为我们家庭不和谐。"

她刻意加重了"外人"，顺便看了一眼秦悦，其警告意味已很明确了。

婆婆顿时站了起来，说："陈朵朵，你说话别太过分了，你这算什么意思？什么叫作外人，什么叫作内人，你该用这种口气跟我讲话吗？我好歹也是你妈，你怎么可以这样！"

陈朵朵哼了声，说："哟，这会儿是我妈了，污蔑我的时候，你可一点没留情。"

婆婆气得整张脸都黑了，忽然，宋佳发出哇哇大哭声，估计是大人吵得太凶，惊到了孩子，婆婆紧张地哄着孩子："乖，不哭了不哭，乖孩子，不哭不哭。"

陈朵朵哼了一声，直接带着宋甯回房间。

婆婆直接破口大骂："你怎么这么冷血无情，连孩子哭了都不管。"

秦悦搭腔："都是我的错，姑姑你别吵了。"

婆婆直接说："这事跟你没关系。"

房间里，陈朵朵听到外面的对话，内心有一股火在熊熊燃烧，什么叫"这事跟你没关系"，她可算知道什么叫作自家人帮自家人，现在看来她才是外人！

宋瑞一回家，看见他妈坐在沙发上，他连忙说："妈，你怎么来了？"

他妈看了一眼宋瑞，说："你这话什么意思？意思是我不能来你们家玩了？像我这种外人，就不应该出现在你们家里，免得打扰你们夫妻俩的好事。"

这又是什么情况？宋瑞一个头两个大，他妈到底在生什么气，他说："妈，怎么会呢？我的家就是你的家，我们都是一家人。"

他妈冷笑着说："一家人，我看不是，你和你老婆才是一家人，我是外人。"

......

他妈认为宋瑞的态度放得还不够低，直接被气走了。

整个家里被搞得乌烟瘴气的。

第二天，陈朵朵醒来去吃早饭，秦悦殷勤地递了一个荷包蛋，陈朵朵接过，端到饭桌上。宋瑞刚起来坐在那里，陈朵朵装作没看见，宋瑞心里憋得慌，两个人一句话都没说。

吃完后，陈朵朵赶着上班，宋瑞对她说："我送你上班。"

陈朵朵哼了声说："不需要吧。"

宋瑞说："我有话跟你说。"

陈朵朵根本不想理宋瑞，但宋瑞非把她拽到车上，陈朵朵别开脸，看着车窗外。宋瑞无奈地叹了一口气，他说："朵朵，你要不要这样？秦悦不是我们家人，你这种脾气，她肯定受不了的。"

陈朵朵笑了，说："她受不了可以走啊，为什么还要继续留着，谁知道她脑子里想什么，没准就希望我们家关系越来越差，这样的话，她和你妈就更高兴了。"

宋瑞生气了，说："你现在怎么会变成这样，你能好好讲话吗？你知道你这样子，多么让我讨厌。你还想要继续维持这个家吗？朵朵，你到底在想什么，任性也该有个度，不要再继续这样了。"

"我任性？宋瑞你搞搞清楚！这事究竟是谁的错？是你的错，你知道吗？要不是你太软弱了，哪有秦悦和你妈的事，主要原因在于你，读过几本书的人都知道，婆媳关系不和谐是老公在中间不会调节，老公要是会调节，哪有那么多事？你不知道自我检讨，竟然还怪我，我真不知道你现在怎么会变成这样，让我觉得十分讨厌，你还假惺惺要送我上班，谁知道你想干吗啊！"陈朵朵脑子里直接蹦出书上的一些话，婚姻关系不和谐，老公不会调节是最大的原因。

宋瑞无言以对，陈朵朵这女人越说越离谱了，不能再继续说下去了，否则只怕吵得越来越凶。车子开到了律师事务所楼下，陈朵朵说："反正我还是会这么对待秦悦的，你要是看不下去的话，可以让她走，不然只能继续这样了。"

待陈朵朵离开后，宋瑞气得猛锤了一下方向盘。

秦悦不是没感觉出陈朵朵的敌意，她是很想辞职不干了，但重新找一份工作很难，而且在这个家干事还算舒服，互相也有个照应，如果一下子走了，她就要回老家面对老公和婆婆，她不想这样。

她给宋佳换完尿布，手机就响了，一看电话号码，她一点都不想接，直接装没看见。可没过多久电话又响起了，她接起电话问："你有什么事？"

电话那边是她老公，他问："你做得怎么样了？"

秦悦草草回答："就那样吧。"

秦悦根本不想理会她老公，她老公太好吃懒做了，实在看不惯！而且还逼着她生"二胎"，她不是不愿意生，但生孩子需要钱，但她老公不以为然，认为生个孩子就是下个鸡蛋，这肯定是没关系的，孩子生出来自然就会长大，觉得她实在想太多，她也是没办法，才到 A 市打工，攒点钱生娃，她老公不仅不体谅，还认为她胡思乱想。

其实，秦悦已根本不知道为什么要嫁给他了，当时被前男友抛弃之后，出现这样一个男人对她好，她懂得珍惜和回报，却没想到会变成这样，她的内心不知道崩溃了多少次，可又能怎么办呢？

"对了，我最近也来 A 市！"她老公冒出这句话。

秦悦傻了，问："你来 A 市干吗？"

她老公说："你在 A 市，我就不能来 A 市陪你吗？"

秦悦直接回绝了："不用了，我在 A 市好好的，你就不用来了，等我有钱点你再来。"

她老公笑笑："我来看你,你在 A 市也没个人照应。"

秦悦连忙说："不用了!"

她老公说："我车票都买好了,你到时候让你表弟来接我。"

她老公根本没等她说话,就直接把电话挂了,过了三秒钟,她就收到一条微信,是她老公发来的车票信息。他到底要来做什么? 他不是在家待得好好的,怎么要来这里了?

现在宋瑞家里是这种情况,他再来,不知道会变成怎么样,秦悦对这一切感到茫然无措。

2

陈朵朵在办公室接到了何茜的电话,陈朵朵感到很无奈,不知怎么处理,也没提出解决方案。何茜急得像是无头苍蝇,吃也吃不好,睡也睡不好,完全不知道该怎么办了。

陈斯知道何茜最近状态不大好,想主动关心她,没想到何茜说："没什么事,你就别想太多了。"或者是:"你平时不都很忙的吗? 怎么这会儿想起要关心我了?"

陈斯对何茜的好通通被回绝了。

就在何茜心急如焚的时候,李辰再次约她见面。何茜心里一点底都没有,心乱如麻。

李辰依然约在上次那家咖啡店,何茜走到咖啡店门口,看着上面的字觉得有些恐怖,它们仿佛是噩梦一般的存在。李辰还是坐在上次的位置,何茜忐忑不安地坐下,小声地说:"不是时间还没到吗? 你这是什么意思?"

李辰嘿嘿一笑说:"我是想起另外一件事了!"

何茜不安地问："什么事?"

李辰瞄了她一眼,说:"我记得我那天没避孕,你现在生的孩子会不会是我的?"

瞬间,何茜浑身发抖,嘴唇惨白,她勉强维持住,问道:"你到底在胡说八道什么,孩子怎么可能是你的? 你脑子里到底在想什么? 电视剧看多了吧? 再说了,我怎么可能会生下你的孩子,我和我老公为什么不生?"

李辰这人摆明就是想敲诈,他才不管何茜说什么理由,他就说:"我觉得孩子就是我的,你信不信,要不我们去做个 DNA 鉴定?"

他到底是怎么知道这事的,何茜整个人蒙了,感觉世界都崩塌了,她被吓得根本说不出话来。李辰没想到何茜情绪那么激动,大概是生完小孩的女人身体比较虚。

李辰接着说:"我们这事性质完全不一样了,本来就是睡一晚,现在连孩子都有了,你想你老公知道会怎么样?"

何茜被气得说不出话来:"你无耻。"

"我无耻还是你无耻? 嗯?"李辰扬起下巴,一副耀武扬威的模样。

此时此刻,何茜真为自己在朋友圈炫耀的行为感到后悔,没想到会引来这样的人渣。

或许,人生就是如此,越怕什么就越来什么。

何茜不知道自己是怎么到家的,只记到回到房间,直接躺在床上,身体疲惫到不行,好想一直睡下去。

陈斯感到何茜近期情绪不大稳定,时不时暴怒、悲伤。下班后,他特地去花店买了一束玫瑰花,随即驱车到品牌专柜买了一个新款包。他知道老婆很辛苦,孕妇产后心情起伏很大完全可以理解,她是他们家的"功臣",现在她做什么都是对的。

他到家看见何茜还在睡觉,于是轻手轻脚走到床前。何茜睡得迷迷糊糊之际,感到好像被人注视着,猛地睁开了眼,陈斯就站在她眼前,她一下子就慌了,问道:"你在这干吗?"

陈斯笑眯眯地说:"你猜。"

何茜心情不大好,说:"我猜不出来,你不想说就别说了。"

陈斯从身后拿出一个名牌包。何茜看到后,没有半点欣喜,随之而来的是强烈的屈辱感,所有的事涌上心头。李辰本逼着她要20万,现在竟狮子大张口要80万,而且要在一个月内给完。她上哪找那么多钱,如果她不给的话,李辰就会闹得她夫妻离婚。

这个人竟然卑鄙到这种地步!

陈斯见何茜脸色不好看,坐到床边,紧张地问:"你怎么了? 是不是身体不舒服? 身体不舒服的话,躺下来休息下?"

何茜抓住陈斯的袖子,冷冷地问:"我问你,如果我生的不是儿子,是不是你就不要我了? 如果我生的不是儿子,是不是就没有这样的待遇? 陈斯,你会不会太过分了?"

"你吃错药了?"陈斯被这样的何茜吓了一跳,她的精神看着不大正常,情绪特别激动。

何茜笑了出来,声音越来越尖锐,眼泪缓缓地流下来。陈斯不知道她怎么回事,喝止道:"够了! 你发神经也该有个限度! 不就是让你生个儿子,你生出来就没什么事了,现在算是什么意思? 不满意我的态度,还是不满意你儿子? 何茜你会不会太过分!"

"我过分还是你过分? 你让我生儿子我就生了,你有没有想过我根本没想生儿子呢?"何茜恨恨地说,"为什么要让我生?"

"你嫁给我生儿育女不是很正常的吗? 真不知道你脑子里想什么! 我没让你赚钱,没让你出去奋斗,我对你够好的了,你看看陈朵朵,每天上班那么累,要撑起一个家,不还是要生'二胎',何茜,你脑子进水了吧!"

陈斯讲完后,看见何茜满脸憔悴,瞬间心软了,但想着这女人不可理喻的状态,他没有做任何歉意的表达,犹豫再三,他直接就走了。

何茜沉默许久。这种生活真的是她想要的吗? 其实大学毕业后,去找一份稳定的工作,再努力奋斗几年,也会赢得该有的自尊。现在呢? 为了生活来源不断妥协,她不知道接下去会怎么样。她已经错了太多事,这些够让她心惊胆战了。

她不知道怎么跟陈斯开口要 80 万,之前的 20 万就够令人头疼了,更何况……

李辰真没让何茜安稳过,他隔几天就会给何茜发消息,提醒她拿钱,何茜被烦得不行,心情越来越差,以至于有一次,她看见儿子哇哇大哭,气得破口大骂,儿子的哭声越来越大,何茜压根不搭理,月嫂看见后,赶紧把孩子抱在怀中,小心翼翼地哄着,足足哄了半小时,孩子才睡着。

月嫂轻声说:"心情不好,也不能拿孩子出气。"

"你是哪里看出我心情不好了?"何茜没好气地回答,"小孩子嘛,哭一哭是很正常的事,你这么哄着才有问题。"

月嫂点头道:"你说得也是,但孩子不能骂。"

"是啊是啊,你说得太有道理了,既然你那么有道理,我这么没道理,那你就继续有道理下去吧。"何茜眼神一狠,"你可以不用做了。"

月嫂没想到何茜会讲这样的话,慌得不知所措。

结果,何茜就真让月嫂不用来了。当陈斯知道何茜把月嫂辞掉是两天后了,因为新来的月嫂并不勤快,令他有些反感,他想想之前跟何茜讲话太不注意了,于是调整心情去找何茜。

何茜正在房间里看电视,陈斯看了一眼电视机,连忙说:"这电视剧很好看。"

陈斯一说完，何茜压根没搭理他，他又继续说："你比电视上的女主角还好看。"

不得不说，这话一说出口，何茜嘴角微微往上弯，问："真的？"

陈斯连忙说："真的，对了，为什么把之前的月嫂辞了？"

"做得不好就辞了，哪有这么多为什么？"何茜的脸色一下子就阴了下来。

陈斯搞不懂何茜的状态，时而正常时而不正常："那这个新来的做得好？"

何茜"嗯"了一声："还好吧，比之前那个稍微好点。"

陈斯说："不好吧，碗筷都洗得不是很干净，做事也不利索，我看不行。"

"你又不经常在家，月嫂怎么样我比较清楚。"何茜直接说了这句，陈斯被堵得哑口无言。

何茜瞄了陈斯一眼，态度忽然缓和很多，说："有件事，我想跟你说下。"

"什么事？"这生了孩子的女人真是不一样了，一下子这样，一下子那样，变得也太快了。

何茜想了想说："是这样的，我爸妈在老家要修房子，你觉得能不能修？"

这是来要钱了，陈斯不动声色地问："要多少？"

何茜咬了咬嘴唇说："40多万吧。"

陈斯一愣："农村的房子要40多万重装费？"

"现在物价飞涨，东西都很贵，40多万也不算什么吧？你的意思是不准备给了？"

陈斯叹气："不是不准备给，是40多万不是一笔小钱，真的要那么多钱吗？"

"肯定要那么多的，陈斯，我都给你生了个儿子了，就那么一点点要求，你难道都不想答应吗？"何茜说得可怜兮兮。

"这……"陈斯犹豫了下，"你让我想想。"

3

陈朵朵和宋瑞的关系不死不活，然而，令陈朵朵没想到的是，早上起来刷牙，竟然从卫生间里走出一个陌生男人，吓得她连忙大叫："你是谁啊！"

因为陈朵朵的叫声比较大，引来了在厨房里的秦悦和刚穿好衣服的宋瑞，陈朵朵盯着那男人从头看到脚，心中有种不好的预感，她扭头看了一眼秦悦。那男人先开口了："这是朵朵吧？我是秦悦的老公王一，你结婚的时候我们见过的。"

呵呵，见过的，她想让秦悦走，没想到秦悦不仅不走，还招来了她的老公，宋瑞这算什么意思，而且都不跟她商量下，当她是什么人？在这个家她还有什么地位？

"表姐夫是来看表姐的。"宋瑞就这么一句。

陈朵朵点点头，极力忍住心中的怒火，直接绕过王一去卫生间。结果，卫生间里乱成一堆，这简直是在火上浇油。这都算什么事情，宋瑞现在越来越过分了。

陈朵朵洗完脸吃好早饭，走到房间里，宋瑞刚好打完电话，她笑着说："你这算什么意思？"

"什么什么意思？"宋瑞当然知道陈朵朵在说什么了，但这事来得太急，本想跟她打个招呼，但又想着两个人关系不融洽，怎么都开口不了，于是……

陈朵朵瞪了他一眼，说："哦，现在越来越不当我是个人了，家里多出一个人都不跟我打招呼，你实在太过分了。反正我已经生完'二胎'了，没什么利用价值了，你们家的目的已经达到了。"

"朵朵，你这是什么话，事情不是你想象中的那样，他一下子决定要来，所以我没跟你说，我也很吃惊。"宋瑞连忙说。

"那你昨晚怎么没跟我说，你怎么不打个电话给我，你给我发一条微信消息都可以，可你什么都没干。我是最后一个知道的人，谁才是这个家的主人，是我还是秦悦？现在我像一个外人一样，你的目的达到了，我算什么啊，我什么都不是了。"

宋瑞从来不知道陈朵朵这么无理取闹，嘴里没有一句理性的话，他沉默了。

陈朵朵接着问："是不是不敢说话了？是不是被我猜中心思了？我就知道，现在我生完孩子，所有的利用价值都没了。哦，也不是，我还能赚钱，如果我连钱都不能赚了，这才叫所有的利用价值都没了，是不是如果我连赚钱都不会赚了，你就直接赶我出家门了？"

陈朵朵以为宋瑞会解释一下，没想到他一句话都没说，一脸冷漠地离开了。

陈朵朵呆在原地，她一直以为宋瑞会不断包容，没想到会有今天，他不仅不包容，还以这种态度对付她。很久以前，有个朋友曾经跟她说，男人都是会变的，现在对你好，未必将来对你好，唯有当一个男人在本该对你不好的情况下，依然选择对你好，那才是真的好。

婚姻中的爱情很容易被透支，陈朵朵已经对自己的婚姻产生了怀疑，这种生活究竟是不是自己想要的，这样的男人究竟值不值得付出？

陈朵朵在办公室里看文件，蒋沁急急忙忙进来说："门口有个人说是你表姐夫来找你。"

王一？

陈朵朵站起身来,王一就大摇大摆地进来了。虽然她心里很讨厌王一,但总归是要给王一一个面子的。陈朵朵热情地说:"表姐夫怎么来我这了?你要喝点什么,是喝茶还是咖啡?"

王一坐了下来,说:"不用那么麻烦,听秦悦说你是在这当律师的,我就过来看看你了。"

……这人到底是什么意思?

王一自顾自说:"我都没喝过咖啡,你就给我倒咖啡吧。"

陈朵朵傻了,过了几秒才回神,连忙让蒋沁去泡了两杯咖啡。

她微笑地说:"我这边咖啡还是不错的,都是国外带回来的,口感很不错,你尝尝,觉得不错的话,我可以送你一盒。"

王一满意地点点头说:"好的,那我就多拿几盒回去分给村里的人喝喝,我们村比较穷,大家都没喝过。"

虽然陈朵朵不喜欢秦悦,但明显感觉出来这男人的素质和秦悦不是一个档次的,这两人怎么会结成夫妻?三观离得太远了。

"对了!"王一忽然说,"你厕所里的肥皂很好用,在哪买的?"

"那个是我同学家卖的,我都在她那买的。"陈朵朵回了句。

没想到王一说:"那也给我弄个几块,我带回村里去。"

"哦……"这是什么人啊!他怎么不去宋瑞单位,怎么要来她这里,实在是烦死了。

"还有!"王一又说。

陈朵朵不耐烦了:"还有什么?"

王一说:"还有,我邻居打了我家的猪,你说这事怎么弄,我是来咨询你这件事的。"

"猪……"陈朵朵不知该哭还是该笑,"这种事的话,问题也不算很大,你可以和邻居协商下。"

"不行,打了我的猪就是欺负到我头上了。"

陈朵朵根本不知道这个表姐夫脑子里装了什么,简直是没事找事,她不好意思赶他走,只能委婉地说:"我待会儿有个案子,要不迟点再谈?"

"那也行,等你回家继续说,我是闲来无事四处逛逛,一下子就逛到你这里了,既然你那么忙,我就先走了。"

陈朵朵让蒋沁送一送王一,蒋沁回到陈朵朵办公室,小声地说:"我们一共就七盒咖啡,他全拿走了。"

"哦……"

蒋沁好奇地问:"这真是你表姐夫?"

陈朵朵没好气地说:"这不是我表姐夫,这是我老公的表姐夫,我们家才不会出这种人。"

家里被秦悦和王一搞得乌烟瘴气的,陈朵朵一点都不想回家,下班直接去了她妈家,她妈煮了红豆粥,陈朵朵连吃了两碗。她妈问:"最近怎么样?请了人照顾小孩,应该不会累吧?"

陈朵朵心里有股翻江倒海的悲伤涌上来,她又拼命压制下去,笑着说:"还好,不累。"

"那就好,妈就怕你太累了。"

陈朵朵维持住笑容说:"不累。对了妈,为什么当时我让你来帮忙,你就来帮忙了,我说不需要了,你就走了,是不是我太任性了?"

"我只是不想你太辛苦,反正我在家没什么事,你要有需要我肯定来,你要不需要了,那赖在你家也不好。我知道你太要强了,很多事都不跟我说,我也不知道怎么关心你,只能等着你的要求了。"

陈朵朵听得一阵哽咽:"妈,谢谢你。"

对于陈朵朵来说,婆婆和妈妈完全不一样,她可以对妈妈任性,妈妈会无条件包容她,但对婆婆孝顺,也有可能被婆婆说三道四,越是到这个时候,越是能感受到家庭的温暖。

晚上陈朵朵没回家也没说一声，宋瑞心里是急，但他没有表现出来。

吃饭的时候，秦悦问："要不要问问朵朵几点回家？"

宋瑞摇头："不需要了，这么大一个人了，她总该知道自己在做什么。"

宋甯津津有味地吃着鸡腿说："爸爸，我好想妈妈，她怎么就不回家了？"

王一笑着说："朵朵人很不错啊，今天我去律所找她，她好热情。"

秦悦立马问："你去律所找她干吗？"

王一解释："我家的猪不是被打了嘛，我去问问这事怎么处理！"

这下宋瑞算是知道为什么陈朵朵晚上不回了，敢情是被气着了，秦悦在一旁尴尬地笑着说："这不是什么大事。"

王一大声说："这怎么能不叫大事？我家猪被打了还不算大事吗？"

宋瑞的心思没在这夫妻俩的对话中，他把碗拿到厨房，回到自己的房间里，觉得四周空洞洞的。他随即走到宋佳的摇篮旁，宋佳眨巴双眼，嘴里吐着小泡泡。他开始自我怀疑，这孩子来得真的对吗？

家里一片混乱，夫妻感情不和，婆媳关系僵硬。

他拿起宋佳的小手逗弄着。

4

何茜为了让陈斯相信老家的房真要装修，直接让她爸打了个电话给陈斯，说清楚是哪里需要装修，要在哪里购买材料，等等，陈斯一听是老丈人打来的电话，没办法只能同意给钱。

陈斯给得却不干脆，先是打了20万，理由是最近手头紧，所以先给这些,过一阵再打 20 万。

何茜拿了钱,心里忐忑不安,她爸又打来电话问:"你到底要这笔钱做什么?"

"这是我的事,你就当帮我,千万别说出去。"何茜对她爸也不敢说真话,她只是教她爸怎么跟陈斯说用钱这事,但原因她绝口不提。

她爸说:"只是……他会不会来我们家玩,到时候露馅了可怎么办?"

"没事,我会想办法拖住陈斯的,这事你就不用担心了。"

何茜没什么底气,她不知道自己能不能圆了这个谎言,也不知道能否拖住陈斯。但实在没办法,李辰那边催得急,她不想没了"金矿",更不想婚姻破裂,只能出此下策。

当何茜给李辰打了第一笔钱后,李辰不满意地还在电话那头说:"怎么就这么一点,你不是很有钱的吗?"

"有钱? 我能有什么钱? 都是我老公给我的,我能拿出这些就不错了,你还想要怎么样?"何茜有些发火了。

李辰一听语气不对,笑着说:"嗯,我知道你有的是套路,没事,我就慢慢等,你赶紧给我下一笔钱,我知道你一下子拿不出来这么多,但我不是很体谅你嘛,没要求你一口气拿出 80 万。"

何茜气得哑口无言,她挂下电话,冒出了要鱼死网破的念头,但这想法一滋生就被压下去了,她不想又回到那种穷苦的日子,离开了陈斯她什么都不是,她将一无所有,并且名声全毁。

可是,再这样下去,她迟早会崩溃,不知道李辰会干出什么更卑鄙的事。

何茜仿佛行走在刀尖上,每一步都扎出鲜血。

接下来的几天,何茜经常发怒,甚至连偶尔来的婆婆都发现了。

　　本来,婆婆来她家是问关于别墅的事,没想到撞见何茜冲着月嫂发火,月嫂手中拿着奶瓶,脸上阴晴不定,何茜双手抱胸,一副轻蔑的态度说:"小孩子喝不进去就不要让他喝了,喝这么多干吗!"

　　何茜骂完后,月嫂准备去哄小孩,没想到何茜又接着说:"小孩子哭闹不用管了,哭多了就不会那么轻易哭了。"

　　婆婆见状,连忙让月嫂去哄一哄孩子,然后对着何茜说:"何茜,我有事找你。"

　　何茜和婆婆两个人走到卧室,婆婆发了几张图给何茜,问道:"这是我朋友推荐的地方,地点不错,环境也好,你看看喜欢不喜欢。"

　　对于买别墅这事,何茜已根本不想听,要不是她乱在朋友圈发消息,怎么会引来李辰那人渣。但是婆婆毕竟地位不同,她忍着心中的不适感,故作好奇地浏览着,随即笑了笑说:"这个地点不错,我挺喜欢的,回头问问陈斯的意见,他要是没意见的话,我们就一起去看看这里。"

　　"嗯,也是。"婆婆点头,话锋一转,"对了,你最近心情不大好,老是发火。"

　　"啊,没有啊。"何茜扯出一个微笑,忙不迭又解释一遍,"没有的事。"

　　这不是婆婆第一次撞见何茜发火,之前来的好几次都有这种情况,每次何茜不是跟月嫂生气,就是打电话发火,或者跟小区物业吵架,真可谓是吃了炸药。不知是不是疑心病太重,她总感觉何茜并不喜欢这孩子,当时顾及何茜刚生完孩子,陈子胤需要妈妈的陪伴,她才同意让子胤跟何茜,小肉圆跟着她,减轻他们夫妻俩的压力。可现今看来,似乎一切都不和谐。

　　"不是我说你,你的脾气是要改改了,这么一直发火下去,肯定对孩子的成长不好。"婆婆开始语重心长地念叨。

何茜自然是附和着："可能是刚生完孩子,所以心情有些急躁,我知道了,我肯定会改的。"

虽然婆婆内心不满意,认为这女人是在恃宠而骄,但何茜生了个男孩,这地位就不一样了,那也是可以忍受的。于是婆婆和颜悦色地说:"还是孩子比较重要,你注意点就是了。"

"对了,听陈斯说,你老家要装修?"婆婆忽然问起这事,"现在农村装修那么贵?"

何茜心虚地笑了笑说:"嗯……是要那么多钱,我不是很懂,都是我爸爸在弄。我认为没必要装修,因为老人家住得不舒服,所以才会有这种要求。我还跟陈斯说了,要是觉得太贵,可以不要出那么多。可陈斯说了,我们都是一家人,必须要互相帮助。"

婆婆倒也没继续问,何茜不知她是否相信这番话,不敢去深究。

原本何茜和李辰约好第二笔钱是过一周汇的,但因何茜实在找不出任何借口,所以一直没向陈斯要来钱。李辰怕何茜打算作罢不管,一连打了三四个电话给她,但她一个都没接,李辰直接发了条微信,语带威胁:你难道不怕我抖出去吗?

何茜不是没看见电话和微信,她有过一瞬的决绝,干脆就告诉陈斯所有的真相吧。可她一直没搞懂,明明虎毒不食子,为什么李辰会以孩子做要挟,他不是应该要回孩子的抚养权吗?难道李辰的心毒到这种地步了?孩子不孩子无所谓,主要是要钱?何茜实在无法理解。

何茜主动约李辰见一面,地点是在附近的咖啡店。

过了半个小时,李辰到了。这会儿两人都顾不上点喝的,整个气氛很是僵硬,直到服务员递上菜单,两个人才稍有缓和,各自要了一杯橙汁。

"我拿不出这笔钱,你要么等等,要么你就把事情抖出去算了。"何茜思前想后认为李辰不会干出害孩子的事，如果他的心那么狠，那就别怪她更狠了。

李辰没想到何茜会这么说，问道："那你什么时候能拿出来？"

"你以为我是金矿吗？我在我们家顶多是个挖矿的，能挖到多少不一定，你这么狮子大开口，我是做不到的，你去跟陈斯抖出所有事情吧，我不怕你了，到时候我没有任何脸了，你更别想要脸，我还会让你一分钱得不到。"

何茜不过是在虚张声势罢了，但李辰确实被吓到了，连忙安抚何茜："别这样，我们有话好好讲，你一时拿不出来钱的话，我是可以体谅的，但你总要给我一个期限对吧？让我这么耗着，总归不是一个事，大家都是同学，我也不想害你，主要是手头很紧，真的没办法。"

"那是，我们是同学嘛，所以当你知道我要买别墅后，就索要 20 万，当你诽谤我孩子是你的，就要 80 万，还有什么事是你这种同学干不出来的？当然，我相信人心是善良的，你也是迫不得已的。"何茜语气冰冷。

李辰急了，说："何茜你这话什么意思？难道你不想给这笔钱了吗？你就不怕我真跟你老公抖出所有事情？"

"怕，我当然怕，但怕有什么用啊，你依然狮子大开口，谁知道我给完 80 万以后，你会不会继续要挟我，我拿什么继续给你，难道要给你要挟一辈子吗？"何茜之前是太害怕了，所以打了 20 万，打完这笔钱，她又思考了一下整件事情，认为这事过于混乱，现在不可轻举妄动了。

李辰说："收完这 80 万，我就离开这个城市怎么样？"

"我为什么要相信你？"何茜笑了，"等你在那个城市混得不好，不会又来找我吧？那你对我来说岂不是一辈子的噩梦吗？"

李辰盯着她问："那你准备怎么样？"

何茜哼了一声说："40 万！给完后当场销毁一切照片，你离开这个城市,我们之间没有任何关系了！至于你说什么孩子的事,孩子肯定不是你生的,你自己也不会相信的,如果孩子真是你生的,你也不敢这么堂而皇之要挟我,毕竟不会对亲骨肉下手这么狠。我为什么那么怕你,是怕陈斯真的误会,现在 DNA 检测也常出意外,总要把所有的事思考进去,你说对吧？孩子就是陈斯的,跟你一点关系都没有。当然,你要去跟陈斯闹就去吧,我是不想管了,随便吧。"

"何茜你别这样啊,我们有话好好说,你一下子降那么多,让我怎么适应？"李辰没有想到何茜会这样,怎么一下子变得那么厉害了。

何茜拿出一份文件,上面是李辰近期欠债的金额,"我让人调查了你,40 万足够了,就像你说的,我们是同学,不要太过分了。"

第十章
／
深陷泥淖

1

自打陈朵朵去她妈家感受到家庭的温暖,她越来越不想回家,每天回家看着混乱的一切,秦悦的心机重重、王一的贪婪无耻、宋瑞的冷漠无情、婆婆时不时的火上浇油,以至于她一到下班的点就感到生活无趣,好想继续工作。

但真的不回家会引人非议,所以她还是硬着头皮开车到了小区楼下。

陈朵朵一打开家门,香味扑鼻而来,虽然生活很是糟糕,但秦悦的厨艺的确不错,陈朵朵前脚刚进门,宋瑞后脚就进来了,两个人四目相对,谁都不说一句话。

秦悦做了六菜一汤,宋瑞和陈朵朵坐下后不讲话,倒是王一比较爱说,他没感受到两个人的矛盾,还在开玩笑说:"你们怎么不说话,哦,我知道了,你们肯定工作压力很大,还是在农村种田好,没这种生活压力,城里人都冷淡,我都好想回去了。"

陈朵朵听得不耐烦,直接说:"那你就回去,干吗留在这?"

宋瑞连忙接话:"怎么说话的! 不好意思,朵朵这人不大会讲话,她是心直口快,但心肠很好。"

呵呵。陈朵朵不讲一句话,王一哈哈笑起来:"我知道的,朵朵这人心肠不错。"

陈朵朵随意扒了两口饭,然后把碗筷拿到厨房。

宋瑞也没了吃饭的兴致,尴尬地笑了笑。

晚上,陈朵朵在房间里看材料,宋瑞轻手轻脚地进来拿件换洗衣服,陈朵朵听见窸窸窣窣的声音,感到不耐烦,说:"明天开始我去我妈家好了,反正家里有秦悦和王一,他们可以照顾你和小佳,甯甯可以跟我一起回去。"

"你这算什么意思?"宋瑞口气不大好,"难道孩子你就不管不顾了?"

陈朵朵笑了:"什么什么意思? 既然没什么共同语言,大家相处不下去,那又何必待在一起,还不如我回我妈家静一静,你说对吧?"

"你简直不可理喻!"宋瑞隐忍着怒气,"算了,你想回去就回去吧,反正小的也不需要你照顾了。"

"哦,我的小孩自然会回来看,不需要你操心。"

"你……"

结果第二天一大早,陈朵朵真的整理一箱子衣服去她妈家了,宋瑞没去阻拦,就放她自由了。

陈朵朵让宋甯自己决定是在家还是去外婆家,宋甯刚睡醒,有些不安地问:"妈妈,你和爸爸吵架了吗? 为什么要去外婆家?"

陈朵朵摸了摸宋甯的脸蛋:"不是的,最近外婆心情不好,妈妈去陪她,甯甯要去陪外婆吗?"

"那甯甯也要陪外婆。"宋甯抱了抱陈朵朵。

宋瑞一走进来就听见这对话,忍不住说了句:"少骗小孩。"

陈朵朵压根不想理宋瑞,帮着宋甯整理需要带的东西。

就这样,陈朵朵和宋甯都去了另外一个家,哪怕她内心充满对宋佳的愧疚,也硬是要去,只为和宋瑞赌这口气。她有时在想这口气是否比女儿重要,但转念一想,宋佳在家有人照顾,不免就安心许多,但这或许是在给自己找借口。

宋瑞晚上回到家时,感到以前的欢声笑语都没了,只有一片寂静,其中掺杂着秦悦和王一的说话声,他不知道该如何处理这些矛盾,更不清楚接下来的路如何走。

宋瑞打了个电话给陈斯,本想约见面,可陈斯在忙着应酬,只能改天了。

他把手机丢到一旁,头疼到不行,不知不觉睡着了。过了一会儿手机响起,是他妈的电话,宋瑞迷迷糊糊接起,他妈在那头问陈朵朵是不是离家出走了。

宋瑞随口应付几句,把电话给挂了,他沉思了一下,这事肯定是秦悦跟他妈说的,如果秦悦没有一点责任,陈朵朵不至于这样,只能说大家都存在一定的问题,包括他自己。

陈斯约的客户提前走了,他让司机送客户回家,想起宋瑞刚打电话过来,于是回拨过去:"兄弟,你来接我吃夜宵。"

陈斯和宋瑞到了一家小炒店,宋瑞点了两瓶啤酒,笑着跟陈斯说:"今天你开车!"随即猛地喝了一口。

陈斯摇摇头，灌了一口说："我让司机来。"

宋瑞酒量不算很好，喝了三瓶就晕乎乎了，脸上一片潮红："我跟你说，我家现在闹得乱七八糟，家不成家，朵朵都去她妈家了，这样的日子真没意思！我都不知道该怎么办了！"

"我家才惨，何茜生完孩子不知道发什么神经，脾气越来越差，我都不敢惹她了。我看她一点都不喜欢这孩子，上次我夸孩子好看，她还骂我，说我没什么眼光，我真不知道她脑子里到底在想什么！"

"唉……"

宋瑞叹了一口气，两个人又干了一杯。

"这生'二胎'真没意思！"宋瑞无奈地说，"早知道就不生了，也不会有今天的事情发生，你看看我现在多惨。"

"也不是'二胎'，可能是你们夫妻本身就有矛盾，一下子被'二胎'激发出来了，就像我的婚姻本来也有问题，因为生完孩子后，两个人关系特别脆弱，什么有的没的都爆发出来了，所以才会这样吧。"陈斯慢条斯理地说。

"那怎么办？"宋瑞担心地问。

陈斯想了想说："你主动跟陈朵朵认个错。陈朵朵那女人脾气比你大，能力比你强，她是骄傲的，所以不会主动低头，你一个大男人低声下气没什么，这是为了自己婚姻的幸福着想。"

"你说得有道理，但之前一直忍让，会不会让陈朵朵误以为我好欺负？我让她不是因为我怕她，是因为我爱她，我希望这个家更好。"经历了这些事，宋瑞有种感觉，会不会是自己过于懦弱，让陈朵朵认为他很没用，才会一次次不留情地对付他。

"也是，像我就偶尔让让何茜，否则何茜不知道得嚣张成什么样了，不过我和何茜、你和陈朵朵，我们的经济基础不一样。所谓经济基础决定上层建筑，家里谁能赚钱，自然腰杆会硬点。我是觉得你让陈朵朵也没什么关系，她确实很辛苦。"

陈斯的话是有道理的，因为陈朵朵向来都是强势的，他又何必再去跟她争什么，还不如忍让点。

陈斯又说了："你老婆的问题好处理，毕竟你老婆能赚钱。我老婆又不能赚钱，还这么对待我，你说我的日子多难过。她现在生了个儿子，都变成什么样了，看人不爽就骂，脾气大到不行。"

宋瑞笑了笑说："你不是指望儿子吗？现在有儿子了，你就开始埋怨她了？好歹她是你小孩的妈，你忍忍就没事了，你让我忍，你也忍一点，忍过去了，就什么事都没有了。"

"也是，念在她刚生完小孩的分上，我就忍忍了。"

不过事情说起来简单，做起来难，虽然陈斯跟他说了，要忍让低头，但走出那一步很困难，首先他要去丈母娘家带陈朵朵回来，这要是陈朵朵给他甩脸色，他的面子往哪搁？

就在宋瑞纠结犹豫之际，秦悦也纠结万分地和他说："我有事想和你说。"

宋瑞纳闷了，秦悦有事该跟王一商量，怎么会想到他了？

"王一怎么不在家？"宋瑞笑着问。

秦悦小声说："他去超市买东西了，就是趁着他不在家才找你说的。"

宋瑞谨慎地点点头，两个人走到阳台上，秦悦神色慌张地说："我怀孕了，现在不知道怎么办！"

宋瑞愣了一会儿才说："既然怀孕了，可以找表姐夫商量一下，他不是也想要'二胎'吗？"

秦悦叹气："他是怎样的人，你又不是不知道，孩子的压力全在我身上，我觉得压力实在太大了，没条件继续承受。他觉得孩子生下来就行了,不管如何都会长大,我却认为生孩子要有责任感,如果这样随意决定他人生命,其实是不对的,你觉得我应该怎么办?"

王一生性懒惰、不思进取,再生出一个孩子,压力自然是落在秦悦的身上。虽然如此,但打胎对秦悦的伤害也大。宋瑞说:"我觉得最好是生下来,毕竟是一条生命,而且你必须跟表姐夫沟通,他是孩子的爸爸,有权利知道这一切。"

"可是你看他这个样子,有为孩子考虑过将来吗?"

秦悦已经忘记了为什么要跟王一走到一起,现在的他一无是处,没有任何优点,那时候是伤得太重了,才会把人家给予的一点好当作宝。接触时间越长,王一的本性越是暴露无遗,令她无所适从,不知该怎么办。

"这事,你就不要告诉王一了,我好好想想。"秦悦沉默了。

宋瑞说:"你放心,我不会说的,你好好考虑,如果没怀上,经济条件不允许的情况下,那就先别生,但现在都已经怀上了,没有特别抵触就生吧。"

他在生"二胎"这事上已经闹出不少纷争,现在不敢乱给建议。

每个人对生"二胎"的理念不一样,他认为生"二胎"是生育,而陈朵朵觉得生"二胎"是压力,两者的概念完全不同,才会滋生出那么多的矛盾。在两个人意见不统一的情况下,需要进行一个良性的沟通。

2

一整晚,秦悦翻来覆去睡不着觉,时而叹气,时而挠头,最后直接坐了起来。她的动作有些大,旁边的王一一下子醒了,他迷迷糊糊地问:"你今天怎么了? 三更半夜翻来翻去干吗?"

秦悦瞄了王一一眼,想起两个多月前的夜晚,他对她毛手毛脚,因为安全套用完了,所以她不肯就范,他说一次不会怀孕的,让她放心,估摸着就那一次中标了,她是悔不当初,早知道坚决不行,他可能就作罢了。

"你可以回家了吧?待在这里又没事,我已经很让朵朵和宋瑞讨厌了,你在这更添麻烦。"秦悦没好气地说,只要王一回家,她就偷偷把孩子流掉。生活压力巨大,何必再找麻烦,一个就好了。但她知道没法跟王一说这事,就他那简单的脑子,直接把生孩子当成下蛋,认为孩子破壳而出、长大,一点不需要大人多操劳。

王一觉得莫名其妙,说:"你怎么说话的,我来玩玩,还要被你赶着回去,秦悦你胆子怎么这么大了!"

"你成天在这里玩,我们哪来什么钱,难道还要我养你吗?我的钱是养孩子的,不是养你的,你搞搞清楚!"秦悦一下子发火了。

秦悦这么讲话,王一没招了,连忙哄着:"我知道你在这个家干得很辛苦,但夫妻俩不是要住在一起嘛,你都在这里了,我肯定也要在这里找个工作,等到我们在这里发展好了,就可以把孩子也带到城里来,你说好不好?"

敢情王一要在城里发展,秦悦吃惊地说:"你不是说城里不好吗,怎么想的?你还想要在城里发展,不需要了吧?等我赚点钱,还要回农村的!"

"不行,为了我们孩子能在城里发展,我吃点苦算什么,明天就去找工作。"王一这会儿全清醒了,开始发誓。

秦悦不知怎么接话,想想前方一片黑暗,她累得躺下休息,没想到王一接着说:"我这么说你不感动吗?"

秦悦冷冷地说:"哦,睡觉了。"

秦悦以为王一是随便说说的,没想到第二天他真起来找工作了,说是要去一家餐厅做厨师,老板打来电话让他应聘。宋瑞不知道这两人究竟商量得怎么样了,趁着王一去卫生间,偷偷地问:"这是打算生了?"

秦悦连忙做出一个嘘的动作:"没有! 他什么都不知道。"

宋瑞点头道:"你放心,我什么都不会说的,不过……你们最好商量下,免得弄成我这样。"

秦悦抱歉地说:"对不起,给你和朵朵带来很多麻烦了。"

宋瑞笑了笑说:"没事。"

他的事跟秦悦是有极大关系,但既然已经发生了,又何必再去计较是谁的问题,如果他们夫妻俩关系够好,不至于闹成这样。

宋瑞是很想去找陈朵朵回家,但心中总有股怨气,所以迟迟未行动。脾气再好的人,也会累,也会烦,他想看见陈朵朵对他还留有一点情。可等了十多天,依然不见动静,这女人是铁了心要和他对着干,他不想面对一个支离破碎的家,决定要开始行动了。

宋瑞提早下班去接宋甯,宋甯看见是爸爸来接他,高兴得不得了,猛地扑了上来,亲了宋瑞一口说:"爸爸,我好久没看见你了。"

最近都是陈朵朵接宋甯回她妈家,再加上宋瑞和陈朵朵在赌气,所以连儿子的面也没见上几回,这个爸爸做得真失职,他愧疚地亲了亲儿子说:"是爸爸不好,爸爸太忙了,所以没来接甯甯回家。"

宋瑞打开车门让儿子坐上车,宋甯像是一只小老鼠似的钻了进去,随即问:"爸爸,今天我们回家吗? 今天不去外婆家了? 那妈妈也回家吗?"

宋瑞摸了摸儿子说:"嗯,妈妈也回家。"

突然,宋甯像是想到什么似的,咬着嘴唇说:"爸爸,最近妈妈心情不好。"

不远处的霓虹灯一盏接一盏亮起来,给这个城市穿上了一件华服，不知是灯光太美，还是宋甯的话太触动人心，宋瑞的心柔软了下来，把心中那点仅剩的怒气驱散了。

"妈妈为什么心情不好？"宋瑞是了解陈朵朵的，她从来不会当面示软，以至于他快忘了陈朵朵本身是个情绪化很严重的人，她的心理很脆弱。

宋甯想了想说："妈妈老是偷偷哭，我也不知道为什么，妈妈还说外婆心情不好，让我多陪陪外婆，可外婆每天养花、烧饭很开心，是妈妈心情不好。"

得知陈朵朵过得不好，宋瑞并没有想象中开心，而是无尽内疚。

说好要好好照顾她一辈子的，可他没做到；说好不惹她生气的，可他也没做到；说好无论遇见任何事站在她这边，他更是没做到。

陈朵朵急急忙忙到幼儿园接宋甯下课，却被陈乔老师告知孩子被宋瑞接走了，她站在原地想了会儿，宋瑞这算什么意思！立马开车回家，一进门就看见秦悦，陈朵朵问："宋瑞呢？"

秦悦没想到陈朵朵会过来，有些没反应过来。陈朵朵直接进房间，宋甯正在写作业，而宋瑞在一旁看书，她有点恍神，这是一种熟悉而又陌生的感觉。

"你这算什么意思？"

宋瑞看了她一眼，先去把房间门关好，弄得陈朵朵莫名其妙，宋瑞放低姿态说："老婆，你就别生气了，这一切都是我的错。"

宋甯不知道爸爸讲这话什么意思，奇怪地问："爸爸，你做错什么了？"

宋瑞忘记房间里还有一个人了，笑着说："甯甯乖，甯甯好好写作业。"

宋甯跑过来缠着宋瑞说："爸爸，你要说哪里错了。"

宋瑞真没想到儿子会来这么一招，早知道就先让他回自己房间，陈朵朵扑哧一声笑了出来，歪着头看着他问："儿子说得对，你哪里错了？"

这一大一小全盯着宋瑞看，他顿时尴尬起来，咳嗽了一下才说："我哪里都有错，你就不要生气了。"

陈朵朵摸了摸宋甯的脑袋，亲了亲他脸颊，轻声说："甯甯去外面看动画片，妈妈有事和爸爸说。"

宋甯一听妈妈都这么说了，识相地打开门出去了。

陈朵朵看了宋瑞一眼说："我知道承认错误很简单，但解决问题很难，你跟我承认错误不过是口头上的表示罢了，可我们面临的问题依然还在，比如你妈妈和我关系不好，秦悦和我的关系不好，我们的第二个孩子该怎么带，你有没有考虑过这些？一味地认错真的有用吗？还是需要一些切实可行的办法。"

"我……"宋瑞的确没考虑到这些问题，"我相信我们关系好了，这些问题都是可以慢慢解决的。"

陈朵朵无奈地笑了笑说："但也有可能这些问题是解决不了的，从我怀孕前到生完孩子，我和你妈的关系一下子好一下子坏，这时候都这样了，我相信以后也差不多，再接下来，秦悦呢？秦悦的事还没解决完，秦悦老公又来我们家了，他俩一过来，你说对小孩的教育是好的吗？她的老公那样子，会带坏甯甯的，你不要以为你做好人就可以了，你做好人是对的，但你这个好人会对我们家里造成很大的危害，孩子的教育是得不到保障的。"

"你就不能忍让一下秦悦吗？她是我表姐，现在有困难的情况下，我们理应帮助她。"宋瑞一直觉得陈朵朵和秦悦的矛盾可以缓和，只要陈朵朵睁一只眼闭一只眼，那么日子是可以好好过下去的，"人生不是要找个让你舒服的人，而是去适应人家的不好，再挖掘人家的优点，秦悦做菜不错的,她的优点也是很多的。"

陈朵朵气道:"我可不愿意找个你妈的探子在家,说到底她是你妈弄来的,她在这个家一天,我就不回这个家了。我每天要防着她,这是我的家,不是我的监狱,我干吗要活得那么苦!"

这事没有宋瑞想的那么简单。他本以为道完歉,陈朵朵原谅他了,两个人就能恢复以前的生活了,可现在看来不是这样的。听陈朵朵的语气就是要赶走秦悦,可那样对待秦悦太不公平了。他不相信秦悦是什么探子,只是偶尔会跟他妈讲家里的事说漏嘴罢了,他俩的核心价值观太不一样了。

陈朵朵见宋瑞没软化的迹象,也没站在她这边考虑问题,本来被温暖的心,这下又死得彻底,她不想再在这里停留一秒了,拿起包包打开门,她说:"在你没决定怎么做之前,我们还是不要见面了。"

宋瑞没有阻止她,陈朵朵去问宋甯:"甯甯是要跟妈妈回外婆家,还是要跟爸爸在家里?"

宋甯不安地看了陈朵朵一眼说:"我跟妈妈。"

秦悦见状忙说:"朵朵,这一切都是我不好,你就别生气了,我……"

她话还没说完,陈朵朵就笑了,说:"没有啊,你做得很对,哪里有错,错的是我,你们都是对的。"

"朵朵,你不应该这样的,我们大家都想你回来。能不闹矛盾了吗?"秦悦劝阻。

这算什么意思?

现在她成罪人了吗?

仿佛现在都是她的错,跟他们没有任何关系似的。陈朵朵点头道:"好了,这事就这样,我不想再继续说,你在这好好做,不要说一句废话,我可不想继续跟你闹什么深仇大恨!"

"陈朵朵！有你这么说话的吗?"宋瑞大声说了句。

陈朵朵冷冷地看了他一眼,说:"好,我走。"

婚姻走到这步境地,陈朵朵始料未及,以往她和宋瑞的小争吵很多,但大矛盾没有,这次算是最严重的了,现在宋瑞也没做出任何实质性的举动,这让陈朵朵感到无力,这场婚姻真的是对的吗?

宋甯在车上问:"妈妈,你是和爸爸吵架了吗?"

陈朵朵笑了笑:"没有,爸爸和妈妈只是说话大声了一点。"

3

李辰被何茜查了个底朝天,万般无奈下答应何茜从 80 万降到 40 万,虽然如此,但何茜的日子又岂能好过?

何茜一而再再而三地催促陈斯给钱,但陈斯却以装修不需要那么急为由而拖着。她心中实在没底,一是怕李辰的事情拖得越久越会被发现其中的破绽,二是怕陈斯和婆婆会查出点什么。

何茜继续让她爸给陈斯打电话,没想到这次不起作用了,陈斯借口最近公司资金紧缺等问题,让他们别那么着急,反正装修房子不是一时半会儿的事。

陈斯本来对这事没想太多,但何茜催得太急了,不禁心生疑虑,这事是不是有点古怪,他打了内线电话让王成安上来。

王成安作为何茜的表哥,或多或少会知道老家发生的事,顺道问问是不是真要 40 万。

自从王成安被调到很闲的岗位,他见到陈斯的机会也少了,陈斯突然要见他,令他大吃一惊,急急忙忙就上去了。

"表妹夫,你找我有什么事?"王成安撑起笑脸。

陈斯喝了一口茶,装模作样地问了一圈他的近况,王成安也是大致说说,而后陈斯像是想到了什么,笑着问:"你们村现在生活水平提高不少,对了,当时你家装修房子用了多少钱?"

王成安没多想,就说:"我们家比较便宜,也就 10 多万吧,随便弄一弄,不过茜茜家比我们贵点,要 20 万左右。"

陈斯点点头,又接着问:"她家装修好久了吧,现在估计要重新装了。"

"哪的话,去年才翻新的,怎么会又需要重新装。"王成安继续说,"她爸爸不是说要装好点嘛,还特意让我去问问哪里搞室内设计的人靠谱。"

陈斯一下子脸都黑了,没有讲话了。

王成安愣了,问:"是不是我讲了什么不该讲的话?"

陈斯笑了笑说:"没有,你下去吧,我待会儿有个会议。"

王成安走了后,陈斯在办公室发了会呆,他从来没有想过何茜会骗他。虽然何茜是贪钱,但何茜不至于做出这样的事,怎么生完孩子,何茜就成了这样的人?他的心都寒了,这 40 万究竟是拿来做什么的,肯定不是用来装修房子的。

他晚饭是在公司里吃的,吃完回到家,何茜就笑盈盈地亲了他一口,殷勤地问:"累不累?我去给你放热水洗澡?"

陈斯疲惫地摁了摁肩膀,柔声说:"你给我捶一捶吧!"

何茜的小手在他身上按压着。

陈斯不动声色地问:"你爸那边装修得怎么样了?"

何茜没想到陈斯会主动提起,连忙说:"还在弄,我爸那人比较精益求精,所以进度比较慢。"

陈斯笑了笑:"也是,要不周六去你爸那边帮忙,你爸妈也是够辛苦的,我们应该要去尽尽心意,顺带送点进口榴梿过去,我朋友带了好几箱过来,都吃不完。"

何茜手一抖，陈斯明显感觉到了，她慌张地说："不用了，我爸妈能搞定的，我们去了还碍手碍脚。再说了，我才刚坐完月子，装修那地方特别脏乱，我怕对身体不大好。"

陈斯点头道："那你在边上就行了，我去帮忙，做人家女婿的，总不能不闻不问。"

"陈斯，你是不是不相信我？"何茜浑身发冷，声音越发尖锐，"你要是不相信我早说啊，是不是我怪我拿了你20万？"

陈斯直直地盯着她看，何茜马上低下头。

陈斯笑出声来："我怎么会不相信你，我不相信你相信谁呢？我只是随便问问，你不用那么紧张。"

"我紧张什么，只是怕你心疼钱，我也不好意思，可我没赚钱的能力，唯有依靠你了，结婚的时候你也说了，我不需要担心这方面的问题。哎，其实女人不赚钱真不好，谁知道你会不会保护我一辈子。"何茜有些怕，陈斯怎么会想起要回老家看看，他是不是怀疑了什么，还是他已经知道了什么，但如果真知道了情况，他应该直接拆穿，干吗来测试她？可能是她想太多了，陈斯也就是随便问问罢了。

陈斯抱了抱她说："我当然会保护你一辈子了。"

何茜隐隐感到一阵不安，他不可能发现家里的事，如果真的发现情况，他应该会直说的，而不是遮遮掩掩地试探，或许是她想太多了。

4

陈朵朵和宋瑞关系持续恶化，秦悦经常在家听见宋瑞的叹息声，她不是不清楚原因，而是不知道怎么做。她不想回农村，但在城里找个工作也不是简单的事，每天只能装傻的日子不好过。

这天，秦悦在家给孩子喂奶，心中十分愧疚，孩子还那么小，夫妻俩就开始吵架了，这对孩子的将来也不好。她揉了揉孩子的小手，琢磨着是不是应该重新找一份工作。就在这时，门铃响了，她开门发现是姑姑来了。

秦悦对怀里的孩子说："奶奶来看你了，给奶奶抱抱。"

秦悦的姑姑是散步逛到附近就上来看看，她小心翼翼地接过孩子，不断地逗弄着："奶奶来了，奶奶亲一个。"

孩子打了个哈欠，秦悦连忙把孩子抱回来，哄着入睡，随即放回摇篮里。

处理好一切后秦悦倒了一杯菊花茶给姑姑。

她问："陈朵朵还没回家？"

秦悦尴尬一笑，不知怎么作答。自从宋瑞千叮咛万嘱咐不可以透露陈朵朵的事，秦悦是一句话都没乱说，不知道姑姑怎么会知道陈朵朵不在家的。

她笑了，接着说："真不知道陈朵朵脑子里想什么，放着孩子不照顾，就这么回娘家了，娶这种女人回家，真是家门不幸。"

"朵朵有朵朵的难处，我在这里给他们夫妻俩添了很多麻烦，其实想想没必要非在这里，我去找个别的工作，朵朵可能就回来了。"秦悦只是说出了自己的一个想法，可话传到她姑姑耳朵里就不是这么回事了，连忙说："你怎么可以这么想，你要是走了，这孩子谁照顾，说到底都是陈朵朵的错，要不是她耍性子，现在一家人多幸福，这事我要跟宋瑞说说去，要是陈朵朵真的这么不识相，可以一辈子不回来。"

秦悦阻止说："不是这样的。"

秦悦这话还没说完，她姑姑就气呼呼地开门而出。

宋瑞在会议室开会，他妈打了好几个电话过来，他只好硬着头皮出去接了，没想到一摁接听键，他妈就怒吼着："陈朵朵算是什么意思！

她不回家是逼我吗？是不是觉得我老太婆好欺负，所以才这么针对我！"

路过的一个同事，吃惊地看了宋瑞一眼，他笑了笑走到一旁，压低声音说："妈，我在开会，这事不是你想的那样，朵朵只是偶尔回娘家，又不是长期住在那边，你不要那么夸张。"

奇怪，他妈怎么会知道这事，八成是秦悦说的，宋瑞略感无力，女人的嘴巴就是大，世界真复杂，越传越乱，越说越离谱。

"如果陈朵朵坚持这样的话，那这种儿媳妇我是不要的，你们的孩子才多大啊，她就不管不顾回娘家了，这种铁石心肠的女人有什么好，要是处不下去的话就离婚，没了她世界照样转！"他妈越说越离谱。

"妈！"宋瑞重重地喊了下。

结果他妈说："你竟然骂我！你现在翅膀硬了，都敢骂我了，是谁十月怀胎生了你，是谁一把屎一把尿拉扯你长大的？你现在为了陈朵朵就这么对我，你良心过得去吗？"

"妈，我不是这个意思！"宋瑞还没说完，那边就挂下了。

夹在老婆和亲妈之间，他是左右为难。

5

吃完饭后，秦悦主动到房间找王一商量事情。

王一本是在一家餐厅帮忙的，可嫌太累，所以就不想干了，想找个轻松的活不容易，大多是他看上的工作看不上他，他看不上的工作看上他，如此进入一个死循环。王一最长工期就两天，三天打鱼两天晒网，秦悦没看出王一有一点前途。王一依然认为是工作不适合他，而不是他不适合工作。

"我觉得在这里太打扰宋瑞和朵朵了，我想找个新工作。"秦悦苦恼地说，"我真不想让他们夫妻关系再恶化下去了。"

王一慵懒地躺在床上，一听到这话，差点蹦起来了。"你不做这个工作，上哪去找这么好的活，再说了，你新找的工作不一定包吃包住。反正陈朵朵和宋瑞吵架是他们夫妻本身有问题，这跟你没什么关系，你在这里瞎操心什么。"

"有你这么说话的吗？他们夫妻吵架都是因为我们，你又何必赖在这里。我不管，我就要去找工作，要不你先回老家吧，等我赚了钱就回老家了。"

"不行！我回老家后，就你一个人在城里打拼多辛苦，我肯定要陪在你的身边照顾你，再说城里发展挺好的，我还指望在城里有个不错的未来。"王一刚到城里时没发现这里有什么可留之处，但随着在城里时间越长，越觉得这边事情都新鲜，比家里有意思多了。

秦悦听王一的意思是不想回去了，她像是忽然想起一件事似的说："对了，婆婆昨天打来电话，说孩子最近夜里经常哭，听说很严重，你要不要回去看看孩子？婆婆年纪也大了，万一照顾不周到的话，可怎么办！"

"啊！还有这事，你怎么不早说！"

王一急得像是热锅上的蚂蚁，忙说："那我马上回去看孩子。"

秦悦只是把情况说得稍微严重点罢了，目的就是让王一回到老家去。一般人碰到这种情况会打电话回家仔细问孩子情况，但王一没有，他慌慌张张就全信了。这样也好，她才有机会先去把孩子打掉，然后再找一份新的工作，这个孩子来得太不是时候了，她不是不爱孩子，是没有经济能力去拥有他。

王一这个人虽做事不靠谱，但对于孩子的问题十分重视，秦悦刚说完孩子的事情，他连夜买票要回家看孩子。

第二天，秦悦送他去车站，临走之前嘱咐他："在老家多陪陪孩子，我们俩都不在孩子身边,孩子是很可怜的。"

王一捏了捏秦悦的手说:"好,等我在老家待一段时间就回来找你。"

"好。"秦悦笑得有些决然。

宋瑞回家吃晚饭,没见到王一的人影,正在纳闷究竟怎么回事,秦悦做完菜出来说:"他回老家了,可能要待一段时间。"

宋瑞瞬间明白了什么,犹豫再三开口道:"你是决定不要了?"

秦悦点点头道:"这孩子没必要来,来了会造成我们很大的负担,仔细想想就放弃了。"

"可你没有跟王一商量。"宋瑞忍不住说,"他是孩子的爸爸,他有权知道这一切的。"

秦悦无奈一笑:"不重要,你看他哪有一点当爸爸的责任,工作不喜欢就不做了,太累了就不做了,不适合就不做了。他这个样子能当个好爸爸吗?生下这个孩子只是增加负担罢了,我觉得没意思,一个孩子压力就够大了,再加一个孩子,我都不知道要怎么办了!"

"你这样做是不是太过分了。"宋瑞摇摇头,皱眉道,"这毕竟是两个人的事,你一个人决定了生不生,这对他来说有点不公平。"

秦悦疏冷地说:"宋瑞,你是不是太理想主义了?你那一套都是书上的知识,在现实生活中,生活压力巨大,我们家不是你们家,我们家连一个都养不起,更何况再加一个。"

宋瑞陷入长长的沉思中,陈朵朵也曾说过类似的话,难道他的想法过于虚无吗?还是男人与女人有思维上的差异?

这是宋瑞吃过最无味的一顿饭,他搅了搅粥,家里比这粥更乱。

第十一章
离婚纠纷

1

时间一晃而过,陈朵朵已经在她妈家生活了十多天,这些日子她就像是断了线的风筝,好几次午夜梦回都不知身在何处,坐起来清醒了一会儿,才发现不是在自己家里,身边也没了往日的温度,她感到从内而外的冷,经常打开手机看宋瑞的电话号码,心知他不会打过来了,却依然会有种莫名的盼头。

他们之间的问题仍旧存在,那她为什么还那么想他,是习惯吧!她已经习惯身边有个人了,现在没了他,才会这么不适应。自从她回到她妈家,宋瑞微信就没响过,陈朵朵除了失望还是失望,这样的婚姻意义在哪,只要一分开就变得形同陌路了,真的好没意思。

一大早,她妈就煮了南瓜粥,配上榨菜和荷包蛋。宋宥最爱吃的就是荷包蛋了，一口气吃了两个，然后狗腿地说："外婆做得真好吃。"

她妈听了呵呵一笑说："甯甯真乖，就是会说话。"

陈朵朵在一旁漫不经心地喝粥，她妈看了她一眼说："对了，昨天宋瑞打电话过来了。"

"哦，他打电话过来干吗？"陈朵朵明显情绪激动了一下，但被她抑制住了。

"他是打电话来问甯甯怎么样了。"她妈说，"还有问甯甯周末要不要回家看小妹妹。"

陈朵朵转头问宋甯："甯甯要回家里看小妹妹吗？"

宋甯乖巧地点点头："好，我要回家看看小妹妹，我都好久没见小妹妹了，不知道小妹妹长大了没，不知道小妹妹想不想我。妈妈，我们什么时候回家住啊？"

陈朵朵还没说话，她妈就说："是啊是啊，你们什么时候回家，甯甯都想家了。"

陈朵朵扑哧一笑，说："妈，你就别乱说了。"

她妈笑着说："什么叫乱说，甯甯想回家也是正常的。"

"好了好了，我知道了。"陈朵朵拿起包，送宋甯去上幼儿园了，顺手给宋甯整了整头发。

路上，陈朵朵问宋甯："甯甯在外婆家开心吗？为什么会想家？"

宋甯笑眯眯说："我想爸爸和小妹妹。"

"甯甯之前不是不喜欢小妹妹吗？怎么现在不一样了？"陈朵朵打趣地问，"甯甯不是认为小妹妹会抢了爸爸妈妈的爱吗？"

宋甯急了："妈妈你不要胡说，小妹妹才不会抢了我的爱，我很喜欢小妹妹。"

"好好好，那周末让你回家看看小妹妹。"

到了周末的时候,陈朵朵终于给宋瑞打了个电话,告知今天会来看宋佳。

宋瑞在那头语气淡淡的。

陈朵朵听得有点火大,敢情她不在的时候,他活得挺好的,也是,平时是她太烦了,现在倒是还他自由了。

陈朵朵到家的时候,竟然有种莫名其妙的陌生感,可能是离家时间太长了,所以才会有这样的感觉。

她连忙去看女儿,好久不见,感觉女儿长大了些。

宋甯在一旁说:"我要跟小妹妹玩。"

陈朵朵把孩子放回摇篮里,宋甯在一旁陪着宋佳嘀嘀咕咕。

宋瑞从房间里走出来,看了陈朵朵一眼,两个人没有讲一句话。陈朵朵四周望了一圈,问:"秦悦和王一呢?"

宋瑞解释:"王一回老家了,秦悦出去有点事。"

"哦,看来我不在的时候,家里还出了挺多的事。"

陈朵朵语气酸酸,她现在觉得宋瑞的态度不端正,一副不在乎的样子,令她十分难受。

宋瑞笑了笑:"事情是不少。"

"嗯……"

两个人陷入长长的沉默中。宋瑞给宋甯洗了苹果,宋甯高高兴兴地吃起来,还问陈朵朵:"妈妈,你要吃吗? 对了,爸爸你怎么不给妈妈洗?"

陈朵朵立马说:"妈妈不重要了呗,这你都不知道。"

宋甯一下子说:"妈妈很重要啊,我去给妈妈洗。"

宋瑞阻止了宋甯,说:"我去洗,刚刚忘了。"

原来在两个人的争吵中,他都忘记了原来该有的甜蜜。陈朵朵心中十分苦涩,这是一段怎么样的婚姻? 她在这里面还有多少地位? 宋瑞越来越不在乎她了,之前他会做到的事,现在也没有去做,是不是他们俩感情就走到这里了? 陈朵朵回头看了一眼宋佳,这个孩子带来的是什么?

下午秦悦回来煮饭,陈朵朵对秦悦不冷不热,这种态度让秦悦心里不是滋味。

她给陈朵朵夹了菜,陈朵朵没吃,她忍不住叹了一口气,犹豫再三说:"朵朵,你就不要为了我的事生气了,我已经准备好去找别的工作了,等我找到别的工作后,你就回来吧,你们实在不能因为我而赌气。"

宋瑞抢了一步说:"你没有必要这样,这不是你的错,朵朵自己知道自己在做什么,你不要因为我们而怎么样。"

宋瑞这个贱人!

他现在都成什么样了,完全帮着外人说话。

陈朵朵猛地站了起来,怒道:"宋瑞,你这是什么态度? 什么叫作不是她的错,那全都是我的错吗? 对,我错得离谱了,我最大的错误就是嫁给了你,我随便嫁个人也不至于是你这样的!"

宋瑞不是有意这么说的,完全是为了维护秦悦的面子,没想到陈朵朵反应这么激烈。

他还没反应过来,陈朵朵就已经关门走人了。

秦悦急忙说:"你赶快去追。"

宋瑞在楼下花园里追到了陈朵朵,她压根就当没看见他,径自往前走,他跑到她前方好声劝阻:"朵朵……"

陈朵朵没好气地说:"你还来追我干吗? 你们不是挺对的吗? 就我一个人是错的,来追一个错的人,岂不是让你变得不对了?"

"饭桌上的事,我跟你道歉,因为秦悦是一个外人,我不想让一个外人伤了面子,所以才会说那样的话。朵朵,你不要这个样子,我们俩可以好好商量的，你有什么火不要这么发，伤了亲戚之间的和气就很难去修复了。"

宋瑞打从心底认为秦悦是一个外人，人和人之间的尊重很重要。

陈朵朵一而再再而三去伤及一个外人，他觉得实在是不妥。

陈朵朵听得心寒，说："她是外人，所以你处处维护她。她是外人，所以你处处帮她。我是什么？我是你老婆，所以你一次次不给我面子，一次次不站在我这边，那这样的老婆有什么意思呢？当你老婆好受罪，还不如一个外人！"

"陈朵朵，你这话什么意思！"宋瑞有些恐慌，"我这是为你好！"

"我没什么意思！我知道你是为我好，所以我和你妈之间，你处理不了，我和秦悦之间，你处理不了。你处理不了也就算了，还要责怪我的不是。也是，你们都是对的，就我一个人是错的，你们开心了吧，我承认都是我的错了。"

宋瑞急了："朵朵，错不在你，这事大家都有原因，我们就不能静下来好好说说吗？为什么要闹到这种局面？我们是夫妻不是外人，有什么不能摊开来讲的，你不要讲这种伤人的话。"

"我讲了什么伤人的话？这些话不都是你跟我讲的吗？我伤你什么了？我伤你们家什么了？"陈朵朵讲完这些不禁悲从中来。

她却笑着说："宋瑞，既然无法和平共处下去，我们要不要考虑离婚？"

"你……"宋瑞万万没想到，她竟会说出这样的话。

陈朵朵讲完后诧异，情绪为什么会迸发到此种境地，连离婚这般大事也可脱口而出。但此时此刻，她有种理所应当的感觉，好像是积压了许久的怒火，终于发泄出来了。

宋瑞看着陈朵朵，一字一句地问："你是认真的？"

陈朵朵心底想否认，但现在这情况，她不想妥协，不屑地说："能假得了吗?"

今日阳光普照,微风中伴有一丝暖意,陈朵朵却手脚冰凉,脑海中一直浮现那句"能假的了吗"。

本以为宋瑞会挽留,然而没有……

他受伤地看了她一眼,头也不回地离开了。

犹记得结婚前双方讲好,婚后不能轻易提离婚。

源头是陈朵朵看了一篇文章,上面写到情侣经常闹分手,结果不想分的情侣就分了,那么婚姻亦如是,倘若老提离婚,后果差不多,她把这个事跟宋瑞讲了,两个人商量好再怎么样都不谈离婚,现在竟是她先毁了约定,但她实在忍受不了了。

陈朵朵不知怎么回的家,仿佛游魂似的。

她妈正在扫地,抬头看见她,问:"你怎么了,嘴唇这么白,不舒服吗?"

陈朵朵摇摇头,勉强撑起一个笑容说:"有点累,我先回房间了。"

"朵朵!"

陈朵朵对她妈忧虑的叫声充耳不闻,浑浑噩噩地躺在床上睡着了。

宋瑞思绪万千地回到家,他没料到陈朵朵会要求离婚,看她那样子不像是随口一说,这一切该怎么面对和解决,她和他的脾气迥异,在谈恋爱时已明显表现出来,共鸣感较少,互补居多,随着两个人相处时间久了,这种情况越发多,像这种矛盾,如果双方互相体谅,不是什么大事,可因为两个人不是一种逻辑,才会衍生出那么多的矛盾。

宋甯跳到宋瑞的大腿上,黏黏腻腻地说:"爸爸,妈妈去哪了?"

宋瑞这才想起宋甯还在家,伸手抱起宋甯,亲了亲他的小脑袋说:

"甯甯乖，妈妈有事回家了。"

宋甯挠了挠头问："妈妈好奇怪，为什么要先回家，那我怎么办？"

"你跟着爸爸不好吗？"宋瑞捏了捏宋甯的鼻子。

宋甯瘪了瘪嘴巴说："我想妈妈了。"

宋瑞一愣："爸爸不好吗？为什么想妈妈？"

宋甯支支吾吾："爸爸也好，妈妈也好，但我就是想妈妈。"

宋瑞把儿子抱到房间里，让他躺床上。"你先睡一觉，睡醒了，也许妈妈就回来了。"

宋瑞走出宋甯的房间，秦悦站在门口纠结再三，最后缓缓开口："我想过了，等我孩子打掉之后，我就先回老家一阵，再看看城里有没有其他工作，找到了继续来打工，找不到就在老家了。"

王一回到老家后，发现孩子的情况没那么严重，提出要重新回来，却被秦悦以宋瑞夫妻俩闹矛盾都是因为他们打扰太多为理由，让他继续待在老家。王一虽然没心没肺，但明显感觉到陈朵朵的不满，也就不提这事了，只让秦悦好好照顾自己。

宋瑞不想给秦悦太多的负担，在陈朵朵各种施压下，他没有说过秦悦一句不是，那是因为他认为人越大越感受到生活不易，周遭的人没有一个值得怪罪的，如果有，那第一个是自己，连自己都不责怪，又有什么理由去说别人呢？他不是软弱地沉默，而是坦然地闭嘴。

"我不敢乱给你提什么建议，但还是希望你能去跟王一商量这事，你要认为没关系的话，我也不好说什么。"宋瑞淡然一笑。

之前秦悦和宋瑞接触不多，带着忐忑的心情来到 A 市，却不想宋瑞是个包容心极强的人，在这人情世故冷淡的社会中，她感受到很大的温暖。她无意再让宋瑞卷入更大的矛盾中，虽然他什么都不会说，但不代表她什么都不明白。

过了三天，秦悦终于下决心去做人流，其实宋瑞说得不无道理，孩子的爸爸应该知道这事,但他知道又能怎么样,无非是让她生罢了。生出来他没能力抚养,这又该怎么办?她不希望孩子过穷苦的日子,所以只能对不起孩子了。

午夜梦回,她经常会进入一个梦境,孩子不断地啼哭,她转身离去。

秦悦不安地到了医院,坐在一旁等待,前面还有两三个人,其中一个女孩好像很年轻,看着不满20岁似的,她轻声问了句:"你也来流产吗?你那么年轻应该生下来的。"

那女孩莫名其妙看了她一眼,说:"你不也一样,我年纪还小,没办法抚养这个孩子,孩子爸爸也不知道是谁。"

秦悦微微一愣:"那你……"

接下来的话她不好意思问下去了,那女孩走了进去,她在位置上传出微不可闻的叹息声。就在这时,手机铃声响起,是王一的来电,秦悦一下子紧张了起来,连忙走到人少的地方,小声接起:"喂?"

王一说:"你在哪呢?"

"我在外面买菜,你打来有什么事?"秦悦捂着肚子,想汲取一点支撑力。

王一立马说:"那我来找你。"

秦悦傻眼了:"你在哪?"

"我刚到宋瑞家啊,家里什么人没有,大门又开不了,只能蹲门口了。"王一接着又说,"你什么时候回来?要么我去找你,要么你赶紧回来。"

秦悦顿时慌了手脚,急急忙忙地说:"那我马上回来。"

王一怎么会在这个时候来A市,这是有多么凑巧?

难道是宋瑞告诉他一切了?

想想又不可能,宋瑞并不知道她什么时候来做人流,那王一是怎么知道这事的?

太过于蹊跷了,秦悦越想越觉得不可思议,离家越近,担忧越重。

过了 20 分钟,秦悦到了家门口。王一坐在地上打手机游戏,她一边开门一边问:"你什么时候来的? 怎么都不提早告诉我一声!"

"是宋瑞……"

秦悦手一抖,钥匙掉到地上,浑身僵硬地说:"宋瑞……"

王一捡起钥匙,插到门锁里说:"我记得之前宋瑞说想吃我们老家的白菜,我这不是送白菜来了吗?"

……

秦悦扭头四周一看,问:"白菜呢?"

王一说:"白菜在车上忘记拿下来了! 上厕所的工夫,车子就开走了。"

秦悦无言以对,问:"那你来干吗?"

王一理所应当地说:"我来看你。"

这都是什么事!

王一早不来晚不来,偏偏就在这个时候来,太让人猝不及防了。

2

陈斯一方面相信何茜的为人,一方面却又怀疑事情的真实性,这笔钱要得离奇,催得古怪。既然已生疑虑,自然要去调查清楚,他请了私人侦探调查何茜这笔钱用在什么地方。在事情没查清楚以前,他对何茜依然特别好。

何茜还是在催这笔钱,但陈斯以相同的借口拖延时间,时间越长,她内心越恐惧,再加上李辰是一个不定时炸弹,不知道什么时候就爆炸了,要是连她一起毁了可怎么办?

何茜越发紧张,连月嫂都觉得她的情绪不大对,忍不住说:"其实生完孩子后,情绪焦虑是正常的事,你可以多多跟孩子交流接触,以此来缓解压力。"

月嫂把孩子抱给何茜,何茜傻愣愣地接过孩子,盯着看孩子高兴地挥着小手。可何茜仿佛看到了李辰的影子,她吓得不行,连忙把孩子还给月嫂。

月嫂手里端着热水,这一下,孩子的小手被烫到了,顿时哇哇大哭起来。

何茜没有一丝心疼,当作没听见孩子的哭声。月嫂以为她吓傻了,手忙脚乱地打了陈斯电话,陈斯找了私人医生来家里。何茜坐在沙发上,觉得发生的一切都无所谓,她竟有种想笑的冲动。

私人医生赶过来给孩子包扎,叮嘱月嫂该怎么换药,何茜连上去听的兴趣都没有,以至于私人医生小声地问月嫂:"这孩子是亲生的吗?怎么是这种态度?"

月嫂连忙做出一个嘘的动作。

何茜听到了,懒得回应,在她眼里,这个小孩是李辰的,他不该来这世上,她只要看见这孩子,就会陷入一种莫名的害怕中,怕到连自己都快不认识自己了,倘若当时没生下这孩子,也许现在不用怕成这样了。

陈斯开完会着急地回家,孩子已经被包好伤口睡着了。月嫂在一旁整理孩子的衣服,何茜靠在一边不说话。陈斯抱住了何茜,紧张地问:"孩子没事吧?这是发生了什么事?"

何茜回答:"没什么,只不过不小心被开水烫到了。"

"那……"陈斯想继续问,手机响起,是私人侦探的来电,他走到一旁接起,那边说是已查到相关信息了,他一听,又开车去了附近一家咖啡厅。

私人侦探把一份材料交给他，上面写着何茜把这笔钱打入一个叫李辰的户头，整整 20 万，他又拿出一些照片说："我们查到的就是这样，你的太太可能是因为这些照片，所以才把钱打给他。"

陈斯看着一张张不堪入目的照片，心跳都要停止了，他的老婆居然会做出这种事，她怎么会和别人上床了，他问："这是什么时候的事？"

"大概是一年前，具体时间不清楚。"

陈斯从私人侦探那离开后，没有回家质问何茜，而是失魂落魄地回到了办公室，从落地窗前俯视楼下。他现在不缺钱，更不缺社会名望，为什么拥有一切的时候，老婆却背着他跟别人有染。他自知身体有些小缺陷，所以尽力用金钱补偿何茜，没想到这个女人这么不知足、不自爱。

他想起和何茜刚发生关系时，当时速度很快，一下子就没了，他以为何茜会怪他，没想到何茜不仅不怪罪他，还各种鼓励，并且保证一辈子爱他一个人。这些年他的身体没有改善，但何茜温柔如故，他倍感珍惜，却没想到会有今天。

他不曾忘记何茜饱含深情的双眸，凭着这份真心，他娶了她。

难道这些都是假的吗？

何茜不仅不爱他，还出轨，甚至还拿 20 万给别的男人。

他不知道对方是否以此为要挟，但她肯定与他人有见不得人的关系。

陈斯在办公室待到 12 点才回家，何茜正靠在床头看电视，她没发觉陈斯的不对劲，唠叨地说了句："你怎么这么晚才回家。"

何茜随口一句话，把陈斯的怒火引至顶端。

陈斯怒气冲冲地看着她。

她从没看见过他这么生气的样子，吓得不知所措。他迅速扑上来，狠狠地吻住了她那红艳的嘴唇，他的嘴唇游移到她的锁骨，在上面咬了一口。

她大喊了句："痛死了！"

陈斯讽刺地笑了出来。

何茜气得大喊："你疯了？吃错药了吧？"

陈斯捏住她的下巴，手劲很大，问："告诉我，他也是这么对你的吗？何茜你这个婊子！"

原本在挣扎的何茜一下子傻了，颤抖地问："你怎么……"

陈斯哈哈大笑起来，声音大得令何茜鸡皮疙瘩冒了出来。他问："李辰对吗？你拿我的钱去养小白脸，你对得起我吗？我对你种种好，你就这么对我？何茜啊何茜，我真是太小看你了，你竟会做这种事情。"

"你胡说什么！"何茜矢口否认，不敢直视他。

陈斯冷冷地说："需要我把那些照片拿给你看吗？你到现在还不承认，为什么我以前认为你是个天真善良的人，没想到你居然是荡妇，做出这种不知检点的事。"

何茜感觉世界崩塌了，他已经知道了，天哪！

这是一场梦吧！

她好想眼睛一闭不理会，为什么事情会陷入这种绝境。"你听我解释，事情不是你想的这样的，那天我在酒吧喝多了，我压根不知道发生了什么，结果前一阵李辰就拿那些照片要挟我，我也是被逼无奈，真的不是你想的那样。"

然而，陈斯根本不听何茜的解释，捏住她的手腕说："我已经让人去做我和子胤、子琪的 DNA 检测了，你觉得结果会怎么样呢？我看都不是我的孩子吧！"

何茜怒骂："陈斯你混蛋！"

陈斯拍了拍何茜的脸蛋说:"我混蛋还是你淫荡?到时候就见分晓了。"

3

宋瑞对王一又来A市这事觉得挺有意思的,还不断地劝秦悦:"这可能是命中注定你和孩子有缘,你该留住他的。"

秦悦于心不忍,但王一在这里仍旧持续以前过日子的方式,她认为生孩子没什么盼头,生出来干吗呢!像她一样苟延残喘地过日子吗?

王一整天乐呵呵的,倒也没想太多,就发现秦悦脾气有点大,她以前不是这样的。他和宋瑞两个人看《新闻联播》的时候,王一斜着脑袋说:"秦悦的情绪不大正常,你说是怎么回事?"

宋瑞吃了一口薯片,这本是买给宋甯的,后来陈朵朵认为吃了会上火,把薯片全拿回来了。他每吃一口,就想起陈朵朵讲的一句话:"女人情绪不大正常很正常,你看朵朵不也是这样吗?已经跟我生气多久了,到现在没个消停,还准备闹离婚,说我没回应态度不好,我们已转成分居状态了。"

"这不一样,朵朵是朵朵,秦悦是秦悦,朵朵能力多强,生个气有什么,秦悦别的不学怎么把脾气学上了,我觉得这不对劲。"王一仔细琢磨了一下,秦悦一直挺好说话的,怎么忽然变成这样了,"你说,她会不会有事瞒着我,我真觉得不对劲。"

"什么事?"宋瑞递了一包薯片给王一,他摇摇头,别看王一平时不着调,这敏锐度还是挺高的,"能有什么事,女人脾气都很大,可能以前没爆发出来,她最近心情不好就爆发出来了。"

"什么心情呢?"

这……宋瑞想了一下，不知道怎么接话，王一说："肯定有事！你是不是知道是什么事还瞒着我？"

宋瑞想说关于孩子的问题，但秦悦警告过他了，他只能否认道："我不知道什么事，但你想女人心情不好，可能跟女人的身体有关系，像朵朵跟我闹僵，是因为她生了'二胎'，产后心情本来就不好，再加上家庭压力巨大。"

王一想了想说："对，你说得对，秦悦一直跟我说是因为我们，才导致朵朵的心情不好，这多没道理，明明是朵朵自己生完孩子后，心情抑郁导致的，跟我们没多大关系，你说对吧？"

宋瑞呵呵一笑。

原本是想把话题往孩子身上带，让他自己领悟，没想到他想到别的话题上去了。

提到陈朵朵，宋瑞原本压抑的心情就更难受了，他不知道怎么处理两个人的紧张关系。

因为无能为力所以随遇而安，但现在看来，越是冷战越危险，不知什么时候会再爆发第二次战争。

道歉，他尝试过，可压根没用，陈朵朵要处理办法，他很难给出，因为他不能赶走秦悦。

4

"陈律师，你认为这个案子会怎么发展？"一个小平头男人坐在沙发上问。

陈朵朵望向窗外，楼下车辆来来往往，时不时有大车开过，发出轰鸣声，她的思绪被拉得老长，不知道宋甯在家怎么样。

宋瑞很生气吧？

秦悦会说她什么坏话？婆婆肯定知道这些事了……

"陈律师！"对方加重声调。

陈朵朵才反应过来，揉了揉太阳穴，抱歉地说："不好意思，刚没听清。"

"我是说这个案子会怎么样！"

这是一起离婚纠纷案，双方感情已经破裂，这方怀疑老婆生的孩子不是亲生的，对方坚持孩子的血统没问题，双方为了这个问题争执不下，本来可以自行委托相关鉴定机构，但对方却把孩子藏起来了，以至于这方接触不到孩子。

陈朵朵和当事人一聊就是两三个小时，说完后天都黑了。她到地下车库启动车子，这时车窗被人敲了一下，是蒋沁。车窗缓缓地摇下，蒋沁笑眯眯地说："陈姐，我车子发动不起来了，可以搭便车吗？"

蒋沁坐上副驾驶座，陈朵朵问："车子怎么回事？"

她摇摇头说："不知道，待会儿让我老公过来看看情况，我是车盲。"

"嗯，我也是车盲，平时都是宋瑞帮忙看车的情况。"陈朵朵笑着说，"你家在哪？"

"我家就在你家后面，应该顺路的。"

陈朵朵直接开到她妈家后面那条路上，蒋沁一看路是陌生的，连忙说："陈姐，你换房子了？"

"啊……没有啊。"陈朵朵的大脑迅速转弯回来，"我最近住我妈家，你是说你住在我家后面啊。"

蒋沁恍然大悟地说："陈姐，你最近怎么住你妈家了？"

陈朵朵专心开车没说一句话。

这会儿，蒋沁想起公司里其他人传的八卦，关于陈朵朵和她老公关系不和，现在正闹分居。现在看来这事是真的，可为什么呢？她老公被称为二十四孝老公，脾气特别好，温和有礼，怎么会有这样的事？她老公属于事事都会让着陈朵朵的人吧，究竟是什么样的矛盾？

"陈姐，我听说……"蒋沁欲言又止。

陈朵朵笑了笑说："我知道了，你听说我和我老公关系不好对吧？其实不是什么大事，夫妻俩吵架本就是正常的事，我们俩都结婚那么久了，有点矛盾是正常的。"

她一直不清楚这流言来自哪，但准确率是挺高的，猜得八九不离十。

蒋沁不知怎么接话，只能干笑着。

陈朵朵将车开到蒋沁的小区门口，蒋沁好奇地问："陈姐，为什么你老公人这么好，你们之间依然存在矛盾呢？"

"优点和缺点是相辅相成的，没有完美的人，夫妻俩相处久了，会不自觉放大对方的缺点，屏蔽对方的优点，所以才会演变成吵架模式，我们虽很努力去做一些修正，效果甚微，本身的性格有很大的决定作用。"

"陈姐，你不是坚信事在人为吗？"蒋沁打开车门，正欲下车。

陈朵朵无奈一笑，摇了摇头说："留不住的是人心，这世上唯有一个变字是永远不变的。"

这句话是宋瑞在大学时代告诉陈朵朵的，陈朵朵问他："你会永远对我这么好吗？"宋瑞说："你知道吗？这世界上唯有一个变字是永远不会变的。"那时的她很生气，可宋瑞又安慰她说："我们彼此都在为彼此改变，变成永远不变。"

永远不变吗？

如今想来只有呵呵两字可以概括。

秦悦好不容易赶走王一，没想到他鬼使神差地又回来了，这令她有些担忧。流产之后身体必然很虚，王一不可能察觉不到，她怎么样才能做得让他全然不知呢？

她找宋瑞商量无果。

宋瑞鼓励她跟王一坦白，这不是她期望的，如果她可以和王一商量，又何必去找宋瑞呢？

晚上，宋瑞把宋甯从幼儿园接回家，宋甯一进门就对秦悦亲昵地喊着："秦悦阿姨，今天晚上吃什么？"

秦悦摸了摸宋甯的头发说："晚饭做了甯甯最爱吃的可乐鸡翅。"

"秦悦阿姨好不好？"宋瑞笑眯眯地问。

宋甯猛地点点头说："秦悦阿姨真好，我最喜欢秦悦阿姨了。"

秦悦听得有些心虚，仔细想想陈朵朵和宋瑞关系不好，起码有一半是她造成的，现在得此"美誉"，显然受之有愧。

自从陈朵朵上次跟宋瑞大吵一架后，连宋甯都不管了，直接发了短信给宋瑞：孩子你照顾，我冷静一下。

秦悦的压力变得大起来，不仅要带宋佳，闲下来还要教宋甯识字。宋瑞是个大男人，懂得没那么多，王一能照顾好自己就不错了。

晚饭以后，她刚哄宋佳入睡，宋甯拿着一本故事书走到秦悦的房间，他在秦悦的床上翻滚着，嘴里念念叨叨："秦悦阿姨，你说我妈妈什么时候回来？我好想我妈妈。"

"我也不知道，你可以问问你妈妈。"秦悦边洗奶瓶边说。

宋甯眨巴了下眼睛说："我是怕我问妈妈，妈妈就要我去外婆家了。"

秦悦的手一顿，问："甯甯不是很喜欢去外婆家吗？"

宋甯在床上又翻滚了下，开始倒立了："我怕我去外婆家，那家里就爸爸一个人了，我怕爸爸不高兴。"

"甯甯真懂事！"秦悦亲了一口宋甯，"难怪爸爸妈妈都这么喜欢你。"

秦悦做好手头上的事情,开始教宋甯读故事书,读到一半,王一着急地走进来,不顾房间内的宋甯,直接问:"你怀孕了?"

他怎么会知道她怀孕了?

难道是宋瑞说的吗?

秦悦紧张地笑了笑,宋甯在一旁拍着手说:"秦悦阿姨,你也怀孕了? 那就是要生小宝宝了? 太好了,这样家里的人就越来越多了。"

"到底是不是?"王一焦急地又问一次。

秦悦轻声对宋甯说:"你去找爸爸看故事书好吗?"

宋甯乖巧地点了点头,拿着故事书去他爸爸的房间里,他可以问他爸爸是不是真的。

王一坐到了床沿,问:"你告诉我,你是不是真的怀孕了?"

秦悦咬唇,别开眼不看王一:"你怎么知道的!"

王一眉开眼笑地说:"这是真的! 我在厕所垃圾桶里看见你的孕检报告了。"

"啊……你没事去垃圾桶里翻什么!"秦悦怕孕检报告放在房间里会被王一发现,所以直接丢到厕所垃圾桶里去了,没想到他会去翻,真是人算不如天算,王一这事做得太离谱了。

王一激动地抱着秦悦说:"太好了,你就不要在这里干得那么辛苦了,我们可以回老家,你回家养胎去,我们很快就会有新的孩子了。"

秦悦把王一的手扯了下来,眼底充满冷漠地说:"这个孩子不会出生的,我不想生了。"

"什么!"王一听到这话犹如晴天霹雳,"你为什么不想生了,这是我们的孩子啊!"

"我们的孩子? 也是,是我们的孩子,但我们哪来的钱养? 第一个孩子还是靠你妈养的。第二个呢? 怎么养? 难道你希望孩子一辈子活在农村吗？我是不愿意这样了。"秦悦继续说，"我本来不想告诉你这件事情，现在被你发现了是没办法，但无论你知道不知道，这孩子我是不想要的，孩子在我肚子里，我可以决定他的去留，你想反对也没用。"

"反了，你真是反了！"王一想发火，但想到秦悦肚子里有个孩子，这火怎么都发不出来了，"为了这孩子，我不跟你生气了，但我不同意，这孩子必须生出来。"

"你不同意有什么用？那要我们养得起，凭我们现在的能力，我们是养不起孩子的。你看看你去工作的态度，一个不满意就回来不做了，这是工作挑你啊，还是你挑工作啊？现在养孩子需要的是钱，你没有钱拿什么养！"秦悦越说越火大，"就凭我一点点工资，到底能干什么！"

"现在养孩子哪需要什么钱，只要有爱就好了。"王一觉得秦悦想太多了，孩子生出来就会长大的，哪有那么多的顾虑，"我们村里养孩子很简单的，不会复杂的，到时候我妈带一个，你带一个不是很好吗？"

秦悦知道王一肯定会这么答复，所以一直不敢让王一知道这事，他知道后就变得乱七八糟了，流产这事会变得更难。

"你就别跟我辩了。"王一想继续说，结果秦悦躺下不予理会。

王一没辙了，只能跟着睡下。

第十二章 ∕ 东窗事发

1

陈朵朵已连续数日没见到宋甯，她心里想着就算跟宋瑞关系破裂，跟儿子都没任何关系，不应该连儿子都不管不顾，所以她特意去菜场买了宋甯最爱吃的东西，准备回家看儿子。这时手机响起，是何茜打来的。

何茜哭得很惨，哽咽得都说不出个整句。

陈朵朵没听懂，但想来事态严重，连忙到了何茜家。月嫂打开门，神情古怪地随意招呼她几句。她匆匆走到何茜的房间，何茜坐在地上哭得眼睛红肿、头发凌乱不堪、黑眼圈很重，这跟平时光彩夺目的她差别很大。

何茜哭着哭着就笑了："朵朵，你知道吗？陈斯已经去做了DNA

检测，报告很快会出来了，我的好日子是到头了。"

"怎么回事？"陈朵朵呆了。

何茜一五一十把这段日子的事情说了出来，陈朵朵听得很是揪心："所以说，现在陈斯是在等报告对吗？"

"是，他在等报告出来，然后跟我离婚。"何茜眼神黯淡无光，"我知道我有错，不应该那么做，可就没有赎罪的机会了吗？"

"出轨戴绿帽子已经很严重了，他现在是帮别人养小孩，你真的有考虑过陈斯的感受吗？他该怎么压下这种奇耻大辱，男人总是要自尊的。"

说到底何茜这事做得太离谱，一个男人如何忍受孩子不是亲生的，而且是心心念念的儿子。"你让陈斯原谅你，他该怎么跨过心里的那道坎？"

何茜哭了出来，哽咽地说："如果不是他逼我，也不至于这样，是他在逼我啊，他们全家都在逼我生儿子。"

"他逼你是他有问题，你贪图金钱是你有问题，你俩各承担一半责任。"陈朵朵看着何茜崩溃的样子，心中感慨万千，金钱是一把双刃剑，往对的方向走，便是积极、努力、向上，往错的方向走，就是堕落、欺骗、诡计。

"那我该……"何茜说到一半，手机响起，陈朵朵瞄了一眼来电，是李辰打来的。陈朵朵对着何茜眨了眨眼睛，虽然何茜情绪还不稳定，但心领神会转成扩音。

"喂，你钱筹得怎么样了？"李辰发出慵懒的声音。

何茜想一把掐死他，怒道："钱，我是一分不会给你了。"

李辰瞬间慌了，问道："你这是什么意思？"

"陈斯已经知道所有的事了，我再给你钱还有什么意思？"何茜笑得讽刺，"现在连我都自身难保，更何况给你钱，你脑子放聪明点别骚扰我,否则我让你好看。"

何茜这句话刚说完,那头就传来嘟嘟嘟的声音,她气得骂道:"像这种没本事的男人,一遇到事就躲,我看他现在是吓死了。"

陈朵朵拍了拍何茜的肩膀说:"既然事情走到这地步,你更要坚强走下去,我们心里很清楚 DNA 报告的结果,我希望你能坦然面对。"

何茜眼泪滚滚落下,咬唇道:"我会离婚对吗? 可我不想离婚啊。离了婚以后,哪怕分到财产,我也不会有现在这种生活水准了!"

陈朵朵蹲下身子,凝视何茜说:"何茜你告诉我,钱对你来说真的这么重要吗? 这些年你真的开心吗? 生完小肉圆以后,你不仅不开心还郁郁寡欢,生完子胤以后,你陷入这样的绝境,这全是因为你过于爱钱,但你打从心底里爱钱吗? 你自己想想,究竟是爱金钱的本身还是虚荣?"

何茜靠在床沿,颓然道:"我不知道,以前家里太穷,总想过上好日子,不想被冠以穷人的名头,我费尽心机嫁给陈斯,虽然在金钱上没有压力,但自尊上受挫,他妈看不上我,所以我很想在这个家有地位,才会发生这样的事。也许你说得对,我爱的不是金钱是虚荣,到现在我没有害怕一无所有,但对未来的恐惧是真的,我不知道该怎么走,我的孩子又会怎样? 陈斯手下留情的话,会好好照顾小肉圆,但肯定不会要子胤,那么我和子胤会怎么样呢?"

"别多想,已经没有办法让问题不发生,只能在发生问题以后,做到用比较好的心态去化解,即便很难,你也要调整心态。"

事态究竟会演变成怎样陈朵朵无法预知,但依陈朵朵对陈斯为人的了解,他不至于做得太狠,撑死就是在言语上发泄一下。不过陈斯的妈就不一定了,经商多年养出来的雷厉风行的性格,加上精于算计的脑子,要是知道这事,八成不会手下留情。

夜色笼罩整个城市,上空一片黑暗,云朵遮住了繁星。

陈朵朵从何茜家里出来已经是 9 点多,本想给宋甯做一顿饭,但宋甯肯定已经吃过了。她独自一人开车到万地广场,乘坐电梯到 11 楼,她看了一眼手机屏幕,上面显示 9:15,竟然赶上了,往前一望——

喷泉闪出五颜六色的灯光,没过几秒,第一道泉水喷了出来,然后泉水接二连三地涌出,配上贝多芬的《献给爱丽丝》钢琴曲,仿佛泉水在演奏着音乐。

5 年前,喷泉刚建设完成,她和宋瑞过来时,人多得密密麻麻,压根挤不进去看。宋瑞想了想,拽着她的手往里面挤,两个人费了好大的力气,好不容易进去了,竟然结束了。她失望地蹲在地上,宋瑞告诉她,还有另外一场,要半个小时以后。于是两个人就傻傻地等着,直到喷泉演出重新开始,两个人紧紧地握着手,忽然,宋瑞在她耳畔说:"老婆,我爱你。"

那一刻,她内心是感动的。

分开之后,她才明白对宋瑞是有爱的,她不断地回忆两个人的过往,也是因为爱,所以难以容忍他的行为。

而现在,早已没多少人过来看了,这里就三四个人罢了,她想起这事竟有种恍如隔世的感觉,喷泉仍旧是以前的喷泉,但没了激情、没了热情、没了期盼。喷泉停了下来,灯光整个暗下来,陈朵朵站在原地发呆,无论多美好的景色,都是需要重要的人陪伴观赏的,否则就毫无乐趣。

她转头准备离去,却突然愣在原地。

宋瑞怎么会在这里?

宋瑞晚饭吃多了,出门散步,不知不觉来到这里,本来没想上来的,但怀念以前的事,就上来溜达了一下。他也很意外陈朵朵在这里,他往前走了几步,说:"你在这里?"

"嗯。"陈朵朵点头,"准备回去了。"

宋瑞没接话。

陈朵朵摇摇头笑了下,往前走。

"等等……"宋瑞喊住她。

陈朵朵停了下来,宋瑞连忙走到陈朵朵的面前,放低态度说:"不生气了好吗? 甯甯和小佳都等着你回家。"

"宋瑞,我没有生气。"陈朵朵抬起头看他,"我只是在想,可能我对你不重要了吧!"

这些日子,陈朵朵想了很多,以前她生气,宋瑞慌得不得了,现在她要闹离婚了,宋瑞跟个没事人一样,一条短信、微信都没有,连电话都只打给她妈,感情淡得跟开水似的,矛盾多得跟杂草似的,她对婚姻感到万分恐慌。

宋瑞没搞懂陈朵朵的想法,问道:"什么不重要,你对我们很重要,你说的问题,我是一时处理不了,我们可以一起面对。为什么你现在这么蛮横无理,一点都不能理解我呢? 秦悦是我家亲戚,不能让她太难堪。我妈是长辈,我们表面也要做好。我相信只要我们俩一起解决问题,那么所有问题都没关系,现在是我们俩有问题,所以一切问题都是问题。"

"好,你说的都对,是我的错可以了吧?"陈朵朵别开头,"我不想跟你说太多,要是你觉得不行,离婚就好了,这么拖着没用。"

宋瑞气得一把抓住陈朵朵的手腕说:"朵朵,你到底在说什么,这么轻易提离婚,婚姻对你这么轻易吗?"

"婚姻对我不轻易,是你对我太轻易了。"陈朵朵语气挺狠,补充道,"婚姻对你才轻易,你从来没有考虑过我的感受,你考虑了你妈、秦悦,我呢? 我不重要了对吗? 她们才是你家里人,而我是一个外人吧。"

"不是这样的,我是希望你跟我一起面对。"宋瑞叹气,不知道怎么和陈朵朵沟通,第一次觉得跟她讲话那么费劲,他说的是这个,她理解成那个,牛头不对马嘴。

陈朵朵趁宋瑞不注意猛地收回手,迅速跑走了。

她坐上车就哭了,他们怎么会变成这样,宋瑞对她一点不在乎,所有事情无法解决,好压抑。

宋瑞的心情苦涩难当。

然而事情比陈朵朵想的更乱,过了一周,她在办公室忙着准备开庭的材料,接到了婆婆的电话。婆婆一直在说她不顾家,连家里两个孩子都不管了,陈朵朵不耐烦地让她别吵,没想到婆婆竟然说:"你要是这样的话,可以离婚。"

陈朵朵直接把电话挂断,遇上这种极品婆婆,她是上辈子做了什么伤天害理的事。

因为在气头上,以至于开庭的时候频频出错,直接被她的当事人指责了,陈朵朵疲惫地趴在办公桌上,她是不该不管孩子,但一回家看见秦悦、宋瑞,没办法好好跟孩子沟通,原本温暖的家,变得冰冷。

宋瑞在食堂接到他妈的不满来电,她在陈朵朵那受了气,没法发泄出去,现在不断地说陈朵朵的不是,宋瑞被弄得一个头两个大,让他妈少说几句,没想到他妈说:"这种儿媳妇离了算了,你不愁找不到更好的。"

旁边同事吃惊地看着宋瑞,宋瑞连忙挂掉电话,他本来就没什么胃口,现在被说得更吃不下饭了。

王一整日在家亦步亦趋地跟着秦悦,生怕秦悦动了胎气,她去洗个衣服,王一不让洗,她没辙,只能让王一代劳,没想到王一竟洗坏了宋瑞的一件名牌衬衫。秦悦只能跟宋瑞道歉，虽然宋瑞没怪她，但心里总归是不舒服的。

秦悦要泡奶给孩子喝，王一又要接手，她语气不好地说："你有完没完，万一烫到孩子怎么办？别在这里碍手碍脚。"

王一笑着说："现在我什么都不跟你计较，你说得全对。"

秦悦不理会王一，径自给孩子喂完奶。王一坐到秦悦的身边，摸了摸她的肚子说："不知道我们的孩子会不会这么可爱，其实朵朵回来的话，你就不用那么辛苦了，不知道宋瑞和朵朵怎么样了，这女人怎么劝不回来呢？"

"说到底，朵朵和宋瑞关系不好是因为我们，你早点回老家，我早点找新工作，这不就没事了吗？"秦悦不想理会王一，"你别在我面前晃来晃去，我看着心烦，闲着没事你就出去逛逛。"

"你怎么能这么说，朵朵和宋瑞关系不好跟我们有什么关系，是他们自己的缘故。"王一不满地说，"我回老家后，你是不是就去打掉孩子了？这样我可不允许，我不回去。"

"你觉得我们的孩子真该出生吗？我们有什么经济能力去照顾孩子，你看朵朵和宋瑞这样经济能力比我们好太多的人，还不是为了'二胎'发愁，我们凭什么生'二胎'？生了拿什么养'二胎'？"秦悦被王一发现要流掉"二胎"这事后，她思前想后好久，"我们真的没能力生'二胎'，不如一早就不要了。"

王一气得直骂："秦悦，你的心怎么这么狠，什么叫没能力生就不要了，这是一条生命，哪能说不要就不要了。"

秦悦愣在一旁不说话，王一好声好气地劝："要不你跟我回老家生孩子？不要搞得那么辛苦了。"

秦悦笑了："回老家生孩子？那我们拿什么养孩子？"

王一不高兴地说："你怎么又提到这话题了，生出来可以先放在我妈那里,或者从我妈那里把孩子接回来,两个孩子一起养。"

"我说了多少次了,养孩子需要钱,我们没钱。"秦悦无法理解王一的思维模式。

王一说:"只要让孩子吃饱就好了,村子里两个孩子的人多了去了,怎么人家都养得起?"

"那读书上学呢?"秦悦不认可王一养育孩子的理念,什么叫让孩子吃饱就好了,完全是不负责的行为。

"肯定有钱的,你就不要担心了。"

秦悦听得有些头痛:"好了,我不想再跟你争论这些了,这事就这样吧,反正也没什么好讲的。"

秦悦把孩子哄睡了,她自己也去睡觉。王一坐在沙发上挺不安的,生怕秦悦准备不生孩子了。该怎么样才能让她安心生孩子呢? 他想来想去,觉得应该把陈朵朵劝回来,陈朵朵一回来,秦悦压力就没那么大,全家人一起劝劝,她自然就会回老家了。

2

过了半个月,陈斯拿着一份 DNA 报告给何茜。当何茜看到那份报告时,她刻意地压制住不安,她在看之前喝了一口水,打开报告一看,果不其然,陈子琪和陈斯是生物学上的父女,而陈子胤不是。

何茜竟然笑了出来,问:"你想怎么样?"

"其实我早就猜到真相了,原本以为看见报告时,会想掐死你,可我没有,这份报告只是验证了我心中的猜测,当你生完第一个孩子后,迟迟生不出第二个,你就想好了要借精生子吧? 把我蒙骗其中,生完子胤以后,你的计划成功了,可以得到更多的钱,对吗?"陈斯眯起眼睛说,"何茜,你的心怎么会这么毒辣,这种事都做得出来,我太小看你了,你做得好啊,真是好。"

"事情不是你想的那样。"何茜声音极小,她不知道该怎么去解释这些,"我从来没想过借精生子,但说这些你肯定不会相信的,是李辰灌醉我,我和他发生了关系,从那之后再也没见过面,没想到就怀孕了,那时候急着要孩子,我就……"

啪的一声!

何茜被打了一巴掌,声音清脆!

她只感到耳朵、脸颊一阵灼热,她有点傻了,没想过陈斯会打她,眼泪止不住流下来。

陈斯愤然大笑道:"我从来没想过你会干出这种事!我以为最爱我的人是你,可你做得最狠,是不是如果我没发现的话,就要帮别人养孩子了?这种事你是怎么想出来的?是不是觉得我好骗,还是觉得我人傻钱多!"

"够了!"何茜站了起来,"要不是你不行,我用得着去找别人生孩子吗?这事说到底原因在你,在你!你非要扯所有的错都在我,这是毫无根据的,我有错,你难道没错吗?"

"我一开始就是这样的!你说你可以包容我的一切,我看你不是包容我的一切,你就是图钱。"陈斯恶狠狠地说,"你就是一个淫娃荡妇。"

"对,我是图钱,但你还引导我图钱,这是我的错还是你的错?"何茜哭着哭着又笑了,笑得讽刺,"你身体不行了,给我钱。你不能陪我了,你给我钱,你妈跟我不合了,给我钱,除了钱,你还能给我什么,所以我变成今天这样,跟你有绝大的关系,你凭什么都怪我?我知道我是不对,但我和李辰的事,有一半是因为跟你关系不好才去酒吧喝酒,另外一半就是你那个妈逼我的,你们俩把我逼得那么惨,你有什么资格怪我!"

　　陈斯气疯了,没想到何茜会讲出这种令人心寒的话语,他把床头柜的灯、杯子、笔记本全砸了,然后转过身子把何茜的化妆桌打翻,何茜的化妆品洒了一地。

　　月嫂听见房间内吵闹,一进来被眼前的场景惊呆了,被子乱成一堆,几乎所有的东西都被砸了,她喊:"这是怎么了?"

　　陈斯凶狠地说:"你出去!"

　　"我……"

　　陈斯眼泛红血丝,加重语调:"滚出去!"

　　月嫂被吓傻了,急急忙忙出去了。

　　陈斯一把掐住了何茜的脖子,怒道:"你说,你为什么要这么对我!我跟你有什么仇!"

　　何茜拼命挣扎,但抵不过陈斯的力气,就在她感觉气都喘不上来的那一刻,月嫂不知什么时候进来,咬了陈斯的手臂一口,陈斯一不留神摔倒了,何茜趴在一旁拼命喘息着,月嫂焦急地说:"你们夫妻俩有什么话好好说就行了,这样是会闹出人命的。"

　　"人命?!"何茜哈哈大笑起来,声音尖锐而又锋利,"他就是想杀了我!"

　　"天哪,你可别说胡话了,你们有话好好说,千万不要动手动脚。"月嫂不明白两个人到底发生了什么事,怎么好端端就变成这样了。

　　陈斯闷不吭声地站了起来,瞪了何茜一眼说:"这事我们没完。"

　　他讲完后就先走了,何茜闭着眼靠在床沿。

　　月嫂叹息道:"怎么好好的两个人会闹成这样,夫妻没有隔夜仇,可能陈总是心情不大好,你就别太在意了,等他心情好了,你们会重归于好的。"

　　"重归于好?"何茜吸了吸鼻子,"我再也不敢奢望了。"

　　"到底发生了什么事?"月嫂隐约能猜出点什么,但又不敢确定。

何茜无力地说:"好了,你去带孩子吧,我要休息下。"

"这……"

何茜睁开红肿的双眼,语气不善:"你赶紧出去!"

3

午饭时间,陈朵朵和蒋沁去附近餐厅吃饭。

本来蒋沁中午都是回家吃饭的,可今天她老公去外地出差了,一个人回家没意思,刚好陈朵朵也是一个人,两个人就凑到了一起。

陈朵朵点了一份蔬菜沙拉、黑椒牛排,蒋沁想要减肥,就要了个水果沙拉,陈朵朵忍不住笑了,说:"吃这么点对身体不好。"

蒋沁放下菜单说:"准备过几年再生孩子,所以还是苗条点好,如果备孕的话,那我肯定是放心大胆吃了。"

陈朵朵想起来了,蒋沁一直说她自己要过几年生孩子,这对工作来说是好事,但对个人婚姻来说却不是,她好奇多问一句:"一般人结婚都会很快生小孩,你怎么?"

蒋沁吃了一口餐前小面包,解释道:"经济压力太大,我们暂时没房,所以要存钱付首付,等首付的钱攒够了,才会有生小孩的计划。反正我们两个人还年轻,也不着急。"

"也是,现在买房压力太大了,感觉生活就是买车买房生娃养娃。"陈朵朵忍不住叹气。

"陈姐,你当时是买房了吧? 所以你俩压力会大一些。"蒋沁略感羡慕,"我现在觉得,有套房子就没啥压力了,买套房子将会花掉大半辈子的精力。"

陈朵朵咬了一口牛排说:"当时刚买房的时候压力很大,后来才慢慢变好,但生活不是有房有车就好了,会有很多其他的矛盾,两个人三观上出现问题,面对生活有不同看法,诸如此类的情况,会把人磨得够呛,这些远远比房子的问题更大。"

蒋沁嘿嘿一笑说:"那是因为你没那方面压力了,就会有新的压力。陈姐,如果三观有问题,那当初为什么要结婚呢?我想结婚本就是三观接近才能走到一起,会不会是两个人在磨合的过程中,都对对方的要求过高了,而忘记了本身需要什么了。"

她不经意的一句话,倒是让陈朵朵想了好久,如果真的不合适,当初两个人不会走到一起的,难道真的是走得越远,就越忘记了婚姻的初衷吗?

"也许你说得对。"

吃完饭后,两个人要回办公室休息,陈朵朵意外在门口看见王一,她一边开门一边诧异地说:"你怎么会在这里,我听说你回老家了?"

王一跟着陈朵朵进了,陈朵朵不是很喜欢王一这个人,但基于礼貌还给他泡了茶,王一笑眯眯地说:"我是回来看看你们,顺便照顾秦悦。"

陈朵朵淡笑不语,秦悦还需要他照顾?是秦悦照顾他比较多吧。

王一一口气把茶喝完了,打了个哈欠说:"我都等困了,我找你是有正事的,你怎么还在跟宋瑞闹脾气?你的两个孩子都在家等你。甯甯每天都在问妈妈什么时候回来,妈妈怎么还不回来,妈妈是不是生气了。你那个小女儿虽然不说话,但没妈照顾,看着很可怜。"

陈朵朵一听宋甯这么期待她回去,顿时触动了柔软的内心。"嗯,我知道了,我会回去看看的。"

"你知道什么啊!"王一又继续说,"我知道你不喜欢秦悦,但秦悦为你也够尽心尽力的,你一声不响走了,家里全是秦悦在弄,你那女儿都是秦悦在喂,你不知道有多累,三个小时喂一次,我让她别起来喂,我起来喂,她还不肯,非要自己亲自照顾,秦悦怀着身孕,哪经得起这么折腾?"

王一想想就心疼,压根不想让秦悦晚上起来喂奶,这两天倒是缓和了,他学了怎么泡奶,现在晚上是他起来喂的。

"秦悦怀孕了?"陈朵朵惊了,"什么时候的事!"

"怀上有一阵子了,所以我让你和宋瑞别吵。你要是早点回家,我就可以带秦悦回农村了,我知道说这话是自私了点,但你们是夫妻,不应该吵成这样的。我和秦悦确实打扰你们了,那我们应该回老家,但你想想我们回了老家的话,两个孩子谁照顾?秦悦对你心有愧疚,才会一直尽心尽力。"

陈朵朵沉默了。

虽然她讨厌秦悦,但她知道喂奶有多辛苦,一想到这里,她对秦悦的敌意减少了许多。她一直认为秦悦是婆婆派来的探子,但把她逼走对秦悦一点好处都没有,只会让秦悦更辛苦。如果她在家的话,喂奶、换尿布什么的,她也会去接手干的,她这一走,秦悦不只要照顾小佳,还要照顾甯甯,如果是聪明点的人,肯定早走人了。

一心想赶走秦悦,但反过来思考,秦悦在这个家帮忙没什么好处,她选择待在这里才是不智之举。

"你在听我说吗?我是这么想的,你一回家,我就劝秦悦回老家,再重新找个人帮忙,大家皆大欢喜不是很好吗?"

这事要真那么简单就好了,现在这事转移了,不是秦悦,而是宋瑞。

宋瑞对她不上心,令她内心有些崩溃,现在已不知道是对事情本身的抱怨还是对宋瑞这个人的抱怨了。

4

何茜家乱成一锅粥，陈斯在那次吵架后，已经有段时间不回家了，何茜整天待在房间里不出来，大多是月嫂做好饭菜端进去的。一到晚上，月嫂经常能听见外卖送东西的声音，第二天去整理何茜房间时，满地都是酒瓶，她喝得醉醺醺的。

月嫂想问何茜究竟发生什么事，每次何茜都在敷衍她，而陈斯根本不见人影，看着像是发生了一件大事似的。

今天一早起来，何茜感到肚子不舒服，估计是喝酒喝太多，跟月嫂交代几句，匆匆打车去医院。

过了半个小时，月嫂正在家里哄孩子睡觉，何茜的婆婆拎着大袋小袋进来，均是高档用品。月嫂看了一眼袋子上的LOGO，听说那个牌子的婴儿衣服是1000元起步的。她又看了一眼摇篮里的孩子，像这种含着金汤匙出生的孩子命真好。

"我看看我孙子最近长大没。"何茜的婆婆高高兴兴地在一旁看孩子，"有段时间不见，这孩子长大不少，对了，何茜在哪？"

月嫂给孩子清洗奶瓶，回答道："她肚子不舒服去医院了。"

"这么不小心。"何茜的婆婆嘀咕了句，随即又说，"对了，最近家里没发生什么事吧？"

月嫂的手一顿，说："没有什么事。"

何茜的婆婆把孩子的衣服从袋子里拿了出来，问道："那就奇怪了，我看陈斯在公司里心神不宁的，还以为是家里出了什么事，难道是公司里有什么烦心事吗？"

"这……"月嫂欲言又止。

何茜的婆婆眼睛一眯，说："在这个家，是我给你发工资的，何茜没给你工资,你可不许骗我。"

"其实……"月嫂支支吾吾,这话没有错,在这个家真正有决定权的是何茜的婆婆,琢磨了下,月嫂才说,"最近他们两个人吵得很凶,我不知道什么原因,这事不知道该不该讲。"

何茜的婆婆猛地拍了下桌子说:"这肯定要说,你怎么不早告诉我!"

"我觉得他们俩能处理好这事,所以才没说,而且我想他们俩也不希望我乱说,我才……"月嫂说完后忐忑不安。

"他们俩能处理好不至于吵成这样,肯定是出什么大事了,也不对,何茜那么能忍,怎么会吵架,我要好好去问问。"何茜的婆婆一脸凝重,"我先给陈斯打个电话。"

陈斯正在公司里开主管会议,营销部主管提议下半年应该主攻网络媒体宣传,现在无论是公众号、自媒体、微博都起着至关重要的作用,往小了说,就连朋友圈发个心情都是一种宣传,这是一块很重要的阵地。

他赞同这个建议,会议上提出要派几个人去做这块,陈斯想把在闲职的王成安调过去,这事遭到反对,所有人都知道王成安的懒散脾气。

陈斯又提道,如果这几个人有一丝怠慢现象,可以主动辞了他们,毕竟这块需要很大的热情,不想有人拖了后腿。

这一招,显然是想挤走王成安,凭他那种脾气,想来干不了一个月就可以走人了。

就在大家决定其他人选时,陈斯的手机响起,是他妈打来的,他下意识就摁掉了,可没过几秒又打来了,他只能走出会议厅,轻声说:"妈,怎么了?"

"你是不是和何茜吵架了？你们俩发生什么事了?"他妈问得很急。

陈斯草草地回答："也没什么事,是月嫂跟你说了什么吧?"

"你还说没什么,你们俩都砸东西了,看来是很严重的事情!"他妈完全不相信。

"妈,你想太多了,我要继续开会了。"陈斯连忙把电话挂掉了。

他待在原地抽起一根烟,不想让他妈担心太多,他和何茜的事两个人处理就好,如果他妈搅进来,不知道会乱成什么样。

但陈斯太小看他妈的侦查能力了,他这边才说完,他妈迅速找人查了整件事,加上月嫂的说辞,她断定何茜做出了一些不耻之事引致两人大吵。他妈偷偷去陈斯和何茜的房间看了一遍,在柜子的角落里搜到 DNA 报告,他妈看见后,气得整张脸都黑了。

原来……

陈子胤不是这个家的孩子。

何茜在医院里开了肠胃药,医生嘱咐回去好好休息,避免辛辣、酒水,她一进家门,婆婆坐在沙发上脸色很是难看。

何茜勉强撑起一个笑容,走近说："您今天怎么来了?"

婆婆双手抱在胸前,冷哼了一声："还好我今天来了!"

"什么!"

在何茜没反应过来发生什么事的时候,婆婆啪一下把 DNA 报告丢到她脸上,恶狠狠地说："你说说你都做了什么事!"

何茜低头看见那份报告,笑容尽失,血色全无,低头喃喃自语："您怎么看见的……"

"我怎么看见的,你是不是想我一辈子都看不见,那样可以帮你养一辈子的孩子了? 何茜啊何茜,真想不到你是这样的人,让我们家帮别人养孩子,亏你想得出来!"婆婆声色俱厉,恨得咬牙切齿,"像你这种不要脸的人,在古代是要浸猪笼的。"

何茜颓然地坐在地上,月嫂也被吓得不知所措,没想到真相是这样的。

婆婆上前冷笑道:"你带着你的孩子滚出这个家,你和陈斯必须离婚。"

何茜一下子抬起头,一股气涌了上来:"我好歹生了小肉圆,你凭什么让我滚出这个家,我不同意。"

"你反了你,你有什么脸继续待下去,这是我们家,不是你家,你都这样了,难道还想继续这场婚姻吗?就算是陈斯答应,我也是不同意的!"婆婆让何茜离开这里,这是何茜最为担心的,她为这个家付出这么多,为什么要离开。

"我不会走的,陈斯没让我走!"何茜站了起来。

婆婆被激怒了:"好,那就让陈斯来说说,你是不是该继续留下来。"

婆婆打了电话让陈斯回来,陈斯急急忙忙赶回来,一看见这场景,他不知道该如何处理,本想着两个人冷静冷静,再以相对平和的心态去沟通。这婚肯定是要离的,但他认为何茜是有付出的,所以等稳定下来后,考虑是不是给何茜一定的补偿。

"妈,你怎么会知道那么多?"陈斯感到头疼。

他妈急得不得了说:"你还不跟我说!真是的!这女人干出这种事!"

"够了,这种事是什么事?你不要欺人太甚,要不是你一心求孙,对我那么差,我能被逼无奈做出这样的事吗?说到底你们家是有问题的!"何茜盯着他们说,"离婚可以,这个家的财产我要一半!我就带着陈子胤离开。"

"天哪！你一个荡妇要一半财产！"婆婆气得哇哇大叫。

陈斯没想到何茜会是这种态度，他到底找来一个什么样的女人！"何茜，我自认为对你够好了，你那20万我都没怪你，你现在竟然要一半的财产，会不会太过分了？"

"不过分！"何茜笑得眼泪都出来了，"我为了给你们家生个儿子，以至于跟别人上床生了孩子，你以为我很高兴吗？我天天担惊受怕，都快得精神病了，就要一半财产怎么了？"

"你这丧心病狂的女人！"婆婆气得大吼大叫。

月嫂在一旁看得心惊胆战，这家人变化太大了。

第十三章 ╱风雨飘摇

1

陈朵朵拗不过王一的请求，决定回家吃晚饭。

她提前打了个电话给她妈，她妈倒是挺开心的，还问两个人是不是和好了，陈朵朵没有讲话，她妈又说其实夫妻两个人最重要的就是要互相理解和原谅。

宋瑞以前是容忍她，现在可没有，他现在对她不闻不问，仿佛两个人的婚姻走到尽头了，要不是王一求着她，她根本不想回去，面对这样的男人有什么意思！

王一早已和秦悦说好陈朵朵会回来，所以晚饭特意加了两个菜，宋瑞先回家的，一看见桌上菜色多了，笑眯眯地说："今天是什么日子？"

王一神秘地说："你猜。"

"猜不出来！"

宋甯用力闻了闻桌上的菜，激动得拍了拍手说："哇，今天可以吃得好饱。"

秦悦忍不住扑哧一声笑了出来："甯甯平时吃得不饱吗？"

"饱，都饱。"

宋瑞被宋甯的话语逗笑，摸了摸儿子的小脑袋，宋甯忽然大叫起来："妈妈，你回来啦！"

妈妈？宋瑞不可置信地往后看，陈朵朵在门口脱鞋，她怎么回来了？

宋甯扑到陈朵朵的身上说："妈妈我好想你，你今天终于回来了。"

陈朵朵把宋甯抱在怀里，亲了亲她的小脑袋说："乖，妈妈今天回来了。"

秦悦把菜都端上来了，宋瑞不自然地坐在陈朵朵的旁边，两个人明明是夫妻，此时却显得那么疏离。宋瑞给陈朵朵夹了青菜，陈朵朵吃了口，秦悦在一旁说："我今天做的菜怎么样？"

"挺好吃的。"陈朵朵淡淡一笑，没了平时的锋利。

宋甯连忙说："秦悦阿姨每天都会做好多好多的菜，都好好吃。"

陈朵朵吃了一块糖醋排骨说："那宋甯要对秦悦阿姨很好哦，秦悦阿姨才会给甯甯做更多好吃的。"

宋甯点点头："我一直对秦悦阿姨很好的。"

吃完饭后，陈朵朵倒是主动去厨房里帮秦悦洗碗，秦悦有些不知所措，陈朵朵把碗放进消毒柜里，一脸无所谓地说："没事，之前可能有些误会，现在觉得每个人都不容易，我不应该把误会持续下去，肚子里的孩子几个月了？"

秦悦摸了摸肚子回答："快三个月了。"

宋瑞和王一在客厅看电视,宋瑞的心思不在电视上,时不时地看向厨房,忍不住说:"朵朵今天转性了,怎么会去帮秦悦? 她怎么了?"

王一吃了一口花生,又开了瓶啤酒说:"哎呀,还不是我,是我帮你劝回来的。"

"你?"宋瑞笑了笑,"你怎么劝的? 我怎么劝她都劝不动。"

王一回答道:"这你就不懂了,要是你去讲这事,她就蛮横起来了,但我去讲完全不一样,我一个外人讲话,她多少会有所顾忌,说得好点,她自然会听进去的。"

"你说得有道理。"

晚上,陈朵朵不准备回妈妈家了,她和宋甯一起睡,宋甯高兴得不得了,在被子里转圈圈。陈朵朵是顾忌秦悦怀孕了,再让她喂夜奶实在不好,还不如自己爬起来,这下秦悦倒是不好意思地说:"没事的,让王一喂也是一样的。"

"我当妈那么久,没尽到该尽的责任。"

陈朵朵坚持自己起来,让他俩安心去睡觉。

半夜三点,陈朵朵起来给孩子喂奶,她摸了摸宋佳的小手,发现这孩子跟她长得挺像的,尤其是那眼睛,她忍不住亲了一口,一抬头看见有个模糊的人影,顿时吓了一跳。宋瑞连忙走过来说:"别怕,是我!"

陈朵朵呼了一口气,宋瑞接过孩子喂奶,陈朵朵叹了一口气,宋瑞想了好久才问:"你回来是代表原谅我了吗?"

如果原谅那么轻易,那世界上的矛盾应该很少,陈朵朵别开眼说:"其实我不知道怎么去面对你,怎么去面对你妈。也许,秦悦这个事过了,会有新的事发生,到时候,我们应该怎么去面对。你有没有发现从开始到现在,我们的相处模式都是一样的:我生气了,你沉默了;我们开始赌气了,直到憋到我没火了,你问我有没有原谅你。"

"难道我要跟你吵架吗?"宋瑞不了解陈朵朵的逻辑,"如果我跟你吵架,你要骂我;我不跟你吵架,你又生气。"

"我不是跟你说这个事。你有没有搞懂我们之间的关系? 你从来不是在解决问题,而是在等待我的情绪平静下来。你没有解决好你妈的问题,只是想等两个人冷静一下,可问题依然存在!"陈朵朵有些无可奈何。

宋瑞把奶瓶递给陈朵朵,然后把孩子抱起来哄她睡觉,轻声说:"我妈不是完美的,你也不是完美的,所以不是要解决问题,而是要让你们互相妥协和适应,难道你认为有一个办法可以一次解决所有问题吗? 如果能一次解决所有问题,那只能发生在工作上,而不是生活上。但我现在认为,哪怕是工作上的事,也不是一次就能解决的,而是需要好好调整自己。"

"好了,我没话跟你说了。"陈朵朵转过身子,"你哄孩子睡觉,我去睡觉了。"

宋瑞还想跟陈朵朵说些什么,没想到她完全不配合。

陈朵朵回到房间后,宋甯睡得正熟。她躺下以后抱着宋甯,蹭了蹭他的小脸蛋。宋瑞的理解是一种理解,但跟她的理解有所差异,她想要的是解决问题,而宋瑞给出的是淡化问题,虽然她不满意,但这些问题都会随着时间的流逝慢慢淡化,而变得简单许多。

那么她想要的是什么呢?

是宋瑞的在乎?

还是婆婆的示弱?

秦悦这个环像是被解开了,只要秦悦离开这里,那么起初的争议就不存在了,可是如果秦悦没怀孕呢? 那么宋瑞就准备继续不在乎她吗? 宋瑞的心里到底在想什么? 她的地位是否真的重要?

第二天,陈朵朵起来刷牙洗脸,听见秦悦和王一的房间里传出吵闹声，秦悦在里面骂："我就不生了，你拿我怎么样？"

"你不能不生！"王一气得夺门而出。

陈朵朵瞪大眼睛看着王一，好奇地问："这是发生什么事了？"

王一无奈挠了挠头说："你刚好在，你来做主，秦悦又说什么不想生孩子的鬼话了。"

原来是昨晚她回到家里了，王一就向秦悦提出了回老家生孩子的要求，结果昨晚两个人为此吵了一架，今天早上起来又吵起来了，秦悦不想生孩子，可王一非要她生。

陈朵朵一直以为秦悦是愿意生孩子的，没想到她打定主意不生，这不像啊，昨天秦悦摸着肚子的时候，充满着母爱，怎么会狠心不要孩子呢？"是不是你说错话了！"

"她现在怀着身孕，是我祖宗，我哪能说错什么话。"

秦悦走出房间给宋佳换尿布，装作没看见王一，朝着陈朵朵打了个招呼。

陈朵朵自从回了一趟家后，心就软了，再加上她妈催促她回家，她妈的原话是："你连家都不回，那你在家里有什么地位可言？"

她倒也没理会太多她妈说的话，但心中却有种想回去的念头，不知怎么的，就把换洗衣服都拿回家了，宋瑞见状倒也没说什么，这令陈朵朵有些憋闷，他现在不死不活的模样是打算干吗？

陈朵朵回去之后没跟宋瑞同一个房间，与宋甯住到一起了，这可把宋甯乐坏了，他老是说一个人睡觉没人陪，现在妈妈要来陪他了，他终于不用一个人睡觉了。

晚上睡觉的时候，宋甯钻到了陈朵朵的怀里，把头枕在她手臂上，小声地说："妈妈，你为什么不跟爸爸一起睡了？"

陈朵朵亲了亲宋甯说："妈妈跟你睡不好吗？甯甯是嫌弃妈妈

了吗？"

宋甯摇了摇头说："甯甯不嫌弃妈妈，是怕妈妈不喜欢爸爸了，那甯甯会很伤心的。"

"傻孩子，妈妈为什么不喜欢爸爸，你想太多了。"不得不说孩子的心是很敏锐的，宋甯肯定是感受到她和宋瑞两个人没有硝烟的战争了，所以才会说出这种话，"妈妈爱甯甯，也爱爸爸，我会永远和你们在一起的。"

"妈妈我爱你。"宋甯紧紧抱住陈朵朵。

陈朵朵摸了摸宋甯细软的发丝说："妈妈也爱你。"

睡到半夜，陈朵朵感到很渴，起来去客厅喝水。王一正在小心翼翼地给宋佳喂奶，她忍不住笑了，悄悄走近王一说："没想到你喂奶还挺熟练的。"

王一不好意思地笑笑："以前也给自己孩子喂。"

"我以为你都不管家里事的。"陈朵朵忍不住开玩笑，"娶个能干的老婆，自己就省力了。"

"不是这样的，秦悦平时很累，我虽然在很多事上帮不到她，但是我会尽心尽力做我能做的事，我不希望她嫁给我委屈。"说到这里，王一顿了顿，"不过我没资格说这句话，她嫁给我更多的是委屈，我没让她过上好日子，也许她说得对，我是不该要求再生一个，让家里压力变得更大，但既然怀上了，肯定是要生出来的。"

陈朵朵坐在沙发上思绪万千："既然知道不该要了，为什么还要继续呢？怀上也可以不要的。"

王一立马说："那不行，怀上了肯定是要生的，这是对自己负责也是对孩子负责，堕胎哪能是这么简单的事，再说了，对孕妇伤害也很大。"

"没想到你想得挺全面的。"陈朵朵低头看着孩子的笑脸说，"秦悦不是不爱孩子,是认为生活压力巨大。或许你们俩可以换一换,秦悦可以回老家养胎,你在城里找一份工作,努力做个几年,再让秦悦出来帮你不是挺好的吗?既有自己的事业,又能对秦悦负责,这大概是秦悦想要的吧。"

"你说得有道理。"王一又担心地说,"可我能力不强,不知道能不能找到适合的工作,是我太笨了。"

"不是吧,是你心思没在工作上,一个人如果全心全意去工作,我相信再笨的人都能干好,如果是随意敷衍,那肯定没什么成就,你说对吗?"

陈朵朵接过宋佳,把孩子抱在怀里说:"我哄吧,你去睡觉。"

"这……"

陈朵朵笑着说:"你去吧,辛苦你了。"

王一回到房间,翻来覆去睡不着觉,耳畔回荡着陈朵朵讲过的话,如果他能够在 A 市找到一份工作,那么秦悦就不需要有这种顾虑了,她可以回老家生孩子,经济上会宽裕很多。

他的手摸了摸秦悦的肚子,心中暗暗下了决心,不能让老婆和孩子吃苦。

第二天王一早早出去找工作了,秦悦起来时,王一竟然不在身边,她有点莫名其妙。他们吃早饭的时候,陈朵朵就问:"王一去哪了?"

秦悦喝了一口粥说:"不知道去哪鬼混了,大清早就不见人影!"

陈朵朵笑眯眯地说:"也许是想通了,要出去好好奋斗。"

秦悦不相信地笑了笑说:"不可能,他那么懒散的性格怎么会去奋斗。"

宋瑞给宋甯递了一根油条说:"你应该相信他,男人有压力才有动力。"

有压力才有动力?

陈朵朵看了一眼宋瑞,王一是有点动力,不过宋瑞显然是没有。

宋瑞一下子就懂了陈朵朵的想法,无奈地笑了笑,他的问题可不是出在压力和动力上,而是一些乱七八糟的逻辑在困扰着他。

2

王一去了一家服装工厂加工衣服,这是他一个老乡介绍的,据说收入计件还不错,老板是个年轻的温州人,有一套管理工厂的理念,让他先试试看,到底适合不适合。

王一这会儿感叹万分,老板比他还年轻,就能管理一家工厂了,现在的年轻人真的很能干。可能秦悦的想法是对的,如果孩子在老家的话,可能也就成天混日子,但给孩子一个不一样的平台,或许这孩子将来就大有作为了。

一想到这里,王一便有了动力,自己辛苦点没事,主要是孩子能好好成长。

下午,王一打了个电话给秦悦,说是有事回不了家了,让她自己吃饭就行了。秦悦很纳闷,王一出去干什么了?于是忍不住又打了个电话给王一,王一在那头解释说:"我找到一份工作了,以后要在这里上班。"

说完后匆匆挂掉,秦悦听着嘀嘀嘀的声音愣住了,这王一真的改性了?

陈朵朵提早开完庭回家,看见秦悦在扫地,连忙说:"那些矮的地方不要扫了,免得动了胎气。"

秦悦不以为然地说:"没事的,我现在还没显怀,以前在老家生第一个孩子的时候,还要帮忙干很多活,相比起这些,扫地不算什么。"

"确实辛苦。"陈朵朵报以同情,她怀孕的时候,虽然还是在工作,但在体力上没有秦悦那么累。

"你也很辛苦。"秦悦给陈朵朵泡了一杯茶,继续说,"还真给你说准了,王一去打工了,这……"

"我说了,没有压力就没有动力,他是真想给你一个温暖的家。"陈朵朵没想到王一的效率这么高,想来他是对秦悦的孩子很上心,才会迅速行动起来。

秦悦摇摇头叹气说:"跟他结婚太久了,我已经忘记最初喜欢他什么了,他好像什么都不好,能力这块肯定不行,金钱这块也不行,还喜欢贪小便宜,但他是个很有良心的人,我在前任那里受到的伤,全都是因为前任没有良心,他的良心补了我这块空缺。"

"其实良心对于一个男人来说很重要,我跟你看法差不多,大致来说,王一确实不怎么样,但相处久了,发现他是一个很可爱的人,没什么坏心眼。"陈朵朵看了一眼秦悦,"你该给他一次机会,让他证明自己有能力养育你和孩子。"

"我……"秦悦想了想,"也许你说得对,我要给他一次机会,可能因为失望积累得太多,以至于我不抱太大的希望。"

"他需要时间慢慢把养家糊口这事当成正事。"

婆婆打了电话给秦悦,是想问问家里的情况,却意外得知陈朵朵回家了,心中又忧又喜,刚好她朋友送了很多鱼过来,她就拿着鱼去陈朵朵家里看个究竟。

陈朵朵刚好在家泡脚,听见门铃声响起,她就让宋甯去开门,宋甯看到是奶奶来了,高兴地说:"妈妈,奶奶来家里看我们了。"

陈朵朵一愣,没想到婆婆会来,双脚泡在水里不知该不该伸出来。婆婆先把鱼拿到厨房里去,出来就坐在沙发上了。宋甯从冰箱里端出已经切好的火龙果，用牙签插好。

婆婆眉开眼笑地说："甯甯真乖，真懂事。"

"奶奶，这是昨晚妈妈买的。"宋甯自己也吃了一个。

婆婆点点头，看了一眼陈朵朵说："终于想到要回家了？"

陈朵朵嗯了一声："这是我自己的家，为什么不能回来？"

"怎么现在说话还那么呛，真不把我这老太婆放在眼里了。"婆婆有些恼怒，"宋瑞是我生的孩子，甯甯是我的孙子，你怎么可以这么不尊重我？"

陈朵朵冷静了一会儿，这才慢慢开口："我尊重您，也希望您能尊重我的隐私，不要打听我的私事。之前的工作被你搅黄，现在家里要被你插手，我能不能有点自己的空间？"

"你这是什么话！"婆婆的火气被激了起来。

秦悦刚从阳台上晾衣服回来，就见两个人在针锋相对，忙在一旁劝说："你们一人少说一句。朵朵，你婆婆不是刻意要知道什么，就是关心你们。姑姑，我理解朵朵的心态，如果我婆婆对我的生活探听得那么详细，我也是不高兴的。所以你们俩能不能互相理解一下？"

陈朵朵自顾自擦脚说："我没话说了。"

婆婆冷冷一笑，拿起包包就离开了。

门砰的一声关上了，秦悦想帮陈朵朵倒水，陈朵朵阻止了："你怀着身孕，我来吧。"

秦悦跟着陈朵朵到了卫生间，她说："朵朵，为什么你们之间不能和平共处呢？其实姑姑不是什么坏人，而你也是好人，但你们的脾气太烈了，所以才会这样的。"

"她是什么人，我一开始就知道了，她有特别强大的控制欲，希望能够把控一切，然而，我不是她可以操控的，所以她才会对我有怒火不是吗？宋瑞活在一个妈妈比爸爸强势的亲子关系中，这令他妈的控制欲更强,我顶着那么多情绪嫁到他们家,你说我累不累?"陈朵朵想到这里很沮丧,重重地把洗脚盆放到水龙头旁边,"我和她的矛盾从很久之前就开始了,生'二胎'不过是个激化的过程,生完'二胎'矛盾滋生太多,其实我对你的误解,多半也来源于婆婆,但现在我想明白了,你不是那种人,你没她那么狡猾,你只是希望有份工作,好好赚钱养孩子罢了。我对我之前的行为跟你道歉,确实是我做得不对,你真没存那种心思。"

"但我很抱歉让你和姑姑的关系僵化了。"秦悦不知该怎么解释其中的矛盾,"其实姑姑很关心你的,她没有你想的那么坏,你们的矛盾大多是两个人都太要强了。"

"或许是。"

3

何茜和婆婆、陈斯关系陷入绝境。婆婆经常过来羞辱她几句,陈斯索性不回家不看她,婆婆想辞了月嫂,不想帮别人养孩子,但何茜不肯,在家大吵大闹,婆婆被吵得没办法,只说在离婚前不辞月嫂。

虽然月嫂知道了这些事,但每天依然做饭给何茜吃。

面对一桌热气腾腾的饭菜,何茜却吃得毫无滋味,随便尝了几口。

月嫂忍不住多说一句:"虽然你心情不好,但饭还是要多吃的。"

何茜扒了扒碗里的饭菜,心中万分苦涩地问:"你会看不起我吗?"

月嫂摇摇头说:"每个人都不容易吧。"

何茜望向窗外有些出神,说:"其实仔细想想,我做得是够离谱的,帮别人生了孩子,妄想这个家的人能够对我好,事情败露以后,还要分财产,谁都会骂我吧。"

"既然你这么说了,为什么还要继续做呢?"月嫂夹了菜给何茜,

"你知道自己这样做是不对的，其实没必要继续这样下去，你婆婆和老公赚钱那么辛苦，你真的……"

何茜的泪珠缓缓而下，说道："他们辛苦，难道我就不辛苦了吗？我生孩子没有钱，养孩子没有钱，做什么都没有钱，需要仰仗他们俩，他们高兴了就给点，他们不高兴就不给，这样的日子有什么意思呢？还不如当时自己赚钱自力更生来得好，虽然赚钱少，但我有尊严，现在的我，没有任何存在的价值。"

何茜说到一半，就接到了她爸的电话。她爸在那边一个劲地骂她，说她怎么能够干出这种事。她心惊，是婆婆把这事都捅出去了，她一边哭一边说："爸，你别说了！"

她爸唉声叹气劝阻："我们都是老实人，怎么可以为了钱做出这种事，你就不要再犯错了，离婚回老家好不好？钱对我们来说不是最重要的，最重要的是良心。"

何茜哽咽说："爸，我知道了。"

何茜刚挂下电话，看见眼前出现一个熟悉的人——陈斯。

月嫂把桌上的碗筷整理了一下，连忙说："你们聊你们聊，我去洗碗。"

陈斯坐了下来，何茜擦着眼泪问："你来干什么，看我的笑话吗？"

陈斯面容憔悴，黑眼圈浓重，他嘴角勾起一抹苦笑，缓缓开口："何茜，我是在你大学的时候，第一次见到你的，当时你在主持学校的迎春晚会，我被你一身红色长裙吸引，仔细了解接触后发现你做事认真，读书有上进心，我很佩服。后来我们俩谈恋爱了，你对我不断地包容，令我很感动，尤其是在知道我身体不好的时候，选择不断鼓励我，那时候，我真的想把全世界捧到你眼前给你。谁知道，我们这么美好的爱情，会以这样的方式收场。"

那时候真的很美好。

其实陈斯除了身体上的缺陷之外，其他都对她十分好，有时候想想，为什么婚姻一定要有性的维持，有爱也可以坚持下去。然而，压迫他们的不是性，而是被迫生儿子，爱情很美好，但生活很现实。

"我们回不去了对吗？"何茜说完最后一个字，拼命抑制住的眼泪又流了出来。

陈斯闭上眼睛说："就是我想回去，社会舆论、我妈的压力、别人的闲言碎语会把我压死的，如果我活在一个只有你我的环境中，我愿意回去，但我们周遭有那么多人，你让我怎么回去，你让我怎么抬得起头？自己的老婆跟别人生了孩子，我戴着一个巨大的绿帽子。"

"对不起！"何茜哭得撕心裂肺，"我也不想的。"

陈斯慢慢走到何茜的身边，用大拇指擦掉她眼角的泪水："我才要跟你说对不起，对不起，我没能好好保护你，是我能力有限，所以我们才会走到今天。"

"你……"何茜又是愧疚又是意外。

前几天陈斯去了宋瑞的办公室，宋瑞知道这情况后，他先是指责了何茜的不是，但更多地讲了他的问题。

宋瑞让他用不一样的角度去看待问题，何茜其实不是那么恶毒的人，很多事不是人本身狠，而是被环境逼。何茜之所以那么做，除了本身有些虚荣外，更多是生儿子的压力所导致的，而他也没起到一个解压的作用，而是回避，这么一来，无疑把何茜推入深渊。

在何茜有错的同时，他是不是也该自我反思自身问题？

他连续失眠，满脑子都是与何茜的点点滴滴。

陈斯低头想了一会儿，缓缓地说："既然你想要一半的财产，就给你一半，算是这些年我对你的亏欠。何茜对不起，是我辜负你了，也许我曾恨过你，但此时此刻我希望你能够幸福快乐过完这一辈子。"

何茜心中万分震撼，她想过一万种陈斯骂人的方式，却没预料到他会释然。"你放下了对吗?"

"不是,戴绿帽子这回事放在哪个男人头上都无法忍受,我不是放下事情本身,而是放过我自己还有你,我们爱过、恨过,如今释然才是最好的结果。"其实在陈斯找宋瑞之前,就想了好多事,宋瑞的话给他一个台阶下,让他不要怪罪何茜的所作所为。

何茜倒在地上哭得很凄惨,陈斯看着她的模样,脑海中浮现出多年前她生小肉圆的场景,没想到为了子胤的事,他们会走到今天的局面。

陈斯愿意给何茜一半的财产。

除了公司的股份之外,其他财产全部按一半分割。

他妈得知这事后,急得跑到陈斯的办公室。

陈斯正在和客户谈生意,他妈只能在门口等了约莫十分钟。

陈斯走出来,他妈马上问:"你怎么可以分给那贱女人一半财产,她出轨了啊!"

"妈,这是我跟何茜的事,你能不要过问吗?"陈斯没想到他妈这么快就知道了。

他妈不满了:"你脑子里想什么!这种女人一分钱都不要给她。"

"妈,是我们家亏欠了何茜,让她拿走一半又能怎么样?我有本事可以继续赚钱,不怕没钱,但何茜不一样,她已经好多年没工作了,没有一分积蓄,她该怎么办?"陈斯说得诚恳。

他妈愣了,说:"你怎么这么善良,我的傻儿子,就是因为你这样,何茜才会背着你出轨,这种女人绝对不能分给她一半财产,你是不是又被这女人迷了心智?"

"妈,你别管了。"陈斯眼神坚决,"我进去谈事情了,这事就这样了。"

就这样了？他妈在原地怒气没处发，早知道不给陈斯那么多财产了，如果都握在她自己手上，何茜哪能要走那么多。

4

何茜约陈朵朵在附近咖啡厅见面。陈朵朵匆匆赶来，看见何茜越发憔悴了。何茜把遭遇的事情和陈朵朵细细道来，陈朵朵听完后，不禁感慨万分："陈斯是个好人，到最后还顾及你的利益。"

"朵朵，你说我做对了吗？"何茜喝了一口橙汁，开始自我反思，"一直以来，我都渴望金钱，陈斯在这方面满足了我的需求，不知怎么的，我就把钱当成人生大事了，到后来不知是需要钱还是虚荣，我早已分不清了，只是不断地索取，才会酿成大错，现在仔细想想，陈斯没有逼我做任何事，一切都是我的利欲熏心导致。"

陈朵朵淡淡一笑说："其实你俩各退一步，就能发现自身身上的缺点，不会进而责怪对方，婚姻走到这样的境地，你们还能反思，说明你们比好多人更懂得相处。"

"都这样了，能算什么。"何茜苦涩一笑，"是陈斯做得好，到最后还顾念和我之间的情分，想想我做的事，真不是人。"

"你准备接下来怎么办？"陈朵朵好奇。

何茜目光呆滞地说："我也不知道，协议离婚，子胤跟着我，小肉圆跟着他，我不知道要去哪，该做什么，只觉得好累、好疲惫。"

"其实，我一直认为你是个很有才华的人，你可以找一份适合自己的工作，选择一种自己喜欢的生活方式，而不是看别人的脸色生活。"陈朵朵安慰何茜。

何茜摇摇头说："我有什么才华，或许之前有，现在早就没了，我已经被生活磨得够呛，不知道自己的价值在哪。"

"你想过很舒服的日子,自然就会慵懒,你想过有意义的生活,自然就要上进,而这种思维方式是一种习惯,没事,慢慢来,你能找到自己真正想要的。"

何茜从咖啡厅出来,脑子里一直想着陈朵朵说的那句话,到底什么是她真正想要的,价值观早就被彻底扭曲了,现在竟一片茫然。

何茜本想打车回去,现在是下班高峰期,没有一辆空车,她只能抄捷径到附近一条小弄,却没想到遇见了一个她再也不想看见的人——李辰。

李辰正在街边打牌,周围聚集了一群喝酒抽烟的人,还有两个文身的彪形大汉。他看见何茜之后,站起来打了个招呼,何茜想装作没看见,却没想到李辰跟了上来。

何茜眼神如冰,问道:"你跟着我算是什么意思?"

李辰连忙说:"我没别的意思,就是想问你上次的事解决了吗?"

何茜笑了出来:"拜你所赐,我和我老公要离婚了,你高兴了吗?"

"怎么会这样?"李辰震惊了,"我可什么都没跟你老公说。"

"是我老公自己查出来的,我现在才算知道,若要人不知,除非己莫为。"何茜狠狠地说,"你听完了吗? 听完的话,我可以走了吗?"

李辰一愣,问:"那剩下的钱?"

何茜瞬间怒气冲冲,低吼道:"你还要剩下的钱? 我现在都想杀了你。"

李辰被何茜吓到了,连忙说:"那不要了,不要了,其实你老公太介意了,不过就是一夜情罢了,又没什么事,干吗闹得离婚收场,再说了,你小孩又不是我小孩,现在一夜情的人多了去了,有必要这么斤斤计较吗?"

何茜狼狈不堪,原来从始至终李辰都只是在猜测孩子是他的。

他从内心不相信孩子是他的,这就足以解释了,为什么李辰毫无顾忌地威胁她,如果他确认孩子是他自己的,那么是不会下此狠手的。

"我和陈斯离婚了,一分钱拿不到,你可以继续威胁我,那我只有一条命了。"何茜说得决然,这话惊到了李辰,他马上撇开关系:"那这事就算了。"

让他说一句算了,竟然是这么简单的事,何茜心中翻江倒海。

李辰说完之后,接着去跟朋友打牌了。

何茜看着他的背影,像是被捅进了无数把刀。

很多秘密就该被掩盖住,永远不被他发现。

何茜回到家,正欲开门,手机铃声响起,拿出来一看,有十几个未接来电,全是婆婆打来的,她直接放进包里不予理会。

一进门,何茜看见婆婆怒不可遏地坐在沙发上,她还没说话,婆婆快步走到她面前,激动地喊:"你是使了什么狐媚的手段让陈斯把一半财产给你的,你有没有搞错!你一个出轨的女人还敢要求那么多,你到底想干吗!"

何茜愣在原地,过了一会儿,她一字一句地说:"是陈斯他自己愿意这么做的,我能让他听我的吗?"

婆婆骂道:"你无耻!"

何茜不想再多听婆婆一句话,婆婆却不依不饶:"像你这样的女人,是不能分掉我们家财产的。"

婆婆一个劲在何茜背后骂着,何茜直接进了房间,靠在门板上,她缓缓地蹲下,忍不住失声痛哭。

这一切是命运开的玩笑,还是她贪图富贵所致?

后来,月嫂通知了陈斯这情况,他过来把她妈带走了,他打了何茜的电话没人接,于是发了一条短信给她:以前没能保护好你,让你受尽委屈,现在即使我妈再反对,我也会给你想要的。

　　何茜看完短信内容后泣不成声。

第十四章 / 成长

1

秦悦真没想到王一会一反常态，努力去工厂里上班。

这倒是令她刮目相看，王一本来成天念叨让她回老家这事，最近也不说了，她有些无所适从。

陈朵朵对王一各种夸奖，说他懂事了，终于知道如何去当一个爸爸了。与此同时，宋瑞也帮王一说了很多的好话，还劝秦悦要给王一机会。这让秦悦原本失望的心，慢慢地注入了一些新的能量。

这天，秦悦在家整理家务，接到医院打来的电话，那头问她是不是王一的家属，她好奇发生什么了，结果被通知王一遭遇车祸了！

秦悦吓得连忙赶到了医院，王一躺在病床上，膝盖部位被包住了，她忍不住哭着问："你这是怎么了？"

王一摸了摸秦悦的头说:"没怎么,不小心被车蹭破了皮,没事的,是医生非大惊小怪让我住院。"

"你被车撞了?"秦悦急急忙忙检查他膝盖,"怎么回事,怎么这么不小心。"

王一叹了一口气说:"这不是有点累嘛,所以……"

秦悦想起王一整日早出晚归,心疼万分:"工厂就那么忙吗?别做了。"

王一不好意思笑笑说:"那倒不是!"

秦悦提高声音问:"那是什么!"

"唉,我不是想多赚点钱吗?在工厂里做完就去餐厅帮忙洗碗,过马路的时候,有点精神恍惚,不小心被车碰了一下,不过没多大事,我明天可以继续做。"

"你别。"秦悦哭了出来,"现在为什么这么勤快!"

王一连忙拿纸巾帮秦悦擦眼泪,安慰道:"你别哭,我想想你说得有道理,为了让你安心生'二胎',给孩子一个更好的氛围,我辛苦点不算什么。"

"王一,你混蛋。"秦悦哭着哭着就笑了,"想不到你还会这样。"

"你怎么能骂我呢!"王一可怜兮兮地说。

秦悦忍不住破涕为笑。

2

陈朵朵和宋瑞每天处于不讲话状态。

秦悦和王一在的时候还稍微好点,可以顺着他们的话题聊一些,如果他们俩都不在,那么两人基本无话可说,尤其在王一受伤后,秦悦忙着去医院照顾王一,家里就剩下两个人,陈朵朵完全没有说话的欲望了。

过了三天,王一从医院回来了,宋瑞以为陈朵朵和他的关系能缓和一点,没想到王一和秦悦要跟他们告别了。

晚上,秦悦走到宋甯房间,她和陈朵朵说:"我想过了,要回老家养胎,就不打扰你们了,王一还在 A 市,但他直接住工厂那边了。"

"你要回去了? 王一可以住我们家!"以前不喜欢秦悦的时候,陈朵朵总盼望秦悦走,现在她真要走了,却是万般舍不得。

"不了,工厂住宿很方便。"秦悦笑眯眯地说,"朵朵,谢谢你告诉王一那么多,让他可以为了这个家而努力。"

"不是我,是王一本来就很努力,只是没被激发出来。"

另一头,王一来到宋瑞这边,宋瑞正在整理书籍,听闻王一和秦悦要走,感叹着:"大家住在一起多热闹,怎么就要走了。"

"不要太怀念我!"王一笑了笑,"对了,你和朵朵不要僵着,你是男人要主动出击。"

宋瑞把书放回到书架说:"不是我不愿意,我是不知道怎么去处理了。"

王一想了想说:"女人嘛,要的是你在乎她,其他的不重要,其实女人不大在乎问题的本身,她在乎的是你的态度。"

"我的态度?"宋瑞若有所思。

"是啊,你的态度,我看得出来,朵朵是想要你在乎她。"王一笑了笑。

王一早早就搬到了工厂里的宿舍,而秦悦在陈朵朵找来新的保姆后离开了。

当天,陈朵朵和宋瑞送她到车站,陈朵朵一把抱住了秦悦,竟有种舍不得跟她分开的情绪。陈朵朵说:"以后要经常来 A 市看看。"

秦悦回抱了一下陈朵朵说:"好。"

虽然陈朵朵和秦悦曾经有种种误会,但随着接触的增加,对彼此认识的加深,两个人的抵触感消失了,取而代之的是惺惺相惜。

秦悦嘱咐了宋瑞几句,顺道让他有空可以去看看王一。

两个人开车回来,陈朵朵眼角有泪水,宋瑞笑了笑说:"你不是很讨厌秦悦的吗?"

"人和人之间相处总会有感情的。"陈朵朵望向窗外。

宋瑞没有开车回家,而是到了他们的大学,车子缓缓在门口停了下来,陈朵朵不明所以,看了他一眼,问道:"你开到这里来干吗? 我们还急着回去上班。"

宋瑞没有说一句话,径自下车帮陈朵朵打开门,带着陈朵朵走到了湖边。

陈朵朵嘀嘀咕咕:"你到底是干吗!"

宋瑞嘴角扯出一个大大的笑容,陈朵朵有些莫名其妙,他指着这里说:"老婆,还记得我第一次跟你告白吗?"

"当然记得。"

宋瑞带她来到这里,说了一些无关紧要的话,比如:"你今天吃了什么?""这道题目是不是很难?"绕完这一圈后,他急急忙忙从树的后面捧出一束玫瑰花,他慌张得满头大汗,她笑了出来,真不浪漫。

"老婆,你对我真的很重要,我知道你生'二胎'辛苦了,你和我妈之间的很多矛盾,我希望我们能够一起努力去想办法解决,而不是各自为营好吗?"宋瑞诚恳地跪了下来。

陈朵朵惊到了,愣在原地半天没回神。

宋瑞见状,又继续说:"老婆,家家有本难念的经,我希望你能够去面对困难,而不是逃避困难,这需要我们两个人站在一起。"

陈朵朵缓缓开口:"我问你,如果我们的关系是我依附于你,那么你是否还会那么积极挽回我?"

言外之意……宋瑞眼神一黯,脸色不大好看,慢慢站起身来,扭头就走了。

陈朵朵知道刚刚过分了,但自尊心一点不容许她挽回。

3

何茜考虑再三,没有要陈斯的一半家产,而是从中拿走 50 万,两个人协议离婚,她选择带着孩子去美国生活。她对陈斯是愧疚的,如果真的拿了一半的财产,她恐怕会寝食难安,还不如给自己找一种新的生活方式。

在离婚的时候,她问陈斯一句:"陈斯,你恨我吗?"

陈斯盯着何茜看了一会儿说:"我恨你。"

何茜眼泪哗一下流了出来:"对不起,那你就继续恨吧,赶快忘记我,娶一个能让你幸福的人。"

她说完这句话后正欲离开,陈斯拽住了她的手说:"我也是真心希望你能过得好,你说这是恨还是爱?"

何茜松开他的手说:"爱和恨都不重要了,我们彼此都要过得好。"

何茜离开的事情,没有告诉任何人,到了美国之后,她打了个电话给陈朵朵,告知她已选择到了美国,陈朵朵知道以后很震惊:"你为什么要去美国?"

何茜说:"我想要一种新的开始,带着孩子在美国发展,对我、陈斯、孩子,都有好处。"

"既然这是你想要的,那祝福你。"陈朵朵不禁感叹。

4

一个屋檐下，两个人竟半句话都不说，这正是陈朵朵和宋瑞此时的情况。

宋甯并不理解为什么，但隐约有一些不安，爸爸妈妈越来越冷淡了，是不是他做错了什么事？

晚上，陈朵朵帮宋甯洗澡，宋甯坚持要自己穿衣服。

陈朵朵笑了笑，宋甯小心翼翼地拿起一旁的衣物，一边穿一边歪着头问陈朵朵："妈妈，为什么你都不跟爸爸说话了？"

"没有，妈妈都在和爸爸说话。"陈朵朵捡衣服的手明显一顿，没想到小孩子的内心是这么敏感。

宋甯伸手要陈朵朵抱抱，陈朵朵宠溺地揉了揉他的小脑袋说："乖，甯甯别想太多。"

"哦。"宋甯似懂非懂地点点头。

陈朵朵把宋甯哄睡了，轻轻地关上房间门。

客厅内，保姆正在给宋佳喂奶，陈朵朵凑近，宋佳闭着眼睛把头一撇，保姆只好把奶瓶放下。陈朵朵将孩子抱了过来，另一只手接过奶瓶，准备继续喂奶，没想到宋佳已然不想继续喝了。

宋瑞在这个时候回来，两个人对视一眼，互不搭理。他回到房间，打了一会儿游戏。陈朵朵进来拿了几件衣服就出去了，仿佛彼此不存在。他心中十分烦闷，不知道两个人的这种状态还要持续多久，他都已经把身段放得够低了，没想到还是得不到她的原谅。

另外一头，陈朵朵看着熟睡的宋甯，不知道该怎么继续往前走。

宋瑞万般无奈之下找陈斯商量这事该怎么处理，结果陈斯出了个馊主意，他说："不然这样，我找个人假扮我女朋友，请你们俩吃一顿饭,到时候我从中给你说说情,你就开始借着酒意痛哭流涕,我不相信她能这么狠心。"

"这样能行吗?"宋瑞抱以怀疑。

"不然呢,你还有别的办法?"

确实没别的办法。

可宋瑞拒绝了打电话给陈朵朵,所以只能由陈斯联系。他不禁纳闷,这明明是最熟悉的人,却跟陌生人似的,感情是最令人琢磨不透的事,或许是因为过于在乎,才会装作不关心。

陈斯给陈朵朵打了个电话,陈朵朵得知这事后,惊得目瞪口呆,久久没有回声,半晌,她才说:"好的,到时见。"

陈斯挂下电话,顺手打开微信朋友圈,瞄到何茜的更新心情,是关于课堂上她对英文单词指出的问题,并附上自己的见解,看来她过得很好。脑海中浮现出大学时代何茜在课堂上认真念书的模样,那时的她是最美的。

唉⋯⋯何茜走了之后,老是怀念起她。

这周六,陈朵朵在她妈家吃完午饭,她妈在一旁洗碗,犹豫再三,开口问道:"最近和宋瑞还好吧?"

"挺好的。"陈朵朵发出一声叹息。

"妈知道你一直很要强,可在感情里最不能的就是要强,你知道吗?"她妈语重心长。

"知道。"

谁说不是呢? 从小到大,在读书、工作上,最不能示弱,但凡妥协,那么就无法达到预期的成绩。可情感是相反的,柔软更适合相处,强硬只会互相伤害,道理她都懂,却又没办法做到。

陈朵朵低头一看到点了,于是从她妈家出来去接宋甯。宋甯最近特别喜欢去小圆圆家玩,她倒也乐见其成,儿子太内向了,多个朋友会让他变得活泼些。

车子拐进榕园小区,保安登记完信息,陈朵朵一抬头就看见了金金王,她摇下车窗,两个人打了招呼,她问:"上次的事怎么样了?"

金金王挠了挠头,笑着说:"和解了。"

陈朵朵一愣,问道:"怎么处理的?"

金金王高兴地说:"我和他主要是为了一口气,才会酿成这样的局面,事情本身是很好解决的,但如果两个人继续吵架,那就很难处理了。也是巧合,他和他老婆吵架了,他老婆气得把他打伤了,我想着都这样了,就去医院照顾他。结果,他和他老婆和好了,他老婆看我这么尽心照顾他,也就帮忙说说情。后来我们两个人决定不打官司了,依然保留房子,毕竟是上一代留下来的,他借了一笔钱给我周转。"

陈朵朵笑笑:"人呢,真的很容易被情绪左右。"

"可不是,现在想想都不是什么大事。"

陈朵朵去接宋甯的时候,他正在和小圆圆玩得开心,看见妈妈过来了,还有点不高兴,她催了好几次,宋甯这才点头答应。她带着宋甯去逛了商场,买了两件衣服,然后就接到陈斯的电话,让她别忘记晚上来吃饭。她忍不住在心中暗忖,这男人找女朋友的速度真快。

陈斯约在公司附近的餐厅,宋瑞提前到了,看见坐在陈斯身边的女人,不由暗自嘀咕,这不是他公司的王安妮吗,怎么把这女人找来了?

陈朵朵一走进来,就瞄到了陈斯身边的王安妮,那女人笑得一脸风情,尤其是凹凸有致的身材,令她感到一阵反感。宋甯不知道她的状态,高高兴兴地坐到位置上了,有礼貌地喊了句:"陈叔叔好,阿姨好。"

宋瑞在一旁尴尬地笑了笑,他大概有听说过何茜不喜欢王安妮这件事。

陈朵朵一坐下就没好脸色,王安妮一副关心的模样问道:"朵朵,你最近怎么样?"

"挺好。"陈朵朵说了句,"你们这么快就在一起了?"

王安妮自然而然地牵起陈斯的手:"这是当然。"

明明是让陈朵朵和宋瑞关系走好的一顿饭,却弥漫着两个女人之间莫名的火药味,陈斯想插一句,就被陈朵朵呛声道:"陈总,端好你自己的碗。"

这到底几个意思!

宋瑞没接上话,陈朵朵带着宋甯去了厕所,王安妮尾随在后。

陈朵朵在洗手的时候,王安妮刚好也走了过来,陈朵朵笑着说:"速度真够快的。"

王安妮呵呵一笑:"还好。"

陈朵朵不作声,准备离去,王安妮喊住她:"等等,为什么是何茜出轨,你却对我这种态度?"

陈朵朵淡淡地说:"没什么。"

或许吧,基于她和何茜的友谊,令她不自觉地讨厌王安妮,但其实王安妮本身没有任何错误,人和人之间的相处是凭感觉的。

陈朵朵一出来,就没看见宋瑞的人影,紧接着,跟在她身后的宋甯哇一声大哭起来。她猛地转身,发现宋瑞被一个小孩撞倒在地,头磕到了尖锐的茶几上,鲜血缓缓地从他后脑勺流出。她吓得连忙跑到他身边,大喊:"宋瑞,你怎么了?"

陈斯当机立断把宋瑞送到了医院。

陈朵朵慌乱地不知所措,连忙问道:"他怎么会撞上的?"

陈斯焦急地说:"刚刚有个小孩差点滑倒,他拉住那个小孩,结果自己摔倒了。"

陈朵朵气愤地说:"他傻啊。"

宋甯不安地问:"妈妈,爸爸没事吧?"

陈朵朵安慰着宋甯,内心却担忧万分。一行人匆匆忙忙到了医院,医生在急诊室给宋瑞包扎。

陈斯和陈朵朵退到一边等待,陈斯在一旁说:"想想宋瑞也真是可怜,为了讨好你,我们准备了这顿饭。陈朵朵你有完没完,以前也没见你这么矫情! 宋瑞为了你付出够多的,你又何必这样?"

"嗯。"陈朵朵点头,"你们辛苦了。"

陈斯生气地说:"不辛苦,你才真辛苦,别把自己演死了,整天一出一出地演,还有完没完了,别等到真的失去了,才懂得珍惜。"

有时候,就是自己把自己演死的吧。她明明知道陈斯不会无缘无故请客,也猜出了其中的蹊跷,却不想那么轻易原谅宋瑞,可宋瑞都这样了,她……于心不忍……

过了一会儿,陈朵朵进去看宋瑞,宋甯连忙扑上去问:"爸爸你没事吧?"

宋瑞有气无力地笑笑说:"乖,爸爸没事。"

陈朵朵忍不住叹气说:"你能不能小心点?"

宋瑞轻轻拉住了陈朵朵的手说道:"老婆,你就别生我的气了好吗? 我知道我错得离谱。"

陈朵朵脑海中想起种种过往,眼泪哗哗地流下来,两个人这一路走来,感情越来越深,早已不是当初的"将就"了,否则她不会这么生气,既然如此,又何必去折磨一个爱着的人呢?

宋瑞着急地说:"老婆,你别哭,你不原谅我也没事。"

宋甯不明白状况,瘪了瘪嘴巴:"妈妈,爸爸做错了什么,你不要怪他好不好?"

陈朵朵哽咽了会儿,这才说:"我原谅你了。"

这会儿,宋瑞傻了,问道:"你这就原谅我了?"

陈朵朵破涕为笑:"不然呢?"

"爸爸,妈妈都原谅你了,你真笨!"宋甯忙不迭地说。

陈朵朵摸了摸儿子的脑袋说:"对,爸爸真笨。"

宋瑞傻乎乎地笑了:"是啊,我真笨。"

门口,陈斯和宋瑞的妈站在那里,陈斯笑着说:"阿姨,其实一家人只要不计较,就什么问题都没有了。"

"你喊我过来就是看这些? 我儿子伤了,我要进去看看。"

陈斯阻拦着说:"等等,阿姨,比起脑袋上的伤,内心的伤更严重,他们一家能够幸福,应该比什么都重要吧。"

"那是自然。"宋瑞的妈想了想,"我知道了,以后,我少插手。"

陈斯满意地笑了笑说:"阿姨,就你最明事理了。"

宋瑞的妈嘀嘀咕咕几句就进去了,过了十几分钟,里面传出了笑声,陈斯扭头离开了。

这时,王安妮打来电话,他想也不想就拒接了。突然间,他又想起了何茜,正欲发一条微信过去,结果又删了,与其问候不如怀念。

5

两个月后,陈朵朵接到了何茜的电话,何茜在那头高兴地说着现在的生活,比之前的状态好了太多。

何茜总结现在的生活状态是"生完'二胎'后,我终于有新的开始了"。

"我们都要活成自己想要的状态,生'二胎'对我们来说,无疑是另外一种方式的成长。"陈朵朵看了一眼正在睡觉的宋佳,嘴角荡漾出暖意,继续说,"这种成长还在继续。"